सभ्यता की यात्रा : अँधेरे में

(आलोचना)

ज्ञान गरिमा के

72 वर्ष

भारतीय

ज्ञानपीठ

सभ्यता की यात्रा : अँधेरे में

अमिताभ राय

भारतीय ज्ञानपीठ

लोकोदय ग्रन्थमाला : ग्रन्थांक 1337

ISBN 978-93-263-5591-9

सभ्यता की यात्रा : अँधेरे में
(आलोचना)
अमिताभ राय

प्रकाशक : **भारतीय ज्ञानपीठ**
18, इन्स्टीट्यूशनल एरिया, लोदी रोड, नयी दिल्ली–110 003

मुद्रक : विकास कम्प्यूटर्स ऐंड प्रिन्टर्स, दिल्ली–32

आवरण चित्र : लीलाधर मंडलोई
आवरण : महेश्वर

SABHYATA KI YATRA : ANDHERE MEIN
(Criticism)
by Amitabh Ray

Published by
Bharatiya Jnanpith
18, Institutional Area, Lodi Road, New Delhi-110 003
Ph. : 011-24698417, 24626467; 23241619 (Daryaganj)
Mob. : 9350536020; e-mail : bjnanpith@gmail.com
sales@jnanpith.net; website : www.jnanpith.net

First Edition : 2018
Price : Rs. 250

अमिता को,
उससे मैत्री, सद्भाव, सहयोग, राग
स्पृहा, आकांक्षा, संवाद के
दो दशकों को
शायद कायदे की पहली चीज...

पुरोवाक्

'अँधेरे में' हिन्दी की समृद्ध कविता परम्परा के शिखर बिन्दुओं में एक है। इसके बावजूद मेरा मानना है कि अगर मुक्तिबोध और जीवन पाते (मुक्तिबोध ने जीवन के अड़तालीस वसन्त नहीं देखे थे), तो वे इस कविता पर और भी कार्य करते। शायद यह लम्बी कविता, और भी लम्बी होती। कौन जाने, शायद 'कामायनी' जैसा कोई महाकाव्य! परन्तु यह अनुमान है, कोरा अनुमान! इस अनुमान को अल्पायु में ही उनकी मृत्यु ने धूल-धूसरित कर दिया। इस अनुमान का कारण उनकी कवितागत प्रवृत्तियाँ ही हैं, विचार और समाज सम्बन्धी जीवन के प्रति प्रदीर्घ, अनवरत चिन्तनशीलता। अपनी प्रवृत्तियों, विचारों, विचारधारा के प्रति उनका मत सदैव स्थिर रहा, किन्तु इस स्थिरता के बावजूद समाज के प्रवृत्तिगत बदलावों के प्रति वे सदैव चौकस थे। यह जो स्थिरता थी, वही उन्हें इन परिवर्तनों को ज्यादा साफ तरीके से देखने दे रही थी। इस वैचारिक और प्रवृत्त्यात्मक स्थिरता ने समाज के नकारात्मक तथा सकारात्मक— दोनों क़िस्म की गतिशीलताओं को ज्यादा प्रत्यक्ष किया।

'अँधेर में' मुक्तिबोध की महत्त्वाकांक्षी योजना थी। इसको उन्होंने कई बार लिखा था। सबसे पहले यह 'कल्पना' में छपी थी—'अँधेरे में : आशंका के द्वीप'। सम्भवतः 1964 ई. में। रचनावली में नेमिबाबू ने इसके रचनाकाल का अनुमान लगाया है—1957-63 ई. तक। यह एक लम्बी अवधि है। शमशेर जी ने 'चाँद का मुँह टेढ़ा है' की भूमिका लिखी है। इसमें उन्होंने लिखा है—"राजनाँदगाँव में सन् 61 में मैं मुक्तिबोध से मिला था और उनकी तीन बहुत लम्बी, लाजवाब कविताएँ मैंने उनके मुख से सुनी थी। एक, 'अँधरे में' थी, दूसरी, प्रेम, तीसरी 'एक कथा'।..." परसाई जी के संस्मरणों से भी इस दिशा में कुछ संकेत मिलते हैं। शमशेर जी को जब उन्होंने कविता सुनायी, उसके बाद इसमें सुधार के अनेक सन्दर्भ मिलते हैं। रचनावली और 'चाँद का मुँह टेढ़ा है' वाले पाठ को मिलाकर पढ़ने से यह स्पष्ट हो जाता है। मेरा यह विश्वास है कि 'अँधेरे में' का अन्तिम पाठ भी अन्तिम नहीं है। अगर मुक्तिबोध और जीवन पाते, तो इस कविता को और आगे बढ़ाते। इसीलिए मुझे नेमिचन्द्र जैन

का विचार ही ठीक लगता है कि इस कविता का रचनाकाल 1957–63 ई. के बीच पसरा है। इस रचना की अन्तिम तिथि बताना इसी कारण अत्यन्त दुरुह है। ऐसा करने का प्रयास करना 'अँधेरे में' की प्रकृति के विरुद्ध भी है। मुक्तिबोध के विभिन्न संग्रहों में इसके दो पाठ मुख्य हैं। एक तो 'चाँद का मुँह टेढ़ा है' का पाठ है और दूसरा नेमिचन्द्र जैन सम्पादित रचनावली का। मैं कविता के विश्लेषण के लिए मुख्य रूप से 'चाँद का मुँह टेढ़ा है' वाले पाठ पर निर्भर रहा हूँ। कहीं-कहीं रचनावली के पाठ का सहारा भी लिया है, परन्तु कहीं-कहीं ही।

मुक्तिबोध के काव्य व्यक्तित्त्व में एक प्रदीर्घ धैर्य, चेतना और बोध विद्यमान है। इसी का परिणाम है कि आधुनिक हिन्दी कविता में मुक्तिबोध ने सबसे ज्यादा लम्बी कविताएँ लिखी हैं। इस धैर्य, चेतना और बोध के साथ ही वह अपनी पूववर्ती काव्य परम्परा से टकराते भी हैं और कहीं-कहीं उसे अनदेखा भी करते हैं। उनकी इस प्रवृत्ति के क्रमशः उदाहरण प्रसाद और निराला हैं। छायावाद के महत्त्वपूर्ण कवियों पर उन्होंने कुछ-न-कुछ लिखा है, परन्तु निराला पर कुछ भी नहीं। मेरे देखे एक पंक्ति भी निराला पर नहीं! अनदेखा करने की ऐसी कोशिश क्यों है, इसका कोई स्पष्ट उत्तर मेरे पास नहीं है। कम-से-कम अभी। कविता के भीतर मैंने 'राम की शक्तिपूजा' से इसके जुड़ाव के संकेत भी देखे हैं। हो सकता है कि यह मेरी अतिरिक्त कोशिश हो, परन्तु पाठ इसकी इजाजत मुझे देता है! दूसरे कवि प्रसाद हैं जिनसे ये ताउम्र टकराते रहे। 'कामायनी' पर पूरी किताब लिखी, 'मनु' को कविता में सभ्यता यात्रा के प्रस्थान बिन्दु की तरह इस्तेमाल किया और 'कामायनी' की तरह पूरी कविता को सभ्यता यात्रा भी बनाया। प्रदीर्घ धैर्य, चेतना और बोध के साथ ये पूर्ववर्तियों से टकराते हैं, लम्बे समय तक, तो यह लम्बा संघर्ष धैर्य, चेतना और बोध को, और प्रदीर्घ बनाता है, और महाकाव्यात्मक भी।

मैं आलोचना में पाठ केन्द्रिकता को सबसे ज्यादा महत्त्व देता हूँ। मेरा ठोस मत है कि पाठ केन्द्रित आलोचना टीका या कुँजी नहीं है। पाठ की निर्मिति कैसे होती है, उस पाठ को खोलने के क्या हथियार होंगे—यह बहुत महत्त्वपूर्ण प्रश्न है, जिस पर अकसर ध्यान नहीं दिया जाता। जैसे साहित्य की पाठशाला व्यावहारिक जीवन है, वैसे ही आलोचकों के लिए भी जीवन ही व्यावहारिक पाठशाला है। रचना और आलोचना दोनों के पाठ निर्मिति के सन्दर्भ और प्रसंग जीवन की ही माटी में होते हैं। इसीलिए आलोचक भी जब रचना का मूल्यांकन कर रहा होता है, तो वह कविता का अर्थ नहीं बता रहा होता। वह कविता के अर्थ को कविता के भीतर नहीं, अपने समसामयिक जीवन के बीच निर्मित कर रहा होता है। तब शब्दार्थ महत्त्वपूर्ण नहीं रह जाते। तब महत्त्वपूर्ण हो जाता है वह समय, समाज, बोध जिनके बीच हम निर्मित और विकसित होते हैं। ये ही हमारे आलोचनात्मक उपकरण हो जाते हैं। चिन्तन,

दर्शन, बोध, हमारा दैनन्दिन जीवन काव्यात्मक संवेदना तक हमारी पहुँच का मार्ग प्रशस्त करते हैं। ऐसा नहीं है कि कविता या साहित्य से रचनाकार का समय पूरी तरह गायब हो जाएगा। किन्तु यह भी एक ध्रुव सत्य है कि पाठक भी अपने समय में ही निर्मित होगा। उसका बोध, उसके विचार भी समय के वर्तमान प्रांगण में ही उद्‌बोधित होंगे। पाठक भी रचनाकार के युग में जाकर अपने मानसिक विवेक का विकास कर रचना को नहीं समझेगा। तब प्रश्न है कि इन दोनों के बीच सेतु कैसे निर्मित हो? इस प्रश्न पर बाद में कभी अलग से चर्चा होगी। इस कविता के पाठ के सन्दर्भ में मात्र इतना ही कहना चाहता हूँ कि चूँकि पाठक और रचनाकार का समय और बोध अभी एकदम अलग-अलग नहीं हैं। अतः इस सेतु-निर्माण की ज्यादा जरूरत ही नहीं पड़ी। मैंने इन्हीं कुछ प्रविधियों का इस्तेमाल कर इस कविता को पढ़ा है। कविता की यात्रा के बहाने मानव सभ्यता के विकास की यात्रा पूरी की है। समाज जिस तेजी से बदल रहा है, उसको देखते हुए इस कविता के पुनर्मूल्यांकन की आवश्यकता शीघ्र होगी। तब उपर्युक्त सेतु निर्माण की चुनौती भी होगी, ऐसा मुझे प्रतीत होता है।

इस अवसर पर जीवन के अच्छे-बुरे सभी समयों में साथ देनेवाले, हौसला बढ़ानेवाले, हाथ थामनेवाले, झमेले-झंझटों से मुक्ति दिलानेवाले माता-पिता, श्रीमती विद्या सिन्हा, श्री सत्यकाम और श्री प्रमोद कुमार द्विवेदी को अत्यन्त आत्मीयता से याद करता हूँ। इनके बिना न जीवन की सफलता सार्थक है और न सार्थकता।

यह विनिबन्ध लिखने के बाद मैंने हिन्दी के कुछ कवियों और विद्वानों को पढ़ने के लिए दिया था। उन सभी ने समय निकालकर मेरे इस विनिबन्ध को पढ़ा और मेरी हौसला अफजाई की। इसने मेरे आत्मविश्वास को काफी बढ़ाया। इन विद्वानों, श्री ज्ञानरंजन, श्री नित्यानन्द तिवारी, श्री अरुण कमल, श्री राजेश जोशी, श्री मदन कश्यप, श्री अखिलेश, श्री प्रभात त्रिपाठी, श्री विजय कुमार, श्री जयशंकर, सुश्री अर्चना वर्मा, सुश्री अनामिका के प्रति आभार प्रकट करना रस्म अदायगी ही है। परन्तु कभी-कभी रस्मी हो जाना इतना बुरा भी नहीं होता।

श्री लीलाधर मंडलोई ने न केवल इसको पढ़ा, अपितु जिस तत्परता से इसको प्रकाशित किया, उसके लिए उन्हें हार्दिक धन्यवाद!

—अमिताभ राय

सभ्यता की यात्रा : अँधेरे में

'अँधेरे में' स्वातन्त्र्योत्तर भारत की प्रमुख घटना रही है। यह कविता स्वातन्त्र्योत्तर भारत की आशा और आकांक्षा के समानान्तर उसकी निराशा भी प्रामाणिक रूप से दर्ज करती है। इस कविता से ही नहीं, मुक्तिबोध की अधिकांश कविताओं से सन्दर्भ ग्रहण कर आलोचकों ने इन्हें कभी प्रगतिशील, कभी समाजवादी, कभी मार्क्सवादी, कभी अस्तित्ववादी साबित करने की कोशिश की है। इन सभी आलोचकों ने अपने तरीके से कुछ सार्थक कहने की कोशिश की होगी। मैं साहित्य में पाठ को सबसे ज्यादा महत्त्व देता हूँ। इसका कारण यह है कि कविता जो कहती है, प्रस्तावित करती है, उसे सम्पूर्णता में पकड़ने की आवश्यकता महसूस करता हूँ। कोई चाहे तो कविता को खण्डों में विभक्त कर या खण्ड-खण्ड की दृष्टि में देख सकता है। पूर्ववर्ती आलोचकों ने अपनी विचारधारा और मान्यता के अनुरूप इस कविता के साथ ऐसा ही किया भी है।

इस कविता में बीच-बीच में जो चमकदार अंश हैं, जो सूक्ति में ढल सकने में सक्षम पंक्तियाँ हैं, जो काव्य प्रवाह में हमारी संवेदना को आसानी से जकड़ पाने में सक्षम पंक्तियाँ हैं, आलोचना मुख्यतया और प्राथमिक रूप से उन्हीं पर निर्भर है। यह आलोचना की परम्परा के लिए भी बहुत घटिया परिपाटी है। इसमें आलोचक प्राय: उन्हीं अंशों से काम चलाता है, जिनसे पहले के आलोचकों ने काम चलाया था। आलोचना का यह रवैया सिर्फ मुक्तिबोध के साथ नहीं है। कबीर, तुलसी से लेकर आज तक के कवियों का मूल्यांकन कुछ चमकदार अंशों के आधार पर ही होता है। कबीर का समर्थन करनेवालों के पास भी कुछ ही साखियाँ हैं, तुलसी को खारिज करने के लिए भी कुछ ही पद हैं। तुलसी के समर्थन में भी यही स्थिति है। यही हालत सबकी है। हम पूरे पाठ के साथ रगड़घस्स कर, अपने समाज की नयी स्थितियों-परिस्थितियों के अनुरूप एक नया पाठ निर्मित नहीं कर पाते। उसकी नयी सृजनात्मक पुनर्प्रस्तुति नहीं कर पाते। इस परिपाटी से, आलोचकों को, अपनी मानसिक संरचना और विचार अथवा विचारधारा के अनुरूप कुछ न कुछ मिल जाता है, तो इसकी वजह है कि रचनाएँ जीवन का संश्लिष्ट चित्र होती हैं। जीवन की सघनतम और महत्तम उपस्थिति के कारण ही ऐसा होता है।

कविता के पाठ पर आने से पूर्व 'तार सप्तक' के पहले संस्करण के वक्तव्य की कुछ पंक्तियाँ द्रष्टव्य हैं—"मेरे बाल मन की पहली भूख सौन्दर्य और दूसरी विश्व-मानव का सुख-दुख—इन दोनों का संघर्ष मेरे साहित्यिक जीवन की पहली उलझन थी। इसका स्पष्ट वैज्ञानिक समाधान मुझे किसी से न मिला।"

"दूसरी ओर, दार्शनिक प्रवृत्ति-जीवन और जगत् के द्वन्द्व-जीवन के आन्तरिक द्वन्द्व इन सबको सुलझाने की, और एक अनुभव तत्त्व सिद्ध व्यवस्थित तत्त्व प्रणाली अथवा जीवन दर्शन आत्मसात कर लेने की दुर्दम्य प्यास मन में हमेशा रहा करती। आगे चलकर मेरी काव्य यात्रा की गति को निश्चित करनेवाला सशक्त कारण यही प्रवृत्ति रही है।"

"क्रमशः मेरा झुकाव मार्क्सवाद की ओर हुआ। अधिक वैज्ञानिक, अधिक मूर्त्त और अधिक तेजस्वी दृष्टिकोण मुझे प्राप्त हुआ।"

इन कथनों को ध्यान से देखें तो स्पष्टतः ये उनकी काव्यात्मक प्रवृत्तियों और विचारधारात्मक विकास के साक्षी हैं। विकास आदिम प्रवृत्तियों से प्रारम्भ होकर मानवीय विकास के सर्वोच्च तक की यात्रा करता है। सौन्दर्य की चाह केवल मानवीय सभ्यता की एक्सक्लुसिविटी नहीं है। प्रकृति के अन्यान्य सन्दर्भों में भी सौन्दर्य का पैटर्न है। इसे गणित या विज्ञान की अन्य अवधारणाओं से भी समझा जा सकता है। गणित और भौतिकीशास्त्र में आनेवाला गोल्डेन रेसिओ इसका अच्छा उदाहरण है या फ्रैक्टल के कॉन्सेप्ट से भी इसे समझा जा सकता है। फिबोनाकी ने जब फिबोनाकी नम्बर की अवधारणा प्रस्तुत की, तो उसने सौन्दर्य को दैहिकता की सीमा से भी बाहर निकाला। अगर वह दैहिकता की सीमा से बाहर निकला, तो प्राणी मात्र की सीमा से भी बाहर निकला! इन वैज्ञानिक अवधारणाओं में सौन्दर्य सिमिट्री के कारण आता है। गोल्डेन रेसिओ भी सिमिट्री की ही अवधारणा प्रस्तुत करता है। प्रकृति और उसके विभिन्न तत्त्व—पेड़-पौधे, पत्तों का क्रम, पहाड़-पठार का सौन्दर्य अपनी सिमिट्री के कारण ही है। प्रश्न है कि साहित्य में यह सिमिट्री कैसे उत्पन्न होगी? इस पर अलग से विचार करने की आवश्यकता है, परन्तु इससे इतना स्पष्ट है कि सौन्दर्य मानवीय सभ्यता की एक्सक्लुसिविटी नहीं है। जहाँ तक मसला सौन्दर्य की अवधारणा का है, चूँकि वह एक विचार अथवा बोध है और विचार मनुष्यों की एक्सक्लुसिविटी है, तो इस स्तर पर तो वह मनुष्यों का ही है। परन्तु भौतिकता और स्थूलता में यह समस्त पारिस्थितिकी तन्त्र या ब्रह्माण्ड तक में विस्तारित है। सम्भवतः इस विस्तृत स्थूल और भौतिक सन्दर्भ से ही सौन्दर्य की अवधारणा का विकास हुआ हो। खैर, सौन्दर्य जीवन मात्र का सत्य है। भूख और काम की तरह यह सारे जीवों में व्याप्त है, जीवों में ही नहीं, सारे पारिस्थितिकी तन्त्र में। विचार मानवीय सभ्यता के पास ही है। उसमें भी व्यवस्थित और शोषणमुक्त समाज की परिकल्पना तो मानवीय सभ्यता

के अतिरिक्त और कहीं नहीं है। यह मानवीय सभ्यता की एक्सक्लुसिविटी है। इस रूप में मुक्तिबोध की कविताएँ सामान्य जैविक सच्चाई से शुरू तो होती हैं, परन्तु यह यात्रा ट्रांसेंडेंट हो जाती है। मानवीय जीवन के सबसे सबल पक्ष में। विचारात्मकता न मानवीय सभ्यता के विकास में एक दिन में पायी जा सकी है और न मुक्तिबोध की कविता में। यह इलहाम नहीं, सतत् विकास का परिणाम है। मुक्तिबोध की कविताएँ सतत् विकास करती हैं, इसीलिए तमाम जटिलताओं, बिम्बों और प्रतीकों के बावजूद विश्वसनीय बनती हैं।

वे 'तार सप्तक' के दूसरे संस्करण के 'पुनश्च' में लिखते हैं—''जीवन और परिवेश की विषमता की यह स्थिति अभ्यन्तर लोक में भी दुःस्थिति उत्पन्न करती है, यह एक दारुण सत्य है। मैं कहूँ यह मेरा अपना ही सत्य है। परिणामतः स्वाधीनता के इस युग में मेरी कविता सघन बिम्ब मालिकाओं में अधिकाधिक प्रकट होने लगी। अचानक अन्तर्मुख दशाएँ और भी दीर्घ और गहन होती गयीं। किन्तु यह भी एक तथ्य है कि आत्मग्रस्तता के बावजूद और शायद उसको साथ लिए-लिए मेरा आत्म-संवेदन समाज के व्यापकतर छोर छूने लगा। कविता का कलेवर भी दीर्घतर होता गया।'' यहाँ से यह भी स्पष्ट देखा जा सकता है कि कविता के कलेवर की दीर्घता दो विरोधी भावों के अन्तर्संगुन्थन का परिणाम है। एक तरफ आत्मग्रस्तता है, तो दूसरे सिरे पर समाज के व्यापकतर छोर हैं। इन दोनों सिरों पर रगड़घस्स कर रहा जीवन मुक्तिबोध के लिए गहरा और जटिल हो रहा था। मुक्तिबोध का 'मैं' और अन्तर्मुखी हो रहा था, तो दूसरी ओर स्वातन्त्र्योत्तर भारत के लक्ष्य असफल हो रहे थे। विपरीत का यह तनाव ज्यादा जटिल और संश्लिष्ट होता जा रहा था। इससे संघर्ष करनेवाले तमाम लोग इसको जान रहे हैं और 'अँधेरे में' इस तनाव का चरम बिन्दु है।

खैर, इन दोनों उद्धरणों को मिलाने से कुछ तथ्य और दृष्टिगोचर होते हैं। मुक्तिबोध के विकास की क्रमिकता को यहाँ लक्षित किया जा सकता है। मुक्तिबोध क्रमशः सौन्दर्य की भूख से शुरू करके, दार्शनिक प्रवृत्ति (जो काव्य की गति को निश्चित करनेवाला सशक्त कारण है) और दार्शनिक रूझान की ओर अग्रसर होते हैं। विचारधारा जीवन और समाज को देखने की अन्तर्दृष्टि देती है। एक अन्तर्दृष्टि सम्पन्न कवि का सामना जब स्वातन्त्र्योत्तर भारत की विकट सामाजिक-राजनीतिक स्थितियों से होता है, तो 'अन्तर्मुख दशाएँ और भी दीर्घ और गहन' हो जाती हैं। यह अन्तर्मुखता सामाजिक को समाज से काट भी सकती है। यह तब होता है, जब सामाजिक खुद को समाज की व्यापक प्रवृत्तियों से काट ले या अन्तर्विरोध का दूसरा सिरा गायब हो जाए, जिसकी ओर ऊपर मैंने इशारा किया। इस अभाव में सामाजिक आत्मकेन्द्रित एकक के रूप में परिवर्तित हो जाता है। मुक्तिबोध आत्मग्रस्तता के

बावजूद और उसके साथ आत्मसंवेदन के व्यापकतर छोर छूने की बात करते हैं। इसका तात्पर्य यह हुआ कि उनके साहित्य और जीवन में एक ध्रुवीयता नहीं आयी। वे आत्मकेन्द्रित एकक के रूप में परिवर्तित नहीं हुए। फिर इस आत्मग्रस्तता के सन्दर्भ और प्रसंग भी दूसरे होंगे। यह आत्मग्रस्तता बहुसंख्य सामाजिक की आत्मग्रस्तता को बिम्बित और प्रतीतित करने लगती है। यहाँ आत्मग्रस्तता आत्ममुग्धता का पर्याय नहीं है। आत्मग्रस्तता सिर्फ सुन्दर और सुखद स्थितियों में ही उत्पन्न नहीं होती है। यह घनघोर अभाव और दैन्य की चरमावस्था में भी उत्पन्न होती है। तब यह जीवन को बचाए रखने की जद्दोजहद प्रतीत होने लगती है। मुक्तिबोध की आत्मग्रस्तता दूसरे क़िस्म की है। इसे हम उनके जीवन और साहित्य दोनों के माध्यम से जान सकते हैं। उनकी आत्मग्रस्तता के स्रोत स्वातन्त्र्योत्तर भारत की उन समाज और राजनीति सम्बन्धी विफलताओं में हैं, जिसमें युवक रोजगार नहीं पाता, सत्ता के शीर्ष पर दलालों का कब्जा हो जाता है, स्वतन्त्रता के साथ उपजी आकांक्षाएँ दम तोड़ती हैं, युवक अवसाद से, अनिश्चितता से भर जाता है। इस स्थिति में इनकी आत्मग्रस्तता ऐतिहासिक सन्दर्भों का परिणाम है। यह उन ऐतिहासिक सन्दर्भों को ग्रहण करने लगती है, जो न केवल अपने आपको खोजती हैं, अपितु अपने जैसों को उत्प्रेरित भी करती हैं। साथ ही अपने और अपने जैसे समाज के बहुसंख्य मनुष्यों के जीवन के मायने भी खोजती हैं। यह आत्मग्रस्तता चिन्तन के गाम्भीर्य को भी प्रस्तावित करती है।

जहाँ तक 'अँधेरे में' का प्रश्न है, पूरी कविता खोज ही है। वह गहरायी हुई अन्तर्मुख दशाओं का समाज के व्यापक छोर से गहन तादात्म्य का परिचायक है। वस्तुतः यहाँ कुछ भी एकांगी नहीं है। वे एक-दूसरे से घात-प्रतिघात की मुद्रा में हैं। वे एक-दूसरे से धक्का-मुक्की करते हैं। इसके बावजूद मुक्तिबोध की यह विकास यात्रा एक स्तर पर आद्यन्त बनी रहनेवाली सौन्दर्य की आकांक्षा का भी परिचायक है। उनका सौन्दर्याकांक्षी मन ज्यों-ज्यों संसार के कटु से कटुतर सत्यों का साक्षात्कार करता गया, उनका द्वन्द्व तीव्र होता गया। उनका सौन्दर्याकांक्षी मन समाज को जैसा और जितना सुन्दर देखना चाहता था, समाज वैसा और उतना सुन्दर ज्ञात नहीं होता। इस सुन्दरता की खोज वे 'अँधेरे में' में करते हैं और 'अँधेरे में' उसे खोता पाते हैं, परन्तु खोने नहीं देते, क्योंकि खोज में हताश, निराश होकर वे एक स्थान पर बैठ नहीं जाते। न ही काव्यनायक एक स्थान पर बैठ जाता है। उसमें अत्यधिक संकल्पशक्ति भी है। तभी वह कहता है—

परम अभिव्यक्ति
लगातार घूमती है जग में
पता नहीं जाने कहाँ, जाने कहाँ
वह है।

इसीलिए मैं हर गली में
और हर सड़क पर
झाँक-झाँक देखता हूँ हर एक चेहरा,
प्रत्येक गतिविधि
प्रत्येक चरित्र,
व हर आत्मा का इतिहास,
हर एक देश व राजनैतिक परिस्थिति
प्रत्येक मानवीय स्वानुभूत आदर्श
विवेक-प्रक्रिया, क्रियागत परिणति!!
खोजता हूँ पठार... पहाड़... समुन्दर
जहाँ मिल सके मुझे
मेरी खोई हुई
परम अभिव्यक्ति अनिवार
आत्म-सम्भवा।

इस द्वन्द्व से पाठक का पहला साक्षात्कार कविता के प्रारम्भ में ही हो जाता है—'*ज़िन्दगी के.../ कमरों में अँधेरे/ लगाता है चक्कर/ कोई एक लगातार*'। जिन्दगी के बाद का तीन डॉट उसके विस्तार को तो बताता ही है, साथ ही यह भी बताता है कि कविता का विस्तार और केन्द्र दोनों जिन्दगी है। कहने का अर्थ है कि कविता का स्रोत भी जीवन है और कविता का लक्ष्य भी जीवन है। इस जिन्दगी के कमरे में अन्धकार चक्कर लगा रहा है। बड़ी भयावह स्थिति है, क्योंकि जिन्दगी के कमरों में भर गया अन्धकार स्थिर नहीं है। वह गतिमान है। काव्य-परम्परा में 'अँधेरे' की गतिशीलता का एक गम्भीर साक्ष्य और भी दिखायी देता है। 'राम की शक्तिपूजा' में निराला कहते हैं—

है अमानिशा; उगलता गगन घन अन्धकार;
खो रहा दिशा का ज्ञान; स्तब्ध है पवन-चार;
अप्रतिहत गरज रहा पीछे अम्बुधि विशाल;

अन्धकार की गतिशीलता ने प्रकृति को अस्त-व्यस्त कर दिया है। फिर भी यह भयावह नहीं है, क्योंकि यहाँ जो अन्धकार है, वह प्रकृतिजन्य ही है। अमावस्या की काली रात है। वह इतनी ज्यादा काली है कि लगता है मानो आकाश ही अन्धकार उगल रहा है। इस अन्धकार से एक क़िस्म का बचाव भी सम्भव है—'केवल जलती मशाल।' हो सकता है कि यह कष्टकर हो, ज्यादा मुश्किल हो; किन्तु बचना एकदम असम्भव नहीं है। बचने की क्षीण गुंजाइश बची हुई है, क्योंकि वह भवनों में और जिन्दगियों में व्याप्त नहीं हुआ है। वह जिन्दगी और भवन के बाहर है, क्योंकि यहाँ

एक मशाल जल रही है। जीवन पर उसका असर पड़ रहा है, किन्तु उसका मुख्य लीलाक्षेत्र मानवीय जीवन से बाहर, प्राकृतिक परिवेश है। मुक्तिबोध की इस कविता का अन्धकार तो जिन्दगी के कमरों में व्याप्त है। सिर्फ व्याप्त रहता तो सामाजिक उसे दूर करने के उपायों को तलाशने की कोशिश भी करता। पर यहाँ अन्धकार गतिशील है और जिन्दगी के कमरों में लगातार चक्कर काट रहा है।

मुक्तिबोध के अन्धकार की पहचान के दो स्तर हमने तलाशे—एक वह प्राकृतिक नहीं है अर्थात् मानवीय और मानवनिर्मित है। कुछ शक्तियाँ हैं, जो इस अन्धकार को अप्राकृतिक रूप में निर्मित कर रही हैं और दूसरा वह सतत् गतिशील है। साथ ही हम यह वैज्ञानिक तथ्य भी जानते हैं कि गतिशीलता ऊर्जा के कारण आती है। तो जो शक्तियाँ इसे निर्मित कर रही हैं या जिन स्थितियों के कारण अन्धकार निर्मित हो रहा है, वही उसे ताकत भी दे रही हैं। वही उसे ऊर्जावान और गतिवान भी बना रही हैं। मैंने ऊपर कहा कि यह कविता खोज है तो यह खोज भी दोहरी ही है। एक स्तर पर 'परम अभिव्यक्ति' की खोज है तो दूसरी ओर अन्धकार को बनाने और गतिशील करनेवाले तत्त्वों की। खोज का लक्ष्य 'परम अभिव्यक्ति' है, परन्तु कविता में ज्यादा स्पेस अन्धकार और उसको निर्मित करनेवाले तत्त्व घेरते हैं, क्योंकि इनकी पहचान और इनके द्वारा निर्मित सत्ता की समाप्ति के बाद ही परम अभिव्यक्ति तक पहुँचा जा सकता है।

इस गम्भीर अन्धकार की एक समस्या यह भी है कि इसमें पक्ष और विपक्ष दोनों ही अन्तर्निहित हैं, अन्तर्भुक्त हैं। इसलिए किसी एक की पहचान भी उतनी स्पष्ट नहीं है। अन्धकार की सघनता में मानवता की पक्षधर और उसकी विरोधी शक्तियाँ छिप गयी हैं। अत: अन्धकार, जो जिन्दगी के कमरों में व्याप्त है और गतिशील है, उसकी पहचान कम-से-कम कविता के आरम्भ के साथ स्पष्ट नहीं है। काव्यनायक कहता है—'आवाज़ पैरों की देती है सुनायी/ बार-बार...बार-बार,/ वह नहीं दीखता... नहीं ही दीखता'। इस बन्ध के आखिर तक, जहाँ वह पूछता है—'कौन मनु?', तक कवि जो दृश्य निर्मित करता है, उससे यह भी स्पष्ट नहीं होता कि जिसके पैरों की आवाज सुनायी दे रही है, जो अपना अस्तित्व बार-बार बताता है, जिसके बारे में हृदय की धक्-धक् है—'वह कौन/ सुनायी जो देता, पर नहीं देता दिखायी!' वह दिखायी नहीं देता, क्योंकि जीवन का सत् समाज सम्बन्धी और वैयक्तिक अन्तर्विरोधों, मान्यताओं, धारणाओं, रूढ़ियों, विश्वासों की काई के नीचे दबा हुआ है। जिन्दगी में अन्धकार फैलानेवाले कारक ये भी हैं। अर्थात् जो मानवरोधी शक्तियाँ हैं, वे तो अन्धकार फैला ही रही हैं, साथ ही सामाजिकों की अपनी रूढ़ियाँ, अन्तर्विरोध, मान्यताएँ भी अन्धकार सृजित कर रही हैं। ये दोनों ही उसके सत् को उससे दूर कर रहे हैं। इस बन्ध को ध्यान से पढ़ने पर यह स्पष्ट होता है कि यहाँ कवि

अन्धकार के कारकों में दूसरे को ज्यादा महत्त्व दे रहा है। इस निष्कर्ष का कारण है—

इतने में अकस्मात् गिरते हैं भीतर से
फूले हुए पलिस्तर
खिरती है चूने-भरी रेत
खिसकती हैं पपड़ियाँ इस तरह—
ख़ुद-ब-ख़ुद
कोई बड़ा चेहरा बन जाता है,
स्वयमपि
मुख बन जाता है दिवाल पर
नुकीली नाक और
भव्य ललाट है,
दृढ़ हनु,
कोई अनजानी अन-पहचानी आकृति।
कौन वह दिखायी जो देता, पर
नहीं जाना जाता है!
कौन मनु?

परम अभिव्यक्ति, अन्धकार के कारक—ये सब तत्त्व अन्धकार में अन्तर्भुक्त हैं, (खुद काव्यनायक भी अन्धकार में ही फँसा है)। इनके खोज की समानान्तरता की शुरुआत आत्म से ही होती है। इसीलिए फूले पलस्तर, रेत, पपड़ी का झड़ना अन्दर से प्रारम्भ होता है। यह आध्यात्मिक अथवा धार्मिक यथार्थ-सा नहीं है कि पहले खुद को स्वच्छ करो, फिर समाज की ओर बढ़ो। न ही यह आत्म-निर्वासन है। चूँकि खुद काव्यनायक भी अन्धकार में डूबा हुआ है, इसीलिए बाह्य स्थितियों की तुलना में वह आत्म की ओर अग्रसर होता है। मनोवैज्ञानिक रूप से हम यह भी जानते हैं कि अँधेरे में हमारी कल्पना शक्ति अत्यधिक तीव्र हो जाती है। इस तथ्य और सत्य से भी हम सबका साबका जीवन में कभी-न-कभी हुआ ही होता है कि अँधेरे में हमें दीवारों पर कोई आकृति दिखायी देती है, प्रकाश में भी हम बादलों में आकृति खोज लेते हैं। यह दीवार की भौतिक सच्चाई है या हमारे मानस की प्रतिक्रियाएँ? इसे मैं काल्पनिक भी नहीं कहना चाहता, क्योंकि ये सचेत प्रतिक्रियाएँ होती हैं। हम जानते हैं कि भय की इसमें सबसे प्रभावी भूमिका होती है। 'कौन मनु' के बाद का प्रश्नवाचक चिह्न इस भय को ही प्रस्तावित करता है। एक डरा, सहमा सामाजिक, जिसकी मानसिक प्रतिक्रिया के उपरान्त एक मुखाकृति बन गयी है (भय तो इस मुखाकृति के उभार का भी होगा)। भय से मुखाकृति का उभार तथा इस मुखाकृति के उभार से और भय। ये क्रियाएँ-प्रतिक्रियाएँ एक-दूसरे को वार्धक्य देती

हैं। इस प्रक्रिया में भय की सान्द्रता कई गुणा बढ़ जाती है। वह खुद उसी से पूछ रहा है—'कौन मनु?' ये प्रश्न और जागृत संवेदना ही मुक्तिबोध को बताते हैं कि अन्धकार सब ओर है। कोई मध्ययुगीन मानसिकता का कवि होता, तो बाहरी-भीतरी दबावों से उठनेवाली द्वन्द्वात्मक (भौतिकतावादी और अधिभौतिकतावादी) संवेदना को ईश्वर का नाम देता। किन्तु यहाँ तो काव्यनायक एक यात्रा की शुरुआत भर कर रहा है।

'तार-सप्तक' के अपने वक्तव्य में मुक्तिबोध ने लिखा है—'मेरी ये कविताएँ अपना पथ ढूँढ़नेवाले बेचैन मन की ही अभिव्यक्ति हैं। उनका सत्य और मूल्य उसी जीवन स्थिति में छिपा है।' यह तथ्य 'अँधेरे में' पर भी अक्षरशः लागू होता है। परम्परा से प्राप्त जो भी हथियार, जो भी शक्ति है—उसी से नयी स्थितियों को जाँचेगा काव्यनायक। यह हम आगे भी कविता में देखते हैं। इस प्रश्न में उसका अनचीन्हापन भी है। वह पहचान नहीं पाता, क्योंकि चेहरा अकस्मात् उभरता है। यहाँ की सारी क्रियाएँ इतनी क्षिप्र हैं, सब कुछ इतना नया है कि उसकी पहचान के लिए परम्परागत हथियार पर्याप्त नहीं और जो नयी संवेदना उसे प्राप्त हुई, वह इतनी समृद्ध नहीं कि नयी स्थितियों की पहचान कर सके। अतः उसे कविता के इस बिन्दु पर इन परम्परागत और अपर्याप्त-अविकसित हथियारों से ही काम चलाना पड़ता है। इसीलिए वह निष्कर्षात्मक नहीं, संशयात्मक है। प्रश्न संशय की रचनात्मक अभिव्यक्ति है। यह बहुत हद तक सम्भव है कि आगे इस यात्रा में वह नयी संवेदना, उसे परखने के नये हथियार विकसित कर ले। यह तो आगे ही ज्ञात होगा। परम्परागत प्रतिमानों से काम चलाने के कारण ही मुक्तिबोध का काव्यनायक अपनी खोज का आरम्भ मनु से करता है। यह निर्धारित करना व्यर्थ है और अपनी शक्ति का अपव्यय भी है कि यह मनु आदिकालीन मिथकीय मनु है या 'कामायनी' का मनु। मेरे लिए यहाँ सन्दर्भ यह है कि मनु से हमारी सभ्यता का प्रारम्भ माना गया है। अतः मुक्तिबोध ने अपनी खोज यात्रा का प्रारम्भ, प्रारम्भिक बिन्दु से किया। इसका तात्पर्य यह कतई नहीं कि इससे इस मनु में मिथकीयता का आधान हो जाता है। इस एक प्रश्न ने (कौन मनु?) 'अँधेरे में' की व्यापकता को वर्तमान से निकाल, उसे सभ्यता के सार्वकालिक गलियारे में पहुँचा दिया। मनु के बाद आगे कविता में वर्तमानकालिक या निकट इतिहास के अनेक पात्र आते हैं। मनु के बाद तॉल्स्तॉय आते हैं। क्या सभ्यता के व्यापक कालखण्ड में कतिपय खोजों के लिए भटकते काव्यनायक की मनु के बाद सीधे तॉल्स्तॉय से भेंट होती है? वास्तव में मुक्तिबोध ने इस काव्य-युक्ति का इस्तेमाल कर काव्यनायक की खोज को मिथकीय समय (मनु) से लेकर आधुनिक ऐतिहासिक (तॉल्स्तॉय) समयों के बीच प्रसारित कर दिया है। इस युक्ति के कारण पाठक की कल्पना अति महत्त्वपूर्ण हो जाती है। पाठक स्वयमपि उस विकास यात्रा की पहचान को बाध्य हो जाता है। अगर पाठक इस यात्रा में संचरित नहीं होगा, तो इस कविता के साथ ही,

पाठक खुद अपने साथ भी एक ऐसी स्थिति उत्पन्न कर लेगा, जिसमें अखण्ड ज्ञानात्मक संवेदना का दायरा अत्यन्त संकुचित हो जाएगा। कविता का प्रदीर्घ प्रभाव और महत्त्व समाप्त हो जाएगा। अन्यथा इस युक्ति के कारण यह कविता वर्तमान, समाज, इतिहास आदि की महीन और परिपक्व समझ का परिणाम है।

परम्परागत सोच, रूढ़ियों रूपी (जो सामाजिकता, सांस्थानिकता का ही बहुत पिघला रूप है) निजी पलस्तर, चूने आदि के झरने के बाद जो शक्ल बनती है, उसको मनु से सम्बोधित करने में एक किस्म की सकारात्मकता भी है। हम इनके जीवन वृत्त और इनके बारे में लिखे संस्मरणों से जानते हैं कि मुक्तिबोध जब यह कविता लिख रहे थे, तो वैयक्तिक जीवन में घोर अभाव, निराशा, संघर्ष झेल रहे थे। ऐसी स्थिति में यह बहुत सहज होता कि इस मुखाकृति को पहचानने के क्रम में मनु के स्थान पर किसी नकारात्मक पात्र का सन्दर्भ उभरता। मिथकीय कथाओं में मनु वह पात्र है, जो सृष्टि के समाप्त हो जाने के बाद भी मानवीय सभ्यता का पुरस्कर्त्ता बनता है। हताशा, निराशा के बावजूद मुक्तिबोध एकदम नकारात्मक नहीं हो गये थे। यह महान कविता अथवा साहित्य की आवश्यकता भी है। इस सन्दर्भ से यह भी ज्ञात होता है। वास्तव में मनु एक हथियार है, जिसके माध्यम से काव्यनायक एक खोज की शुरुआत करने की कोशिश कर रहा है। वह उसके संवेदन जगत् को मिला है, जो उसके अनुभव और संवेदना का सान्द्रतम रूप है। अपनी अभावजन्य नकारात्मकता, अभाव, रूढ़ियों, संस्कारों के ढहने के बाद नायक को वह मिला है। कविता में यह क्षिप्र और अकस्मात् है, परन्तु जीवन और समाज में दीर्घ चिन्तन, विचार और समझ का परिणाग है। मैं जब यह कह रहा हूँ तो मेरी बात पाठ से कटती हुई प्रतीत होती है, क्योंकि अगर इसके पीछे चिन्तन, विचार और समझ है, तो आकृति को भी पहचाना हुआ होना चाहिए था। परन्तु वह 'कोई अनजानी अन-पहचानी आकृति' है। ऊपर से और गैर जिम्मेदारी से देखने पर दिखायी देनेवाला अन्तर्विरोध मनोवैज्ञानिक और काव्यात्मक सूझ की दृष्टि से उचित ही दिखायी पड़ता है। यात्रा की शुरुआत निष्कर्षात्मक नहीं हो सकती। इसके तुरन्त बाद वह इस खोज को आत्म से बाहर भी निकल लेता है—

बाहर शहर के, पहाड़ी के उस पार, तालाब...
अँधेरा सब ओर,
निस्तब्ध जल,
पर, भीतर से उभरती है सहसा
सलिल के तम-श्याम शीशे में कोई श्वेत आकृति
कुहरीला कोई बड़ा चेहरा फैल जाता है
और मुसकाता है,

पहचान बताता है,
किन्तु, मैं हतप्रभ,
नहीं वह समझ में आता।

बाहर निकले बिना काम भी नहीं चलता, क्योंकि यहाँ वर्णित अन्धकार बहुत ज्यादा व्यापक है—'...अँधेरा सब ओर'। शहर के बाहर कहने से शहर के भीतर भी अन्धकार है, इसका बोध स्वयमपि हो जाता है। पहाड़ी के उस पार माने पहाड़ी के इस पार और पहाड़ी पर भी अँधेरा है और तालाब में तथा तालाब पर अन्धकार का साम्राज्य है। इसके बाद के तीन डॉट्स ने अन्धकार के विस्तार को काफी बढ़ा दिया है। अँधेरा सब ओर है और जन भी निस्तब्ध है अर्थात् पर्यावरण में कोई हलचल नहीं है। यह अन्धकार इतना सान्द्र है कि उसका शोर संवेदनशील कवि को सुनायी पड़ने लगता है। अन्धकार की ऊर्जा सघन होकर दृश्य में बदलने लगती है। उसके भीतर से चेहरे उभरने लगते हैं। इस सघन अन्धकार की बिम्बावलियाँ केवल मानसिक गुहाओं तक सीमित नहीं हैं। अगर वे केवल मानसिक गुहाओं के अन्धकार नहीं हैं, मानसिक रुग्णता का अन्धकार नहीं है, तो कवि एक सामाजिक के रूप में मानसिक गुहाओं तक खुद को सीमित भी नहीं कर सकता। इसी कारण अपने भय, अचम्भे, संशय और समझ के साधनों की अपर्याप्तता-अविकसितता के बावजूद वह स्व से बाहर निकलता है। बाहर आ जाने पर भी न उसके संशय, भय आदि में कमी आती है और न उसकी रहस्यात्मकता कम होती है, क्योंकि तालाब के ठहरे पानी में भी कोई बड़ा चेहरा फैल जाता है। तालाब के बाद के डॉट्स अगर अन्धकार को व्यापक विस्तार देते हैं, तो तालाब को निर्मित करनेवाली इकाइयों की ओर भी इशारा करते हैं। यह कल्पना एक भारतीय के नाते हम आसानी से कर सकते हैं। हम अँधेरी रात में जा रहे हैं। हमें लग रहा है कि कोई हमारा पीछा कर रहा है। ऐसे में हम एक तालाब के पास पहुँचते हैं। जिसके बारे में तरह-तरह की अफवाहें हैं, कि अँधेरी रात में वहाँ तेज रोशनी चमकती है, वहाँ वृक्ष के पत्ते आदमियों सा सर पटकते हैं। वहाँ पहुँचते ही हमारी कल्पनाशक्ति कितनी तेज हो जाएगी या हो जाती है। जनमानस में पीपल-बरगद के पेड़ों पर भूत नहीं रहते क्या? भूतहा कोठी, भूतहा ताल सब तो हैं जनमानस में। यह दृश्य मुक्तिबोध इस जनभावना से ही ले रहे होंगे। मैंने पहले ही कहा कि अन्धकार का एक रूप इस कविता में नहीं है। अँधेरे से आक्रान्त नायक अन्धकार के अन्य रूपों को ज्यादा आसानी और तल्खी से देख पा रहा है। यह अतिरिक्त संवेदनशीलता का भी मसला है संवेदनात्मकता के कारण ही ऐसा होता है। जड़ और मोटी चमड़ीवाले लोग के साथ ऐसा नहीं होता। कविता का नायक ऐसे ही तालाब के किनारे से या पहाड़ी से या शहर से गुजरता है या जीवन में अलग-अलग समयों पर अलग-अलग सन्दर्भों से गुजरा है, तो अँधेरे के विविध रूपों से उसका

सामना एक सामान्य बात है। चूँकि अँधेरा है, तो अँधेरे के सन्दर्भ भी हैं। उसकी एक सी दिखायी पड़नेवाली प्रकृति में बहुत वैविध्य है। इसका एक प्रमाण यह है कि इस कविता में अँधेरे की ऊपरी सतह की एकरूपता के भीतर अँधेरे के लिए अनेक रंगों का इस्तेमाल हुआ है। ऐसे में उसे हर जगह अँधेरा दिखायी देता है। साथ ही उसे 'कोई एक' भी लगातार और अकस्मात् दिखायी पड़ता रहता है। वह अपना 'अस्तित्व जनाता' रहता है, फिर भी नायक उसको पहचान नहीं पाता। ऐसे में ही—'वृक्षों के अँधेरे में छिपी हुई किसी एक/ तिलिस्मी खोह का शिला-द्वार/ खुलता है धड़ से/ ...।' उसकी यात्रा के प्रारम्भ के इस बिन्दु पर उसे सभी बन्द रास्तों में कोई एक रास्ता दिखायी पड़ता है। 'किसी एक' से स्पष्ट है कि छिपे हुए खोह भी अनेक हैं। खोह सम्भवतः संवेदनशील नायक के वही संस्कार हैं, जिनमें वह फँसा हुआ भी है और जिनसे वह मुक्ति भी चाहता है। मुक्ति तो उसे आद्यन्त नहीं मिलती। आधुनिक जीवन स्थितियाँ मुक्ति की सम्भावना को ही खत्म कर देती हैं। इसी कारण कविता खोज जारी रखने के संकल्प पर समाप्त होती है। जाति, वर्ण, धर्म, लिंग आदि के प्राचीन और मध्ययुगीन संस्कारों से, तबतक के, अब के भी, भारतीय जीवन को मुक्ति नहीं मिली है। पिछले 100–150 वर्षों (कविता के लिखे जाने तक) के भारतीय समाज में कुछ नये संस्कार भी विकसित हो रहे थे। आजादी की लड़ाई ने जो संघर्षशीलता, भारतीय मानस और जीवन को दी थी, उसने भी नवीन संस्कार निर्मित किये। राजनैतिक आजादी के साथ अनेक आकांक्षाओं का जन्म होता है। ये आकांक्षाएँ पूरी नहीं होती, तो संघर्ष का जो संस्कार हमारे सामाजिक जीवन में विकसित हुआ था, वह उस दौर के कवियों में कुलबुलाता है। साथ ही कुछ और बदलावों पर भी ध्यान देना चाहिए। लोकतन्त्र, सत्ता में भागीदारी, आम चुनाव द्वारा अपनी सरकार चुनना, प्रत्येक व्यक्ति को मताधिकार मिलना, उनके वोटों का समान महत्त्व आदि ने भी, नये संस्कारों को विकसित करना शुरू कर दिया था। परन्तु 10 वर्षों में ही यह स्पष्ट भी होने लगा कि ये नये विकसित हो रहे संस्कार या तो पुराने मध्ययुगीन सामन्ती संस्कारों के साथ कदम ताल कर रहे हैं या इनके द्वारा नये संस्कारों का अपहरण कर लिया गया है। आज की राजनीति इस तथ्य को कितना प्रत्यक्ष तरीके से प्रकट कर रही है। मुक्तिबोध जैसे संवेदनशील कवि और विचारक इसको उस समय भी सम्भवतः देख पा रहे थे। इसीलिए नये सामाजिक-राजनैतिक चेतना से आन्दोलित काव्यनायक जब प्रश्न करता है, तो सब कुछ झनझनाने लगता है। प्रश्नों के दबाब में फूले पलस्तर पर जमी पपड़ी झरने लगती है। इस झरन और झनझनाहट में ही छिपे हुए खोह में से किसी एक का दरवाजा अचानक खुल जाता है।

इस कविता में सब कुछ 'अकस्मात्' और 'अचानक' ही हुआ है। जब कोई विकल्प अचानक मिल जाए, तो उसकी गम्भीर परीक्षा आवश्यक है। विकल्प अगर

किसी सुनिश्चित दर्शन अथवा किसी सामाजिक राजनैतिक संघर्ष का परिणाम होता अथवा उसके पीछे सरकार की जनकल्याणकारी भावना होती, तब तो सब कुछ ठीक ही प्रतीत होता है, किन्तु विकल्प जब इस तरह औचक ही मिल जाए और आप उस विकल्प पर चलने को बाध्य भी हों, तो वर्तमान-भविष्य न केवल धुँधला और अगम्य होता है, अपितु वह जीवन के खिलसिले को प्रस्तावित भी नहीं करता। भय, अनिश्चय, अनिर्णय, आशंका के मध्य, सर्वत्र बिखरे अन्धकार में भटकता नायक विकल्पहीनता की अवस्था में अचानक खुल गये खोह में जाने को बाध्य है। विकल्पहीनता किसी भी स्थिति में और किसी भी स्तर पर, समाज और सामाजिक के लिए श्लाध्य नहीं होती।

उपर्युक्त काव्यांश के साथ पहले तीन बन्धों को मिलाकर पढ़ने से मुक्तिबोध की काव्य संरचना की एक और विशेषता का ज्ञान हमें होता है। कविता के बीच स्पेस निर्मित करने की जैसी योग्यता मुक्तिबोध में है, वैसी कम ही कवियों में दिखायी देती है। ऐसी योग्यता शमशेर नें भी है। कुछ अन्य कवियों में भी होगी। शब्दों के पीछे या काव्य-पंक्तियों के बीच डॉट्स का इस्तेमाल कर ये भावों का विस्तार और उसकी निरन्तरता तो स्थापित करते ही हैं, साथ ही ये इसके माध्यम से काव्य परिवेश का निर्वाह भी करते हैं। खोह का दरवाजा धड़ से खुलता है, तो अगले दृश्य या परिवेश में जाने से पहले का वह स्पेस निर्मित वातावरण को सान्द्र करता है। इस वातावरण में ही—

घुसती है लाल-लाल मशाल अजीब-सी
अन्तराल-विवर के तम में
लाल-लाल कुहरा
कुहरे में, सामने, रक्तालोक-स्नात पुरुष एक,
रहस्य साक्षात्!

इन शुरुआती चार बन्धों नें काव्यनायक को कुछ भी समझ नहीं आता। इसकी वजह है—एक रहस्य के निपटाने के पूर्व दूसरे रहस्य का आ जाना। समझ में न आने को हम इन प्रसंगों में विभिन्न भावों, विचारों, सन्दर्भों के लिए इस्तेमाल किये गये विशेषणों से भी परख सकते हैं। पुरुष का विशेषण 'रहस्य-साक्षात्' है, तो मशाल का 'अजीब'। क्षिप्र रूप से घटित ये घटनाएँ पूर्वापरक्रम में नहीं हैं। 'लाल मशाल' निश्चितरूपेण वह ज्ञान मीमांसीय दार्शनिक प्रणाली है, जिसके माध्यम से वह जीवन का रहस्य देखता-समझता है। मुक्तिबोध के सन्दर्भ में यह ज्ञानमीमांसीय दार्शनिक प्रणाली मार्क्सवाद ही है। यह अजीब क्यों है? इस भौतिकतावादी, वैज्ञानिक, दार्शनिक प्रणाली को अजीब तो नहीं लगना चाहिए था। वह अजीब है उपर्युक्त बन्धों में आयी स्थितियों पर काव्यनायक के भावात्मक आक्षेपण के कारण। इन स्थितियों के साथ

इसका तादात्म्य अभी नहीं हुआ है। इस ज्ञानमीमांसीय दार्शनिक प्रणाली के कारण ही काव्यनायक द्वारा देखे जा रहे 'कोई एक' का स्वरूप हल्का-सा स्पष्ट होने लगता है। वह एक—

अबतक न पायी गयी मेरी अभिव्यक्ति है,
पूर्ण अवस्था वह
निज सम्भावनाओं, निहित प्रभावों, प्रतिभाओं की,
मेरे परिपूर्ण का आविर्भाव,
हृदय में रिस रहे ज्ञान का तनाव वह,
आत्मा की प्रतिमा।

सामाजिक के स्वरूप, गठन का संकेत कविता में इससे पहले मुक्तिबोध दो बार करते हैं। पहली बार बताते हैं—नुकीली नाक, भव्य ललाट, दृढ़ हनु; दूसरी बार बताते हैं—तेजो प्रभामय ललाट, भव्य आजानुभुज, गौर वर्ण, दीप्त दृग, सौम्य मुख। इन संकेतों के माध्यम से अगर कोई चित्र बनाने की कोशिश की जाए, तो उसकी भव्यता कितनी अप्रतिम होगी! मुक्तिबोध ने कोई सौन्दर्यांकन नहीं किया है। कैसा अन्तर्विरोध है कि सौन्दर्य-बोध ज्ञानमीमांसीय दार्शनिकता के विरुद्ध नहीं, उसके भीतर है। इसका एक अर्थ यह भी है कि यह सौन्दर्य मात्र शरीरधर्मी और स्थूल नहीं है। शरीर आंगिकता में है, पर लक्ष्य शरीर नहीं है, विचार है। इसीलिए यह सौन्दर्य आश्वस्त करने के स्थान पर अंगों में कम्पन उत्पन्न करता है, 'विलक्षण शंका' होती है, एक गहन सन्देह उत्पन्न होता है अर्थात् यह सौन्दर्य की भोगवादी प्रवृत्तियों अथवा परम्परागत सौन्दर्यवादी संस्कारों से अलग है। सौन्दर्य के परम्परागत, भोगवादी और संस्कारी अभिधान तो ईश्वर जैसी महान कल्पनाओं को भी सहज ही शरीर में ढाल देते हैं। स्थूल और भोग्य रूप में। मुक्तिबोध सौन्दर्य के परम्परागत, विराट अभिधानों और प्रतिमानों को जब कविता में लाते हैं, तो वहाँ भी वह शरीर से ज्यादा ज्ञान के कारण ही, क्योंकि यह अप्रतिम सौन्दर्य, अबतक न पायी गयी अभिव्यक्ति है, हृदय में रिस रहे ज्ञान का तनाव है, परिपूर्ण का आविर्भाव है, आत्मा की प्रतिमा है। ऊपर से कैसी धार्मिक-आध्यात्मिक शब्दावली है। हम चाहे भी तो क्या इसे धार्मिक और मध्ययुगीन कविता में फिट कर सकते हैं? निश्चितरूपेण नहीं। इस सम्भावना की समाप्ति का कारण इस सौन्दर्य में विद्यमान 'शंका', 'तनाव', 'सन्देह' है। मध्ययुग का कवि परम अभिव्यक्ति पाने की घोषणा कर सकता था, किन्तु आधुनिक युग में विज्ञान और तकनीकी तरक्की ने, ज्ञानमीमांसा के नये स्रोतों ने, जिस संशयात्मकता को जन्म दिया है, वह परम अभिव्यक्ति की प्राप्ति नहीं होने देता। इस कविता में अन्धकार के कई रूप हैं। संशय भी अन्धकार का एक रूप है। अन्धकार इतना गहरा है कि 'सम्भावित स्नेह-सा प्रिय-रूप देखकर' भी 'विलक्षण शंका' होती है। जबकि

'राम की शक्तिपूजा' में राम को पराजय की हताशा (या आज विजेता न हो पाने की हताशा क्योंकि युद्ध अभी पूर्ण नहीं हुआ है) और घोर प्राकृतिक अन्धकार के बीच आश्वस्ति भी मिलती है—

ऐसे क्षण अन्धकार घन में जैसे विद्युत
जागी पृथ्वी-तनया-कुमारिका-छवि, अच्युत
देखते हुए निष्पलक, याद आया उपवन
विदेह का,—प्रथम स्नेह का लतान्तराल मिलन,
नयनों का-नयनों से गोपन-प्रिय सम्भाषण,—
पलकों का नव पलकों पर प्रथमोत्थान-पतन,—
काँपते हुए किसलय,—झरते पराग-समुदय,—
गाते खग-नव-जीवन-परिचय-तरु मलय-वलय,—
ज्योतिःप्रपात स्वर्गीय,- ज्ञात छवि प्रथम स्वीय,—
जानकी-नयन-कमनीय प्रथम कम्पन तुरीय।
सिहरा तन, क्षण-भर भूला मन, लहरा समस्त

प्रेम के क्षण या प्रिया का स्मरण उनमें शंका उत्पन्न नहीं करता। वह उनमें एक किस्म का उत्साह ही भरता है। इसके विपरीत मुक्तिबोध 'सम्भावित स्नेह-सा प्रिय-रूप देखकर' विलक्षण शंका से भर उठते हैं। कविता में भी, और विचार में भी, यह बहुत बड़ा पैराडाइम शिफ्ट था। कविता को धारण करने की या कविता बनने की सम्भावना अब सिर्फ भाव, विभाव, संचारी और स्थायी भावों में सीमित नहीं रह गयी थी। ये स्थायी भाव ही रस-निष्पत्ति तक पाठकों या भावकों को पहुँचाते हैं। ऐसा नहीं है कि पुरानी कविता विचारविहीन कविताएँ थीं। तुलसीदास, कबीरदास आदि तमाम मध्ययुगीन कवियों में भी विचार की गम्भीर सरणियाँ थीं। इस वैचारिकता के बावजूद विभाव और भाव हो प्रमुख थे। आधुनिक शब्दावली में संवेदना ही उसका मुख्य आधार थी। छायावाद के बाद कविता में भाव और विभाव गौण हो जाते हैं, संवेदनात्मक स्फुरण के स्थान पर विचार प्रमुख हो जाता है। मुक्तिबोध की खासियत यह है कि वे विचार को ज्ञानमीमांसीय दार्शनिक प्रणाली में ढाल पाते हैं अर्थात् उस विचार को जीवन और व्यवहार का अंगभूत सत्य बनाना चाहते हैं अर्थात् ज्ञानमीमांसीय दार्शनिक प्रणाली और जीवन तथा व्यवहार में कार्य-कारण सम्बन्ध स्थापित करना चाहते हैं। इसीलिए प्रिय का रूप देखकर शंका उत्पन्न होती है, क्योंकि वह कार्य-कारण प्रणाली का हिस्सा नहीं बन पाया है।

दूसरी बात यह है कि मध्ययुगीन संस्कारों में भी परम अभिव्यक्ति पाने के मार्ग में अनेक बाधाएँ हैं। सामान्यतः उन्हें 'माया' कहा गया है। यह 'माया' भी ईश्वर निर्मित है अर्थात् बाधा भी काल्पनिक है, ईश्वर भी। यहाँ काव्यनायक वस्तुगत

भौतिक सच्चाइयों से गुजर रहा है, उन्हीं के बीच अपनी सार्थकता के सन्दर्भ तलाश रहा है, तो इसमें उत्पन्न होनेवाली बाधाएँ भी भौतिक ही होंगी। नायक कहता है—

प्रश्न थे गम्भीर, शायद ख़तरनाक भी,
इसीलिए बाहर के गुंजान
जंगलों से आती हुई हवा ने
फूँक मार एकाएक मशाल ही बुझा दी—
कि मुझको यों अँधेरे में पकड़कर
मौत की सज़ा-दी!

ये जो गम्भीर और खतरनाक प्रश्न हैं, उनका कोई सन्दर्भ 'चाँद का मुँह टेढ़ा है' संग्रह में नहीं है, परन्तु रचनावली में इन प्रश्नों की सूची इसके ठीक पहलेवाले बन्ध में है—

किन्तु, वह फटे हुए वस्त्र क्यों पहने है?
उसका स्वर्ण-वर्ण मुख मैला क्यों?
वक्ष पर इतना बड़ा घाव कैसे हो गया?
उसने कारावास-दुःख झेला क्यों?
उसकी इतनी भयावह स्थिति क्यों है?
रोटी उसे कौन पहुँचाता है?
कौन पानी देता है?
फिर भी, उसके मुख पर स्मित क्यों है?
प्रचंड शक्तिमान क्यों दिखायी देता है?

कवि मुक्तिबोध की आत्मा की प्रतिमा के जिस सौन्दर्य पर मैंने ऊपर चर्चा की, उसी आत्म-प्रतिमा का भौतिक अन्तरण है यह। किसी कवि की आत्मा की प्रतिमा चाहे जो हो, परन्तु मुक्तिबोध के कवि की आत्मा की प्रतिमा यह जन ही है। ऊपर जिस सौन्दर्यमूलक संरचनात्मक भव्यता का बोध होता है, वह उसकी वर्तमान की भौतिक स्थिति से न केवल खण्डित होता है अपितु वह प्रश्नों के घेरे में भी आता है। सौन्दर्य की सौन्दर्यात्मक और संरचनात्मक धारणा के साथ प्रश्नों का आना सिर्फ गुण और सौन्दर्य के विवाद का सूचक नहीं है। प्रश्नों की यह सूची मुक्तिबोध की पक्षधरता एकदम साफ कर देती है। शब्दावली चाहे जो हो, जैसी हो, पक्षधरता उनकी तथा काव्यनायक की, निस्सन्देह है। जो 'रहस्यमय व्यक्ति' 'हृदय में रिस रहे ज्ञान का तनाव' है, 'आत्मा की प्रतिमा' है, वह जन संस्थाओं, सत्ताओं और समाज की संरचनाओं के मध्य जब न्यूनतम भौतिक आवश्यकताओं की पूर्ति में भी अक्षम हो जाता है, तब प्रश्न गम्भीर और खतरनाक हो जाते हैं। इसके पहले जो रहस्यात्मकता, उदात्तता चरित्र में उभरती है, वह जो कुछ भी हो, खतरनाक तो नहीं थी। वह 'रहस्यमय

व्यक्ति', जिसे अब तब पाया नहीं गया है, 'पूर्ण अवस्था का ज्ञान' है, उसमें 'निज सम्भावनाओं', 'निहित प्रभाओं', 'प्रतिभाओं' की पूर्णता है, वह वाचक के 'परिपूर्ण का आविर्भाव' है, 'आत्मा की प्रतिमा' है, वही 'फटे वस्त्र', 'स्वर्ण-वर्ण मुख मैला', 'कारावास-दुःख' झेले हुए है या झेल रहा है। प्रश्न और भी हैं—रोटी उसे कौन देता है, पानी कौन देता है? वह इननी विषमतर स्थितियों के बावजूद मुस्कुरा कैसे रहा है? प्रचंड शक्तिशाली क्यों दिखायी दे रहा है? यहाँ मुक्तिबोध ने प्रश्नों की भी दो स्थितियाँ निर्मित कर दी हैं। एक में उसकी फटेहाली का सन्दर्भ है और दूसरे में उसकी जीवन्तता, जिजीविषा का प्रमाण है। ये दोनों एक-दूसरे के साथ नहीं, एक-दूसरे के आमने-सामने खड़े हो जाते हैं। आखिरी दो प्रश्न व्यवस्था के लिए नहीं हैं। व्यवस्था और सत्ता के कारण तो ये सारे प्रश्न जन्में हैं। ये दो प्रश्न जैसे सत्ता को मुँह चिढ़ाते से जान पड़ते हैं। सत्ता की सारी ज्यादतियों के बाद और बावजूद भी अपनी जिजीविषा, ज्ञान आदि के कारण, वह मुस्कुरा सकता है, शक्तिशाली दिख सकता है। ये दो प्रश्न इस बात को भी रेखांकित करते हैं कि मुक्तिबोध के समय तक जन तमाम तरह के शोषण, असुविधा भौतिक अल्पता का शिकार होने के बावजूद बिल्कुल टूटा नहीं था। उसे अपनी शक्ति पर भी भरोसा था और स्थितियाँ बदलेंगी—इसका भी भरोसा था। यह सन्दर्भ कविता के भावात्मक इतिहास बन जाने की क्षमता को प्रस्तावित करता है।

प्रश्न गम्भीर और खतरनाक हैं, क्योंकि ये प्रश्न ज्ञान और विवेक के कारण उभरे हैं, नयी चेतना और संवेदना के कारण उभरे हैं और परिवर्तन की उद्दाम इच्छा को अपने भीतर आत्मसात किये हुए हैं। जो अभिव्यक्ति अबतक नहीं पायी गयी है, अगर उसे तलाशा जा रहा है, तो परिवर्तन की इच्छा इसमें स्वयमपि निबद्ध रहेगी ही। चली आ रही व्यवस्था और सत्ता न प्रश्नाकुलता पसन्द करती है, न परिवर्तन अथवा उसकी आकांक्षा और न ही नयी चेतना। सत्ता बनाए रखने के लिए वे यथास्थितिवादिता का सहारा लेती हैं। 'राम की शक्तिपूजा' में 'केवल जलती मशाल' थी। वहाँ भी वह ज्ञान का ही एक रूप है, जिससे अन्धकार से बचाव का मार्ग तैयार होता है। क्षीण ही सही, परन्तु सम्भावना है। यहाँ तो जंगल से आती हुई हवाओं ने उस मशाल को ही बुझा दिया है। नयी कविता के पूरे वितान से गुजरकर हमें प्रथमतः जंगल को निर्धारित करना होगा, क्योंकि मशाल को बुझानेवाली हवा जंगल से आ रही है। वह मशाल जंगल से आती हुई हवा से खुद-ब-खुद बुझ नहीं गयी है, बुझायी गयी है। साथ ही एक बत और भी ध्यान देने की है। बुझानेवाली हवा एक जंगल से नहीं, अनेक जंगलों से आ रही है। बुझाने की क्रिया सायास और आशय सहित है। संरचना की बहुआयामिता इस कविता की केन्द्रीय विशेषता है। अन्धकार बहुआयामी-बहुअर्थी है, अन्धकार के प्रतिफल बहुआयामी हैं, अन्धकार की समर्थक

शक्तियाँ (जिन्होंने फूँक मारकर मशाल बुझायी है) भी बहुआयामी हैं। इस बहुआयामी विविधता को कविता के फॉर्म में, उसकी बहुआयामिता के साथ पकड़ना मुक्तिबोध की काव्य प्रतिभा का वैशिष्ट्य ही कहा जाएगा। अन्यथा इनके बिखर जाने की कैसी प्रबल सम्भावना थी। खैर, इस कविता की 'मशाल', 'केवल जलती मशाल' नहीं है। काव्य-परम्परा में, यह संवेदनात्मक विस्तार है। भौतिक स्थितियों की जटिलता ने संवेदनात्मक विस्तार का मार्ग प्रशस्त किया। मैंने पहले ही कहा कि 'मशाल' ज्ञानमीमांसीय दार्शनिक प्रणाली है। इसके कारण रहस्यमय पुरुष से साक्षात् की प्रक्रिया प्रारम्भ होती है। इस मशाल रूपी ज्ञानात्मक संवेदना से अन्धकार के विभिन्न रूपों की पहचान सम्भव हुई है, बदलाव की सम्भावना का विकास हुआ है। वस्तुतः यह 'मशाल' वह कोई भी सन्दर्भ, भाव या वस्तुस्थिति हो सकती है, जो अन्धकार को, उसके विभिन्न अवयवों को प्रत्यक्ष करे। यह अन्धकार की प्राकृतिक और निर्मित अवस्थाओं का भेद भी बताती है। इसी कारण अँधेरे के पोषक तत्त्व, जो जंगल में पलते हैं, उसे बुझा देते हैं, ताकि अँधेरे का, प्रकारान्तर से उनकी सत्ता और पोषक तत्त्वों का साम्राज्य कायम रहे। जंगल एक प्राकृतिक व्यवस्था है, जो अत्यधिक उर्वर होती है, समावेशी होती है। इसमें शुभ और अशुभ, शोभन-अशोभन, सुन्दर-कुरूप सब कुछ विद्यमान होते हैं। सबकुछ के बावजूद जंगल में प्राकृतिक कानून ही चलता है। 'सर्वाइवल ऑफ द फिटेस्ट' का अर्थ केवल आनुवांशिकी और जीवन संघर्ष में अनुकूलन नहीं है। इसका एक सिरा ताकतवादी मानसिकता से भी जुड़ता है। आहार शृंखला, पशुओं में मादा के साथ संसर्ग के लिए होने वाले संघर्ष आदि भी ताकतवादी मानसिकता को ही प्रत्यक्षीकृत करते हैं। अतः जंगल सामन्ती, ताकतवादी, पुरुषवादी, शोषक आदि अनेक प्रकार की सत्ताओं का पर्याय बन जाता है। इसमें सामाजिक अपने स्वप्न तक में अपनी मानवीय गरिमा, ऊर्जा, शक्ति खो देने के लिए अभिशप्त होता है या कुछ अल्पसंख्यक शोषकों द्वारा कर दिया जाता है। इसी कारण सम्भवतः जंगल एकवचन नहीं, बहुवचन है। इस अन्धकार और जंगल के बीच 'आत्मा की प्रतिमा' बनाना, हृदय में 'रिस रहे ज्ञान के तनाव को' महसूस करना, अबतक न पायी अपनी अभिव्यक्ति को तलाशना, वास्तव में गम्भीर और खतरनाक प्रश्न हैं। इन तत्त्वों को जो पा लेगा, वह अन्धकार और जंगल से मुक्ति न भी पा सके, पर उनसे संघर्ष अवश्य करता है। सत्तासीनों को यह कतई पसन्द नहीं होता। इसीलिए वे चेतना की मशाल फूँक मारकर बुझा देते हैं। परिवर्तन और तलाश की सम्भावना को ही समाप्त करने की कोशिश करते हैं। यहाँ परिवर्तन और ज्ञान की सम्भावना ज्ञानमीमांसीय स्रोतों के कारण ही सम्भव हो रही है। अगर उसे ही किसी विधि से खत्म कर दिया जाए, तो सामाजिकों के लिए तो यह मौत की ही सजा है। ऐसे की स्थिति है—

किसी काले डैश की घनी काली पट्टी ही
आँखों पै बँध गयी
किसी खड़ी पाई की सूली पर मैं टाँग दिया गया,
किसी शून्य के अँधियारे खड्डे में
गिरा दिया गया मैं
अचेतन स्थिति में!

ध्यान देने की बात यह है कि वह खुद गिरा नहीं, गिराया गया है। तत्काल यह प्रश्न उठता है कि किसने गिराया? इसका उत्तर ऊपर देने की कोशिश की है।

इस कविता को मुक्तिबोध ने आठ खण्डों में विभक्त किया है। काव्यनायक शून्य के खड्डे में गिरा दिया गया है। यहाँ ही पहला खण्ड समाप्त होता है। इस पूरे पहले खण्ड में काव्यनायक जो भी पहचानता है, जिन सन्दर्भों में वह यात्रा करता है, वह नितान्त वैयक्तिक स्तर पर है। सामूहिकता से कटा एक आदमी व्यवस्थागत दुराचारों का सामना नहीं कर सकता। अगर करने का प्रयास करता है तो व्यवस्था के समक्ष बहुत जल्दी हार भी जाता है। खड्डे में गिरा दिया जाना—व्यवस्था द्वारा निश्तेज कर दिये जाने को भी दर्शाता है।

'शून्य बिन्दु के अँधियारे खड्डे में' गिरा दिये गये काव्यनायक में सूनापन सिहरता है। जब तथ्य, तत्त्व, विचार आदि सान्द्रता के कारण गहरे हो जाते हैं, तब उसकी अनेक अनुगूँजें प्रकट होने लगती हैं। ये अनुगूँजें तत्समय सामाजिक अथवा समूह को किसी निर्णय तक पहुँचने नहीं देतीं, क्योंकि तब सामाजिक, भावुक और संवेदनात्मक रूप से चार्जड होता है। ये अनुगूँजें भविष्यधर्मी होती हैं, विकल्प उपलब्ध कराती हैं। सामाजिक बहुत सारी अनुगूँजों में उन्हीं को चुनता है, जो उसकी मानसिकता, विचार, ज्ञान से अर्जित समझ आदि से मेल खाती हैं। इन विकल्पों में चयन सामाजिक की वैयक्तिकता का लक्षण नहीं है। वह, जिन मनोदशाओं, सामाजिक-आर्थिक स्थितियों में रहता है, जिन समाजों और संस्कारों के बीच निर्मित होता है, वे प्रत्यक्ष-परोक्ष रूप से उसकी वैयक्तिकता का निर्माण करते हैं। साथ ही वैयक्तिकता के निर्माण में उसके जीवन के लक्ष्य भी महत्त्वपूर्ण भूमिका निभाते हैं। वह जो लक्ष्य निर्धारित करता है, उससे उसके व्यक्तित्व और उसकी वैयक्तिकता का ज्ञान भी होता है। आखिरी पंक्तियों में काव्यनायक का लक्ष्य उद्घाटित होता है—'परम अभिव्यक्ति की खोज'। परम अभिव्यक्ति की खोज तो इनसान सदैव से करता रहा है। मध्ययुगीन धार्मिक सरणियों में ईश्वर ही मनुष्यों की परम अभिव्यक्ति नहीं था? आधुनिक अर्थों के अनुरूप मध्ययुगीन जीवन पद्धति संचलित नहीं होगी। अगर ऐसा नहीं है तो उस समाज में रह रहे सामाजिकों का जीवन वैसा ही नहीं निर्मित होता, जैसा मध्ययुगीन संस्कारों में रहते हुए हुआ था? इसके समानान्तर मुक्तिबोध का काव्यात्मक और

सामाजिक लक्ष्य मध्ययुगीन बोधों का पर्याय तो नहीं। अतः उनकी चिन्तन प्रणाली और जीवन मूल्य दोनों ही बदल जाएँगे। जीवन और समाज के मूल्यों में आये बदलावों ने सामाजिक के जीवन के परम्परागत ताने-बाने को अस्त-व्यस्त कर दिया। यह अस्त-व्यस्तता सामाजिक, आर्थिक, राजनैतिक सब तरह की है। इसी कारण नवीन जीवन मूल्यों की भी आवश्यकता पड़ती है। इस अस्त-व्यस्तता ने, आवश्यकता ने खोज और प्रश्नों की जो शक्ल अख्तियार की, उसने सामाजिक को अतिरिक्त रूप से सान्द्र स्थितियों के मध्य घेर लिया। इन सान्द्र स्थितियों में, जो 'अँधेरे में ध्वनियों के बुलबुले' उभरते हैं, उसकी प्रतिक्रिया केवल काव्यनायक में ही नहीं होती, क्योंकि वाचक कहता है—'शून्य के मुख पर सलवटें स्वर की'। इस पर प्रतिक्रिया और यथार्थ के प्रति व्यवहार एक ही तो नहीं होंगे। विपरीत निहितार्थ से संचालित सामाजिक अपने दायित्व और उद्देश्य में एक तो नहीं ही हो सकते! शून्य के चेहरे पर सलवट देखना कवि की धनात्मकता को भी प्रदर्शित करता है। कविता के इस बिन्दु पर मैं शून्य को मानवविरोधी स्थिति अथवा स्थितियों का समूह मान रहा हूँ, क्योंकि शून्य के गड्ढे में ही नायक को गिराया गया है। कविता में इसका प्रत्यक्ष स्वरूप उभरना शेष है। कविता में अँधेरा और जंगल दोनों ही कई प्रतिरोधी प्रवृत्तियों के जनक हैं। वैसी ही स्थिति, हो सकता है कि शून्य की भी हो। अँधेरे में अगर मानवविरोधी शक्तियाँ हैं, तो उसी अँधेरे में काव्यनायक का आत्म भी तो दिखायी पड़ता है। यहाँ दो विपरीत स्थितियों और बोधों को पाठक प्रत्यक्षीकृत कर सकता है। शून्य और काव्यनायक दोनों में सान्द्रता है। काव्यनायक की सिहरन का एक आधार यह है कि रक्तालोक स्नात् पुरुष, रहस्यमय व्यक्ति से उसका प्रथम साक्षात्कार हो चुका है। साक्षात्कार भी नहीं, उसके होने और न होने के बीच के अहसास से वह गुजरता है। उसे यह भी स्पष्ट नहीं है कि जो रहस्यमय पुरुष रह-रहकर दिखायी देता है, वह उसके पक्ष का है या विपक्ष का? इस साक्षात्कार ने उसमें जो प्रश्न उत्पन्न किये थे, उसी ने उसमें सान्द्रता का विस्तार भी किया था। इस सान्द्रता ने उसे खोज में प्रवृत्त किया। काव्यनायक और शून्य दोनों ही अतिरिक्त रूप से संवेदित हैं, परन्तु इसका परिणाम आत्यन्तिक रूप से संवेदनशील सामाजिक ही भोगता है—''शून्य के मुख पर सलवटें स्वर की,/ मेरे ही उर पर, धँसती हुई सिर,/ छटपटा रही हैं शब्दों की लहरें/ मीठी है दुःसह!!'' दुस्सह्य छटपटाहट मीठी हो, यह अन्तर्विरोधी जान पड़ता है। शमशेर को भी दर्द मीठा जान पड़ा था—

कबूतरों ने एक ग़ज़ल गुनगुनायी...
मैं समझ न सका, रदीफ़-क़ाफ़िये क्या थे,
इतना ख़फ़ीफ़, इतना हलका, इतना मीठा
उनका दर्द था।

शमशेर की व्यक्तिवादिता के विपरीत मुक्तिबोध की काव्य-चेतना उतनी व्यक्तिवादी नहीं है। विचार के धरातल पर दोनों कम्युनिस्ट हैं, परन्तु जब वे कविता के व्यावहारिक क्षेत्र में आते हैं, तो दोनों के ट्रीटमेंट में काफी फर्क नजर आता है। शमशेर का दर्द वैयक्तिक है, परन्तु द्वीप की तरह एकान्तिक नहीं है। वह गहरायी से परम्परा से जुड़ता है। गजल की उस सुदीर्घ परम्परा से, जिसमें दर्द और प्रेम की घनीभूततम अभिव्यक्तियाँ हैं। इसमें बाह्य स्थितियाँ उतनी प्रखर और प्रभावशाली नहीं होतीं। मुक्तिबोध का मीटा और दुस्सह्य दर्द बाह्य स्थितियों की उपज है, क्योंकि भीतर की सान्द्रता और हलचल भी बाह्य स्थितियों का परिणाम है। फिर वह मीठा दर्द क्यों बर्दाश्त कर रहा है? इसका उत्तर कविता के इस दूसरे खण्ड में ही थोड़ा आगे उसके इस संकल्प में है—

नहीं, नहीं, उसको मैं छोड़ नहीं सकूँगा,
सहना पड़े-मुझे चाहे जो भले ही।

जब सामाजिक, किसी सन्दर्भ के प्रति इस स्तर तक निष्ठावान हो जाए और व्यवस्था उसके अथवा मानवीयता के अनुकूल न हो, तो उसे बहुत कुछ बर्दाश्त करना ही पड़ता है। एक स्तर पर यह दर्द चयनित भी है। किन्तु यह चयन आरम्भिक अवस्था में ही नहीं किया गया है। चयन से पहले भी वह अनेक प्रकार के भौतिक अवरोधों और मानसिक अन्तर्द्वन्द्वों से गुजरता है। काव्यनायक कहता है—

पहचानता हूँ बाहर जो खड़ा है
यह वही व्यक्ति है, जी हाँ!
जो मुझे तिलिस्मी खोह में दिखा था।
अवसर-अनवसर
प्रकट जो होता ही रहता
मेरी सुविधाओं का न तनिक ख़याल कर।
चाहे जहाँ, चाहे जिस समय उपस्थित,
चाहे जिस रूप में
चाहे जिन प्रतीकों में प्रस्तुत,
इशारे से बताता है, समझाता रहता,

× × ×

परन्तु, भयानक खड्डे के अँधेरे में आहत
और क्षत-विक्षत, मैं पड़ा हुआ हूँ,
शक्ति ही नहीं है कि उठ सकूँ ज़रा भी
(यह भी तो सही है कि
कमज़ोरियों से ही लगाव मुझको)

इसीलिए टालता हूँ उस मेरे प्रिय को
कतराता रहता,
डरता हूँ उससे।

× × ×

अरे भाई, मुझे नहीं चाहिए शिखरों की यात्रा,
मुझे डर लगता है ऊँचाइयों से
बजने दो साँकल
उठने दो अँधेरे में ध्वनियों के बुलबुले,
वह जन–वैसे ही
आप चला जाएगा आया था जैसे।

अगर काव्यनायक खोजपरक यात्रा में है, अन्तर्द्वन्द्वग्रस्त है, तो यह अन्तर्द्वन्द्व इकहरा नहीं होगा। इसके अनेक स्तर होंगे। द्वन्द्व की अनेक स्तरीयता संरचना के धरातल पर कविता को संश्लिष्ट और सान्द्र बनाती है। यह सान्द्रता, संश्लिष्टता और अनेक स्तरीयता लम्बी कविता के लिए आत्यन्तिक है। एक स्तर पर यह बाह्य और अन्तर का द्वन्द्व है, तो दूसरे स्तर पर सामाजिक का आन्तरिक द्वन्द्व भी है। जब मैं आन्तरिक द्वन्द्व की बात कर रहा हूँ, तो इसका अर्थ काव्यनायक के व्यक्तिवादी हो जाने में नहीं है। सामाजिक के आन्तरिक द्वन्द्व का कारण भी बाह्य सामाजिक, आर्थिक स्थितियाँ ही हैं। हम सब मानते हैं कि पूँजीवाद अपनी प्रारम्भिक अवस्था में प्रगतिशील भूमिका निभाता है। समाज की प्रगति का मार्ग प्रशस्त कराता है। परन्तु पूँजीवाद के विकास के साथ उसकी प्रगतिशील भूमिका समाप्त भी होती जाती है। पूँजीवाद के प्रगति पथ में जहाँ पूँजीपतियों के हित आम जनता से अलग हुए, वहाँ समाज ने अनेक विध्वंसक और विस्फोटक परिवर्तन देखें। इस बिन्दु पर समाज और साहित्य का सौन्दर्यवादी दौर समाप्त हुआ, इसी समय से कविता, साहित्य और अन्य कलारूपों के प्रति पूँजीवादी व्यवस्था का रुख व्यावहारिक होने लगा। इस समय से विभिन्न कलारूपों, साहित्य का दायरा अत्यन्त संकुचित होता गया। उसकी समस्याएँ जब अपना सार्वजनीन महत्त्व खोती हैं, तो कविता के भीतर निर्मित सामाजिकों का दायरा भी द्वन्द्व के घेरे में आता है। एक बात यह भी ध्यान देने की है कि पूँजीवादी व्यवस्था के विभिन्न चरणों का विकास दुनिया के प्रत्येक मुल्क में एक जैसा और एक ही समय में नहीं हुआ। मुक्तिबोध जब अपने काव्य विकास के परिपक्व दौर में पहुँचते हैं, तो भारतीय समाज की अवस्था उपर्युक्त वर्णित दौर से गुजर रही थी। आजादी की लड़ाई के दिनों में जनता के बीच साहित्य की उपस्थिति और नेहरु के औद्योगिक आर्थिक नीतियों के बाद साहित्य के प्रति जनता के रुख में आए बदलाव से उपर्युक्त वर्णित सन्दर्भ को ज्यादा बेहतर तरीके समझा जा सकता है। 'अँधेरे में' भारतीय

समाज के पूँजीवादी विकास के उसी बिन्दु पर टिका है, जहाँ आजादी की लड़ाई की भावुकता भी खत्म हो जाती है और पूँजीवाद समाज से कटकर अपने लिए अलग मार्ग निर्मित करना प्रारम्भ कर देता है। विकास की इस अवस्था में मध्यवर्ग का तीव्र विकास होता है। यह मध्यवर्ग संस्कारों, रूढ़ियों, यथास्थितिवाद, परम्परा से चिपका रहता है। साथ ही वह अपनी सुविधा, सार्थकता, सुरक्षा आदि के मध्य डोलता रहता है। इस मध्यवर्ग की चारित्रिक विशेषता है कि वह सम्पूर्ण संवेदना के बावजूद आखिरी क्षण तक खुद को सुरक्षा कवच के भीतर छिपाए रखना चाहता है। यह है, क्योंकि उसके वैयक्तिक और सामाजिक दायित्वों के मध्य विभेद है। उसका वैयक्तिक मन अनेक प्रकार के कार्य करने की स्वाधीनता चाहता है, परन्तु घर-परिवार-समाज के अनेक नियम विधान सदैव उसको ऐसा करने से रोकते हैं। दूसरे खण्ड में इसी मध्यवर्गीय मानसिकता से काव्यनायक ग्रस्त है। उपर्युक्त उद्धरण मध्यवर्गीय नायक के चरित्र को सम्पूर्णता में उद्‌घाटित करने में सक्षम है। इसीलिए काव्यनायक द्वार पर बार-बार बजनेवाले साँकल को नजरअन्दाज करता है या नजरअन्दाज करने की कोशिश करता है। अभिधा में साँकल तो हवा से ही हिलेगी, परन्तु वाच्यार्थ से यह जड़बद्ध संस्कारों पर चेतना का कम्पन है। यह चेतना उसे समाजोन्मुख करती है, अपनी जड़ता के खोल को तोड़ने को उद्‌बुद्ध करती है—

कोई मेरी बात मुझे बताने के लिए ही
बुलाता है— बुलाता है
हृदय को सहला मानो किसी जटिल
प्रसंग में सहसा होठों पर
होठ रख, कोई सच-सच बात
सीधे-सीधे कहने को तड़प जाय, और फिर
वही बात सुनकर धँस जाय मेरा जी—

मध्यवर्गीय सामाजिक की यह वर्गीय विशेषता है कि कोई उसी की बात उसी को बताए, तो भी वह असहज स्थितियों में पहुँच जाता है, उसका हृदय बैठ जाता है। उपर्युक्त उद्धरण को इस उद्धरण से मिलाकर पढ़ने से कुछ और भी तथ्य ज्ञात होते हैं। अभी तक की काव्य यात्रा में काव्यनायक 'कोई एक' के अतिरिक्त जितने भी संस्कार, तथ्य हैं, उनसे लगभग भली भाँति परिचित है। पूँजीवादी विकास की उग्रता के बाद वैश्विक स्तर पर जिन नये सामाजिक-राजनैतिक-सांस्कृतिक समीकरणों का जन्म होता है, उसमें सामाजिक की आन्तरिक पहचान लुप्त हो जाती है। वह संशय और द्विधाग्रस्त हो जाता है। कई बार जानकारी के बावजूद अपने स्वत्व के नकार का भाव भी रहता है। इसीलिए कोई उसी की बात बताने के लिए उसको बुलाता है। इस आमन्त्रण के कारण नये सम्बन्ध का विकास भी दृष्टिगोचर होता है। एक स्तर

पर यह सम्बन्ध पाठक और रचनाकार का है, दूसरे स्तर पर काव्यनायक और 'कोई एक' के बीच तो सम्बन्ध है ही। इस नये सम्बन्ध में कई क्रियाएँ हैं—हृदय का सहलाया जाना; होठों पर होठ रखना; सच और सीधी बात कहने को तड़पना आदि। कविता के इस बिन्दु पर वह सीधी और सच बात कह नहीं पा रहा है, इसीलिए तड़प जा रहा है। इसके अलावा दोनों क्रियाओं के उपमान निजी हैं। हृदय को सहलाना ममत्व का बोधक है, तो होठों पर होठ रखना द्वैतहीनता, चरम निकटता का बोधक है। ममत्व और द्वैतहीनता संवेदनात्मकता और सहृदयता का वाचक है। इनके बिना जीवन, जगत् और काव्य का सत्य अनुद्घाटित रह जाता है। हम दूसरों के सुख-दुख में हिस्सेदार नहीं हो पाते, नहीं हो सकते। भले घड़ियाली आँसू बहा लें या उनके दुख में दुखी होने का नाटक कर लें। इस सहृदय, आत्मीय, ममत्वपूर्ण सन्दर्भ में, नये विकसित हुए सम्बन्धों के साथ अपनी ही बात सुनकर उसका जी धँस जाता है—'इस तरह, साँकल ही रह-रह बजती है द्वार पर'। यहाँ 'इस तरह' शब्द के द्वारा कविता में कवि हस्तक्षेप करता है और अर्थ को स्थिर करता है। ऊपर जो, हवा द्वारा साँकल के हिलने का अभिधार्थ ग्रहण करने की बात मैंने की थी, उसे कवि इस शब्द के द्वारा खारिज कर देता है। यह साँकल उसकी चेतना के द्वार पर ही बज रही है और 'कोई एक' ही बजा रहा है। यहाँ उसकी पहचान भी थोड़ी स्पष्ट होती है—

आधी रात, इतने अँधेरे में, कौन आया मिलने?
विमन प्रतीक्षातुर, कुहरे में घिरा हुआ
द्युतिमय मुख-वह प्रेम-भरा चेहरा—
भोला-भाला भाव—
पहचानता हूँ बाहर जो खड़ा है
यह वही व्यक्ति है, जी हाँ!
जो मुझे तिलिस्मी खोह में दिखा था।

ऊपर मैंने जिन सम्बन्धों की बात की है, जो नये सम्बन्ध विकसित हो रहे हैं, उन्होंने ही 'कोई एक' के स्वरूप के स्पष्ट होने को भी सम्भव बनाया है। ऊपर मैंने यह भी बताया है कि अँधेरे में दोनों प्रकार के तत्त्व हैं, क्योंकि जंगल और अन्धकार दोनों ही बहुत ज्यादा उर्वर हैं। यहाँ मेरे लिए ज्यादा गहरा और विचारणीय प्रश्न है कि नये सम्बन्ध बन क्यों रहे हैं? आजादी के बाद जो नयी सामाजिक स्थितियाँ बन रही थीं, औद्योगिकीकरण का जो नया दौर प्रारम्भ हो रहा था, उसने दोहरा, तिहरा कार्य किया। एक तरफ जो परम्परागत सामुदायिक सम्बन्ध थे, रोजी रोटी के कारण विस्थापित हुए लोग में वह टूटता है। दूसरे स्तर पर तीव्र औद्योगिकीकरण से एलिनिएशन की प्रक्रिया प्रारम्भ होती है और मानव खुद मशीन की गतानुगतिकता का सहधर्मी हो जाता है। उसकी पहचान खुद से भी समाप्त होने लगती है। इन दोनों के अतिरिक्त

पूँजीवादी सभ्यता और विकास की अपनी अपसंस्कृतियाँ तो हैं ही। भारतीय पूँजीवादी व्यवस्था के साथ एक तथ्य कोढ़ में खाज की तरह चिपका हुआ है। भारत में पूँजीवाद सामन्तवाद को खत्म नहीं करता, अपितु उससे गठजोड़ करता है। इसी कारण भारत में इन पूँजीवादी अपसंस्कृतियों के साथ सामन्ती अपसंस्कृतियाँ भी हैं (मसलन जातिवाद, भाई-भतीजावाद, योग्यता को नजरअन्दाज करने की प्रवृत्ति, योग्यता की जगह अपने चहेतों को बैठाने की प्रवृत्ति आदि)। इन सारी स्थितियों ने मिलकर सामाजिक को इंडिविजुएल में बदल दिया। अधिकांश इंडिविजुएल समाज के सम्बन्धों से बाहर जीने-खाने, बच्चे पैदा करने और आखिर में मर जाने तक की ही यात्रा पूरी करते हैं। अधिकांश लोग इस प्रक्रिया में अनवरुद्ध जीवन जीते हैं। इस कविता ही नहीं, साहित्य मात्र में, इसीलिए संवेदना और सहृदयता की भूमिका आत्यन्तिक है। इसी के सहारे वह अनवरुद्ध जीवन की विसंगतियाँ पहचान पाता है। काव्यनायक की अतिरिक्त संवेदनशीलता का ज्ञान हमें पूरी कविता में दिखायी पड़ता ही है। वह स्थितियों की भयावहता समझता है। इसमें सकारात्मक और नकारात्मक दोनों भाव उपजते हैं। सहृदयता एक स्तर पर उसे वर्तमान को समझने में मदद करती है, दूसरी ओर उन स्थितियों के प्रति बेचैनी भी उत्पन्न करती है। काव्यनायक की यात्रा इस संवेदनशीलता-सहृदयता, बेचैनी और संकल्प के साथ है। तिलिस्मी खोह में दिखनेवाला व्यक्ति उसे मौके-बेमौके दीख जाता है। इन दोनों के सन्दर्भ में श्री नामवर सिंह कहते हैं—"नाटकीय कौशल के लिए कविता को 'मैं' और 'वह' दो व्यक्ति-चरित्रों में विभक्त कर दिया गया है: एक है काव्यनायक 'मैं' और दूसरा उसका प्रतिरूप 'वह'। वह विभाजन वस्तुत: एक नाटकीय कौशल-मात्र नहीं, बल्कि उसका आधार 'आत्म-निर्वासन' (सेल्फ-एलिनिएशन) है। 'अँधेरे में' का काव्य-नायक एक आत्म-निर्वासित व्यक्ति है, जिसके आत्म-निर्वासन का प्रतीक है उसका गुहावास।" यह आलोचना की अजीब स्वैराचारी पद्धति है। नामवर जी एक वाक्य पहले विभाजन को नाटकीय कौशल बताते हैं, दूसरी पंक्ति में बताते हैं कि 'नाटकीय कौशल-मात्र नहीं' है। अर्थात् यह नाटकीय कौशल तो फिर भी है ही। उनके अनुसार इस विभाजन के कुछ अन्य आधार भी हैं। यह कथन एक विभ्रम भी उत्पन्न करता है कि 'मैं' के विभाजन का आधार मात्र 'आत्म-निर्वासन' है। आत्म-निर्वासन उसका एक आधार हो सकता है, परन्तु उससे बड़ा प्रश्न है कि काव्यनायक क्या एक विभाजित व्यक्तित्व है? क्या विभाजित व्यक्तित्वों में संकल्प की वैसी स्थिति होती है कि वह 'परम अभिव्यक्ति' की खोज का संकल्प लें। अगर विभाजन को स्वीकार कर लें, तो यह बेचैनी, छटपटाहट और तड़प बहुत हद तक डाइल्युट हो जाएगी। वह मात्र मनोविकार रह जाएगा। यह विभाजन समाज के ज्यादातर लोग में होता है। इन सामाजिकों में अधिकांश की बैचेनी, तड़प इसी कारण शमित भी हो जाती है। जो दृढ़ इच्छाशक्तिवाले लोग होते

हैं, वे ही इस विभाजन को सकारात्मक परिवर्तन की दिशा में ले जा पाते हैं, अन्यथा ऐसी विभाजन वाली मनोदशा में अकसर इसके मनोविकार में बदल जाने की सम्भावना होती है। इस कविता का नायक जिस संकल्प और बोध को प्रस्तावित करता है, वह विभाजन से ज्यादा आत्म-संवाद की स्थिति निर्मित करता है। वैसे तो काव्यनायक का व्यक्तित्व विभाजित नहीं है, परन्तु थोड़ी देर के लिए मान भी लिया जाए कि वह विभाजित है, तब भी नायक बहुत दृढ़ इच्छाशक्ति वाला है। इसीलिए वह मनोविकार का शिकार नहीं होता, अपितु अपनी सीमाओं का अतिक्रमण करता है। इसी कारण यह नाटकीय कौशल नहीं है। मनोविज्ञान की दृष्टि से यह विभाजन एक सार्वजनीन प्रक्रिया है। विभाजन वाली समस्या पर आगे भी इस विनिबन्ध में अलग-अलग जगहों पर टिप्पणी होगी, प्रसंगानुकूल।

यह जो 'कोई एक' उसे बार-बार दीखता है, वह मध्यवर्गीय नायक की सुविधाभोगी मानसिकता में सेंध लगाता है। वह उसकी सुविधाओं का ख्याल नहीं रखता। वह किसी भी समय, किसी रूप में प्रकट हो जाता है, उसे इशारा करता है, समझाता है। फिर प्रश्न उठता है कि क्या समझाता है, इशारे क्यों करता है? ऊपर मैंने मध्यवर्गीय सामाजिकों के व्यवहार को रेखांकित किया है। यहाँ सिर्फ यह ही ध्यान देने की बात है कि कविता के इस बिन्दु तक नायक संवेदनशीलता, बेचैनी, छटपटाहट के बावजूद मध्यवर्गीय बोध को त्याग नहीं पाता। यह कितना कठिन है कि इससे बाहर निकालने के लिए 'कोई एक' 'हृदय को देता है बिजली के झटके'। जो झटके देता है, उसका काव्यात्मक विवरण है—

अरे, उसके चेहरे पर खिलती हैं सुबहें,
गालों पर चट्टानी चमक पठार की
आँखों में किरणीली शान्ति की लहरें

काव्यनायक विभिन्न स्थितियों के दबाव में चाहे जितना द्विधाग्रस्त हो, जितने ज्यादा संशय में हो, पर अपने विवेक में वह 'कोई एक' ही है। 'कोई एक' उसकी संकल्पात्मक शक्ति है। मानव सभ्यता के सत्-उत्कृष्ट भावों का प्रतिनिधित्व है उसमें। इसीलिए वह 'कोई एक' द्विधाहीन, संशयहीन है। तभी उसके मुख पर सुबह खिलती है, गालों पर पठार की चट्टानी चमक है, आँखों में शान्ति है। यह उसके संकल्प, विकल्प और दृढ़ इच्छाशक्ति का ही प्रस्तावक है। इसके लिए काव्यनायक जिन उपमानों का जिक्र करता है, वह भी ध्यान दिये जाने योग्य हैं। मुख और उसके विभिन्न अंगों के लिए जो सादृश्य हैं, वे प्रकृति की कर्मठता और शुचिता के सबसे भव्य और परिष्कृत रूप हैं। सुबह रात्रि की सघनता को चीरती हुई आती है, चट्टानों का निर्माण प्रकृति के शताब्दियों के संघर्ष और धैर्य का परिणाम है, आँखों में सौन्दर्य नहीं शान्ति और ज्योत्स्ना का भाव है। ऐसे मुखवाले 'कोई एक' को 'देख, प्यार उमड़ता है

अनायास!' मध्यवर्गीय प्रवृत्तियों को देखते और ध्यान में रखते हुए काव्यनायक में ऐसे 'कोई एक' को देख प्यार नहीं उमड़ना चाहिए, क्योंकि वह उसकी सुविधाभोगी प्रवृत्तियों में सेंध लगाता है। अगर उसके प्रति कोई भाव उमड़ता-सा प्रतीत होता है, तो वह उसकी आदर्शात्मक ख्याली का एक रूप होता है। इस पंक्ति का विस्मयादिबोधक चिह्न इस अन्तर्विरोध को उभार पाने में सक्षम है, इसी कारण बहुत महत्त्वपूर्ण है। इस अन्तर्विरोध के सम्बन्ध में काव्यनायक स्वयं कहता है—

लगता है— दरवाज़ा खोलकर
बाँहों में कस लूँ
हृदय में रख लूँ
घुल जाऊँ, मिल जाऊँ लिपटकर उससे
परन्तु, × × × डरता हूँ उससे।

इस खण्ड में आगे का विवरण नायक के मध्यवर्गीय असमंजस, संकल्प और विकल्प के इर्द-गिर्द घूमते हैं। यहाँ यह भी द्रष्टव्य है कि मध्यवर्ग के प्रत्येक सामाजिक को अपने आदर्श, अपनी सम्भावनाओं, अपनी प्रतिभा, अपनी सोच से प्रेम होता है। यह प्रेम भी सामान्य कोटि का नहीं होता है, अपितु उसे उससे एक सीमा तक मोह होता है। साथ ही वह अपने व्यक्तित्व से यूटोपिया और आदर्श को भी खारिज नहीं करता। इस दूसरी प्रवृत्ति के कारण ही वह सामाजिक व्यक्तित्वों (Social personalities) का दूसरा पहलू तलाश लेता है और उससे संवाद करता है, जूझता है। अधिकांशतः हारता ही है, क्योंकि अधिकांश मध्यवर्गीय सामाजिक इसको टालता है। अन्याय के खिलाफ वह तभी आक्रामक होता है, जब मसला वैयक्तिक हो। गैर वैयक्तिक मसलों पर वह भाषण देता है, आदर्शात्मक टिप्पणियाँ दर्ज कराता है, किन्तु दूसरे सामाजिकों के साथ खड़ा नहीं होता। सम्भवतः इसी कारण परिवर्तनकामी विचारधाराएँ मध्यवर्गीय प्रवृत्तियों का इतना विरोध करती हैं, भर्त्सना करती हैं। जिन भी समाजों में मध्यवर्गीय प्रवृत्तियों का प्रभाव ज्यादा होगा अथवा जिस समाज में जितना ज्यादा होगा, उस समाज में परिवर्तन की, क्रान्ति की सम्भावना उतनी ही कम होगी। यह अकारण नहीं है कि ये मध्यवर्गीय प्रवृत्तियाँ मुक्तिबोध की काव्यात्मक संवेदना, काव्यात्मक विवेक का बड़ा हिस्सा घेरती हैं और इसे वे विस्तारपूर्वक अपनी काव्यात्मक संवेदना में रूपान्तरित करते हैं।

काव्यनायक उपर्युक्त पंक्तियों के आरम्भ में कहता है कि वह भयानक खड्डे के अँधेरे में आहत पड़ा है। मुझमें निकलने की शक्ति भी नहीं और मुझे अपनी कमजोरियों से लगाव भी है। इस काव्योक्ति के पीछे मध्यवर्गीय प्रवृत्ति के साथ दो बड़ी घटनाएँ भी हैं। पहला द्वितीय विश्वयुद्ध का वैश्विक असर, दूसरा सन् 1947 में भारत की आजादी। द्वितीय विश्वयुद्ध ने मानवीय सभ्यता की सम्भावनाशीलता को

बहुत हद तक ध्वस्त किया। यूरोप और अमेरिका के नागरिक उसके प्रत्यक्ष भोक्ता थे। भारतीय बुद्धिजीवी उसका प्रत्यक्ष भोक्ता तो नहीं था, पर जनसंहार, हिंसा का जो भयावह दृश्य उत्पन्न हुआ था, उसने भारतीय बुद्धिजीवियों को भी प्रभावित किया था। द्वितीय विश्वयुद्ध के बाद विभिन्न सामाजिक-राजनैतिक स्थितियों-परिस्थितियों द्वारा सामाजिकों की शक्तियों और सम्भावनाओं को और भी निचोड़ा गया। इसने भी मानवीय सभ्यता की समझ में बड़े-बड़े गड्ढे निर्मित किये। दूसरी ओर भारतीय स्वतन्त्रता ने सामाजिकों में आशा, आकांक्षा, स्वप्न के दुर्धर्ष मीनार निर्मित किये। सन् 1957 के दूसरे आम चुनाव के आसपास से ही आशा, आकांक्षा और स्वप्नों के निर्मित मीनार ध्वस्त होने लगते हैं। ये बड़े-बड़े गड्ढे इन ध्वस्त मीनारों के उखड़ने के काव्यात्मक चिह्न हैं। जैसे-जैसे ये मीनार ध्वस्त हो रहे थे, सामाजिक उम्मीदों, आकांक्षाओं, बुनियादी जरूरतों की कैद में पस्त हो रहा था। उसकी सामाजिकता खण्डित हो रही थी तथा वह वैयक्तिकता और व्यक्तिवादिता की ओर तेजी से कदम बढ़ा रहा था। वह हर दूसरे इनसान को शक की निगाह से देख रहा था, उसे अपना शत्रु समझ रहा था, अपना प्रतियोगी समझ रहा था। इसीलिए वह अपनी विरोधी सामाजिक-राजनीतिक स्थितियों और शक्तियों का विश्लेषण कर उसे पहचान नहीं पाता। परिवर्तन के लिए आवश्यक सामूहिकता विकसित होने से पहले ही समाज के स्तर पर खण्डित होने लगती है। मुक्तिबोध इसे समझ रहे थे और कविता में इसे प्रस्तावित करने की कोशिश कर रहे थे। मुक्तिबोध लगभग सन् 1954-55 से लेकर मृत्युपर्यन्त आम जनता के पक्ष से उनकी बुनियादी आकांक्षाओं को घनीभूत तरीके से कविता का विषय बना रहे थे। कविता के बाहर उनकी सामूहिक आकांक्षाओं की तलाश कर रहे थे।

दैशिक और वैश्विक स्तर पर निर्मित इन खड्डों और अपनी सामूहिकता से कटा, निजी जरूरतों को पूरा करने में क्षत-विक्षत काव्यनायक जब कहता है कि 'कमजोरियों से ही लगाव है मुझको', तो यह मध्ययुगीन दार्शनिक भावबोध से पृथक् है। यह 'मो सम कौन कुटिल खल कामी' वाली काव्योक्ति नहीं है। यह मध्यवर्ग की नितान्त नयी चेतना की स्वीकारोक्ति है। मध्यवर्गीय चरित्र के प्रतिनिधि के रूप में वह यह स्वीकार करता है। प्रश्न है कि इस स्वीकारोक्ति का लाभ क्या है? यह प्रश्न मेरे मन में इसलिए उभरा कि आज समाज में ये स्वीकारोक्तियाँ भी बौद्धिक ठगी का साधन बन गयी हैं। इन प्रकार की स्वीकारोक्तियों के द्वारा लोग अपनी तटस्थता, ईमानदारी और सत्यनिष्ठा प्रदर्शित करते हैं, परन्तु आचरण के धरातल पर वे वही हरकतें करते हैं, जो इन सद्गुणों के विपरीत होता है। काव्यनायक की स्वीकारोक्ति का महत्त्व बाद में उभरने वाले उसके आचरण से स्पष्ट होता है और कुछ-कुछ इस कथन से भी—'नहीं, नहीं, उसको मैं छोड़ नहीं सकूँगा,/ सहना पड़े-

मुझे चाहे जो भले ही।' ऊपर मैंने नायक के दृढ़ इच्छाशक्ति की जो बात कही थी, उसको यहाँ भी हम प्रत्यक्ष कर पाते हैं। काव्यनायक के साथ उसका प्रिय 'कोई एक' क्या करता है—

वह बिठा देता है तुंग शिखर के
ख़तरनाक, खुरदुरे कगार-तट पर
शोचनीय स्थितियों में ही छोड़ देता मुझको।
कहता है—"पार करो, पर्वत-सन्धि के गह्वर
रस्सी के पुल पर चलकर
दूर उस शिखर-कगार पर स्वयं ही पहुँचो!"

यहाँ का विस्मयादिबोधक चिह्न भी बहुत महत्त्वपूर्ण है। आश्चर्यजनक यह है कि काव्यनायक स्थितियों को पार क्यों नहीं कर रहा या कर पा रहा या पार करने की कोशिश क्यों नहीं कर रहा? यह अर्थ शब्द से ज्यादा यहाँ विस्मयादिबोधक चिह्न सम्प्रेषित करता है। वह पलायन नहीं करता, थोड़ी देर के लिए स्थितियों से बचने की कोशिश करता है। क्या भौतिक स्थितियाँ उसे बचे रहने देती हैं? क्योंकि ये स्थितियाँ ही हैं, जो उसे तुंग शिखर पर बैठाकर शोचनीय स्थिति में छोड़ देती हैं। इस रूप में तो बार-बार आनेवाला 'कोई एक' बाह्य भौतिक स्थितियाँ भी हो सकती हैं। यह पूरी कविता सामाजिक के व्यक्तित्व को दो हिस्सों में विभाजित कर पढ़ी गयी है। यह विभाजन की जगह बाह्य द्वन्द्वों के प्रतिक्रिया स्वरूप विकसित 'कोई एक' और सामाजिक के द्वन्द्व का प्रत्यक्षण है। ये बाह्य स्थितियाँ शोभन और अशोभन, अच्छी और बुरी, दोनों हैं। इन बाह्य स्थितियों पर प्रतिक्रिया के दो रूप इस कविता में दिखायी देते हैं—मानवता के, मानव के अनुरूप-अनुकूल जो भी स्वच्छ, धवल, शुचि, आकांक्ष्य हैं, उस पर प्रतिक्रिया का नतीजा 'कोई एक' है। 'कोई एक' सम्भवतः अबतक मानवीय सभ्यता द्वारा अर्जित सद्‌गुणों की भावात्मक कल्पना है। जो बुरे सन्दर्भ हैं, जो मानवीयता की प्रतिगामी शक्तियाँ हैं, उस पर प्रतिक्रिया के कारण काव्यनायक उसको पहचानने की क्षमता अर्जित करता है। आगे कविता में इस दूसरे पक्ष के अनेक रूप सामने आते हैं- डोमाजी उस्ताद से लेकर सारी षड्‌यन्त्रकारी शक्तियाँ। कोई एक के भी विविध सन्दर्भ हैं—मनु, तालस्टॉय और स्वयं काव्यनायक आदि। ये दोनों ही स्थितियाँ परिवर्तन की आकांक्षा को और तीखा तथा घनीभूत कर देती हैं। इस तथ्य को ज्यादा गहरायी से समझने के लिए इस कविता की इसके बाद की पंक्तियों पर गौर करने की आवश्यकता है। नायक शिखरों की यात्रा नहीं करना चाहता है, क्योंकि उसे 'ऊँचाइयों' से डर लगता है। जैसे 'अँधेरा' और 'जंगल' एक नहीं हैं, 'ऊँचाई' भी एक नहीं है। 'ऊँचाई' अगर एकार्थी या एकायामी होती, तो समुद्र तल से उर्ध्वाधर दूरी का वाचक होती। परन्तु जब ये ऊँचाइयाँ हैं, तो न ये एकार्थी हैं

और न एकायामी। यह ऊँचाई मानवीय सभ्यता के उत्कर्ष का कोई भी बिन्दु हो सकता है। अगर इस कविता में आत्म मध्ययुगीन धार्मिक सरणियों से पृथक्, मानवीय सभ्यता के विकास के परिप्रेक्ष्य में, एक सामाजिक अथवा मानव मात्र की भवता का पर्याय है, तो इस आत्म को पाने के सैकड़ों रास्ते हो सकते हैं। इन सैकड़ों रास्तों में से किसी के चयन में प्रसंग, दृष्टिकोण और विचारधारा ही महत्त्वपूर्ण हैं। और ऐसा कोई तुक नहीं बनता कि हम दूसरे दृष्टिकोणवाले को खराब या तुच्छ समझें। यह लोकतान्त्रिक और बहुलतावादी सैद्धान्तिकी और वैचारिकी के विरुद्ध है। लेकिन हिन्दी आलोचना में 'अँधेरे में' को लेकर यह प्रवृत्ति बहुत आसानी से देखी जा सकती है। विद्वान आलोचक अपनी बात को लेकर इतने दृढ़ निश्चयी हो जाते हैं कि अकसर दूसरों के प्रति अलोकतान्त्रिक व्यवहार करने लगते हैं। उन्हें सिर्फ अपनी ही बात ठीक दिखायी देती है। वे पाठ को छोड़ सभी को टेक्सट पर लागू कर देते हैं।

खैर, मानवीय सभ्यता की ऊँचाई के किसी या अनेक या सभी की सामूहिकता में, जिस उदात्तता, नैतिकता (एक सीमित अर्थ में नैतिक पवित्रता भी) की प्रतिष्ठा हुई है, उस बिन्दु पर मध्यवर्गीय सांसारिकता के साथ टिके रह पाना सम्भव नहीं है। इसीलिए वह 'ऊँचाइयों' से डरता है। उसका डर, उसकी ईमानदारी का भी वाचक और सूचक है। वह कोशिश करता है कि अपनी खाल मोटी करके 'खड्डे के अँधेरे में' अपनी 'पीड़ाएँ समेटे' पड़ा रहे, ताकि वह जन जैसे आया है, वैसे ही चला जाए। काव्यनायक या संवेदनशील सामाजिक अपनी चमड़ी (मेरे जैसे पाठक के समय में या लेखक के समय में भी) धूर्तों की तरह, मोटी नहीं कर पाता तथा संशय और प्रश्नों से भर उठता है—''क्या करूँ, क्या नहीं करूँ मुझे बताओ,/ इस तम-शून्य में तैरती है जगत्-समीक्षा/ की हुई उसकी।'' उसकी? किसकी? मानवीय सभ्यता के सत्-उत्कृष्ट भावों की। ये सत्-उत्कृष्ट भाव भी स्थैतिक नहीं रहे हैं। मानवीय सभ्यता और दर्शन के विकास के अध्ययन से हम यह जानते हैं। इसीलिए 'विवेक-विक्षोभ महान् उसका/ तम-अन्तराल में।' विवेक-विक्षोभ भी ऊपर वर्णित प्रतिक्रिया के दो रूपों को ही ध्वनित करता है। विवेक सत्-उत्कृष्ट भावों के कारण और विक्षोभ मानवीयता के प्रतिकूल भावों की उपस्थिति या आधिक्य या निरन्तर बढ़ते जाने के कारण।

कविता के इस बिन्दु तक इन दोनों की लीला भूमि समाज का घूसर क्षेत्र है। इसीलिए 'तम अन्तराल' में ही दोनों प्रवृत्तियाँ हैं। जैसे-जैसे सामाजिक अँधेरे से उजाले की ओर बढ़ेगा, यह अस्पष्टता भी दूर होती जाएगी। ये दोनों ही प्रवृत्तियाँ स्वयंभू नहीं हैं, न अपने आप जीवित रह सकती हैं। इन्हें धारण करने की क्षमता सामाजिकों में ही होती है। इसी कारण 'उसको' से सामाजिक का भी बोध होता है। सम्भवत: इसका कोई अंश हो भी। किन्तु वह महत्त्वपूर्ण नहीं रह जाता, क्योंकि

'तम-शून्य' में उसकी 'जगत्-समीक्षा' ही प्रसरित होती है। यह प्रसरण भी निश्चितरूपेण सामाजिकों के माध्यम से ही होगा।

इस कविता की संरचना में सघनता भी बहुत कारगर हथियार की तरह इस्तेमाल हुआ है। 'जंगल', 'अँधेरा', 'जगत्-समीक्षा', 'मशाल', 'विवेक-विक्षोभ', भय, आदर्श आदि तमाम सन्दर्भ सघन और विराट हैं। इतने सघन हैं कि नायक उनके प्रभावों को 'सह नहीं सकता' या सह नहीं पाता। इसकी वजह भी स्पष्ट है। ये जो सघन वैचारिक और सामाजिक स्थितियाँ हैं, वे ही भविष्य का नक्शा भी निर्मित करती हैं—

अँधियारे मुझमें द्युति-आकृति-सा
भविष्य का नक्षा दिया हुआ उसका
सह नहीं सकता!!

यह सूचना है कि भविष्य का नक्शा दिया गया है। उसकी कोई रूपरेखा या संकेत अभी कविता में स्पष्ट नहीं है। 'अँधेरे में' कविता के माध्यम से जो भविष्य का नक्शा तैयार होगा, वह मानवता के प्रतिकूल केन्द्रीभूत सत्ताओं और सामाजिकों के व्यक्तित्व के समानान्तर ही होगा। इन मानव प्रतिगामी शक्तियों का निर्माण सत्ताओं के उपस्थित अंशों से ही होता है। इस बिन्दु पर पाठक भविष्य के नक्शे को किसी भी चश्मे से देख सकता है, परन्तु विचारधारा और मानवता के उत्कर्ष का भाव ही केन्द्र में होगा। चूँकि काव्यनायक या कविता या साहित्य मात्र, मानवता के सत्-उत्कृष्ट भावों के प्रति ही निष्ठावान हो सकते हैं, तो उनके भविष्य का नक्शा भी इसी के इर्द-गिर्द घूमेगा। कवि की इस निष्ठा का ही परिणाम है कि वह एक किस्म से घोषित करता है—

नहीं, नहीं, उसको मैं छोड़ नहीं सकूँगा,
सहना पड़े-मुझे चाहे जो भले ही।

इस सदिच्छा के साथ और उसके बावजूद मध्यवर्गीय सुविधावादी खोलों में फँसे सामाजिकों के लिए अन्यान्य कारणों से इस खोल से निकल पाना आसान नहीं होता। बेहद मुश्किल होता है। अनेक मुश्किलों में एक, इस पर भी ध्यान दिये जाने की आवश्यकता है कि अँधेरा जितना गहरा होगा, सामाजिक की निजता उतनी ही कमजोर और बेमानी होगी। जो निजता दिखायी पड़ेगी, वह भी सत्ता और व्यवस्था के कुचक्र में दबी होगी। इसीलिए वह केवल आभास मात्र होगी, भ्रामक होगी। उसकी सामूहिकता भी उतनी ही खण्डित होगी। इस खण्डित सामूहिकता और कमजोर निजता के कारण ही काव्यनायक या अधिकांश सामाजिक 'कमज़ोर घुटनों को बार-बार' मसलते हैं, लड़खड़ाते हैं। फिर भी वह कहता है—

उठता हूँ दरवाज़ा खोलने,

चेहरे के रक्त-हीन विचित्र शून्य को गहरे
पोंछता हूँ हाथ से,
अँधेरे के ओर-छोर टटोल-टटोलकर
बढ़ता हूँ आगे,
पैरों से महसूस करता हूँ धरती का फैलाव,
हाथों से महसूस करता हूँ दुनिया,
मस्तक अनुभव करता है, आकाश,
दिल में तड़पता है अँधेरे का अन्दाज़,
आँखें ये तथ्य को सूँघती-सी लगती,
केवल शक्ति है स्पर्श की गहरी।

सबसे मुख्य प्रवृत्ति है—लड़खड़ाने के बावजूद वह दरवाजा खोलने उठता है, दरवाजा खोलने की कोशिश करता है। चेहरे की रक्तहीनता भय, भौचक्केपन, भावनाहीनता का पर्याय हो सकती है। चेहरे की रक्तहीनता के साथ एक और विशेषण है—विचित्र शून्य। इस कविता की संरचना में साधारण तो कुछ भी नहीं है। चेहरे की रक्तहीनता की जटिलता को और गहराती है विचित्र शून्यता। इस विषम स्थिति को पोंछने की कोशिश में 'गहरे' विशेषण का इस्तेमाल कर लेखक काव्यनायक के दुर्धर्ष चरित्र को भी प्रस्तावित करता है। ऐसी असाधारण स्थितियों से निपटने की कोशिशें भी असाधारण होनी चाहिए। काव्यनायक वही करता भी दिखायी पड़ता है। अँधेरे के फैलाव का कितना सघन दृश्य है यहाँ। मनोवैज्ञानिक और भौतिक रूप से हम जानते हैं कि सघनतम अन्धकार के ऐसे सन्दर्भों में देखने की हमारी भौतिक क्षमता समाप्त हो जाती है। तब अन्य इन्द्रियाँ अत्यधिक सजग भी हो जाती हैं। मनोवैज्ञानिक रूप से ऐसी विषम स्थितियों में, विपरीत परिस्थितियों में, इन्द्रियों की अत्यधिक सक्रियता और कल्पनाशीलता के कारण वैकल्पिक मार्ग द्रष्टव्य होते हैं। पैर, हाथ, मस्तक, दिल, आँख आदि इन्द्रियाँ और ज्ञानेन्द्रियाँ चीजों को देखती-समझती-महसूस करती हैं। अन्धकार की सघनता के कारण, विषम स्थितियों के फैलाव के कारण, उनकी सामान्य प्रवृत्यात्मक क्षमता समाप्त हो जाती है। तदैव ये वैकल्पिक मार्ग अपनाते हैं। अभिधा में भी यह अन्धकार में खड़े सामाजिक का उत्कृष्ट बिम्ब है। घने अँधेरे में हम अतिरिक्त चौकन्ने होते हैं, हाथ-पाँव से आसपास की चीजों को टटोलते चलते हैं। यहाँ हम एक सामाजिक के अर्थ में काव्यनायक को लेंगे, तो वह जिस विस्तार को प्रस्तावित करता है, वह मध्यवर्गीय जीवन-कर्म में फँसे एक सामान्य सामाजिक के लिए असम्भव है। वह अपनी चेतना और आत्म का कुछ हद तक विस्तार कर सकता है। वह सामान्य से थोड़ा अधिक सम्भावनाशील और क्षमतायुक्त हो सकता है। एक आदमी अपनी क्षमता का इतना विस्तार कर पाने में शायद अक्षम

होता है कि वह धरती के फैलाव, आकाश, पाताल, शुभ्र-शोभन-अशुभ, जेय-पराजेय सभी भावों को आत्मसात कर सके, उसको अपने आत्म का हिस्सा बना सके। ऐसी स्थिति में वह ईश्वर ही हो सकता है (जिसकी सम्भावना नहीं दिखती)। ऐसा होने का भाव या अहंकार हो, तो सामाजिक तानाशाह हो सकता है। फिर सामाजिक की सम्भावनाओं के विस्तार के साथ उसमें मिथकीयता, किंवदन्तियों के जुड़ने की प्रक्रिया भी प्रारम्भ हो जाती है। बुद्ध की असीम वैयक्तिकता के मध्य आज वैयक्तिक क्षमता, मिथक और किंवदन्ती के अंशों को कैसे अलगाया जा सकता है? अगर कविता में उपर्युक्त सन्दर्भ को सामाजिक की क्षमता का पर्याय मानें, तो अर्थ की वाचकता खण्डित हो जाती है। मानवीय सभ्यता के विकास की सम्भावनाएँ भी सीमित हो जाती हैं। यह फैलाव या विस्तार वास्तव में भावमूलक है। यह मानव जाति के विकास की सम्भावनाओं का सामूहिक सन्दर्भ है। विरोधों के पार जाने की उसकी संघर्ष क्षमता का सामूहिक बिम्ब है। जिन विराट और सघन बिम्बों का निर्माण मुक्तिबोध ने किया, यह भी उसी का एक रूप है। अन्यथा यह हास्यास्पद और विद्रूप उपस्थित करता।

भावों की गहराई, नैरन्तर्य के बावजूद 'केवल शक्ति है स्पर्श की गहरी।' स्पर्श प्रत्यक्ष अनुभूति और संवेदना का सशक्त माध्यम है। कहने का तात्पर्य यह है कि इन विराट और घनीभूत विषम परिस्थितियों में, जो प्रत्यक्ष अनुभव हमारी चेतना, संघर्ष क्षमता का हिस्सा बनेंगे, इस संघर्ष में वे ही हमारी शक्ति बनेंगे। इस गहरी स्पर्श शक्ति के कारण 'आत्मा में, भीषण/ सत्-चित्-वेदना जल' उठती है। यह सम्भवतः 'सत्-चित्-आनन्द' वाले त्रिक् पर निर्मित है। आनन्द को मुक्तिबोध ने वेदना से स्थानापन्न कर दिया है। इसका तात्पर्य यह नहीं कि वे व्यक्तिवादी आत्मपीड़क मनोवृत्ति से ग्रस्त थे। यह वेदना समाज के ऋणात्मक और मानवविरोधी प्रवृत्तियों के विरुद्ध संघर्ष से उत्पन्न हुई है। इसीलिए इस वेदना में बहुत गहरे आत्मसन्तोष और आन्तरिक आनन्द की परतें हैं। साथ ही यह भी द्रष्टव्य है कि इस अन्धकार की सघनता के कारण समाज में जो भी सत्-चित् है, वह वेदनामय और तनाव ग्रस्त है। अन्धकार को कायम रखने की कोशिश करने वाली शक्तियाँ, जो मानवविरोधी हैं, वे मानवता के शुभ्र पक्षों पर लगातार हमले करती रहती हैं। एक रूप में सभ्यता का सारा संघर्ष इन्हीं दो पक्षों में बाँटा जा सकता है। मानवविरोधी शक्तियों का पलड़ा अधिक भारी भी दिखायी पड़ता है, क्योंकि अधिकांशतः सत्ता प्रतिष्ठानों पर उनका ही कब्जा होता है। यह वेदना इस अर्थ में भी आनन्द का स्थानपन्न बन जाती है कि सत्-चित् और अन्धकार के द्वन्द्व में, द्वन्द्व के बावजूद, मानवता की पक्षधर इकाइयों में एक गहरा आत्मसन्तोष होता है। इसमें एक प्रकार की ऊर्जा भी होती है। इस ऊर्जा की प्राप्ति में और प्राप्ति के बाद 'विचार हो गये विचरण-सहचर।' इस ऊर्जा की पहचान के बाद ही वह बन्द दरवाजा खोलता है—

बढ़ता हूँ आगे,
चलता हूँ सँभल-सँभलकर,
द्वार टटोलता,
जंग-खायी, जमी हुई, जबरन
सिटकनी हिलाकर
ज़ोर लगा, दरवाज़ा खोलता
झाँकता हूँ बाहर...

यह हम अपने परम्परागत काव्यबोध से जानते हैं कि जंग खाया, जमा दरवाजा रूढ़ और जब्दी हुई भावदशाओं का बोधक है। महत्त्वपूर्ण है इस या इन बन्द दरवाजों का जबरन खोला जाना, जोर लगाकर खोला जाना। मैंने पहले भी कहा है कि काव्यनायक के लिए यह सहज और आसान नहीं, क्योंकि जबतक हम इन बन्द दरवाजों के पीछे रहते हैं, तबतक हमें सुरक्षित होने का भान भी रहता है। हमें कष्टों से थोड़े बचे होने का अहसास भी होता है। यह वास्तविक स्थिति नहीं, पर ऐसा हमें सामाजिक के रूप में लगता है। इनको खोलने की कोशिश प्रारम्भ करते ही सामाजिक और संस्थान आमने-सामने आ जाते हैं, उनमें संघर्ष प्रारम्भ हो जाता है। जब दरवाजा खुल जाता है और वह बाहर झाँकता है, तब भी एक विराट सूनापन, अनजानापन सामने खड़ा रहता है। इसके साथ ही वहाँ एक वैक्यूम का भी बोध होता है। इसका प्रमाण 'बाहर' के बाद के तीन डाट्स और कविता में दिया गया स्पेस है। तीन डॉट्स या बीच के स्पेस, इनमें एक से भी काम चल सकता था, दोनों का एक साथ आना सन्दर्भ की विराटता और गम्भीरता का ही परिचायक है। कविता के स्वभाव के अनुरूप यहाँ छोटा या सामान्य कुछ भी नहीं है। इस कारण 'सूनी है राह, अजीब है फैलाव,/ सर्द अँधेरा।' अपने दरबों या खोलों में फँसा हुआ, सामान्य जीवन जीता आदमी, जब अपने सुरक्षित खोल के बाहर निकलता है, तब समय के उस बिन्दु पर सामाजिक का अकेलापन दोहरा होता है। मध्यवर्गीय जीवन जीते हुए वह सम्बन्धों के जिस जाल में था, एकाएक वह भी खिसकता हुआ जान पड़ता है और अपने सरीखे नये साथियों से उसकी मुलाकात नहीं हुई है। इसीलिए यहाँ सूने रास्ते का फैलाव अजीब लगता है। बाह्य स्थितियाँ और गाढ़ी-सान्द्र होकर सर्द हो गयी हैं। यहाँ यथार्थ से ज्यादा भावित स्थिति है। बाहर निकलते ही अगर उसकी अपने जैसे कुछ लोग से मुलाकात हो जाती, तो स्थितियाँ उसे इतनी जटिल और सान्द्र नहीं लगती। इस प्रक्रिया और प्रतिक्रिया की ही काव्यात्मक उक्ति है—'ढीली आँखों से देखते हैं विश्व/ उदास तारे।' यह कितना हास्यास्पद होगा कि तारों के देखने को हम अभिधा में महसूस करें। मनोवैज्ञानिक ज्ञान से हम स्पष्ट रूप से जानते हैं कि अगर किसी कार्य के लिए हम अत्यधिक प्रयास करते हैं और कार्य के आखिर में वांछित प्राप्त नहीं होता, तो

मजबूत-से-मजबूत इच्छा शक्तिवाला सामाजिक भी, थोड़ी देर के लिए ही सही, विचलित हो जाता है। ढीली आँखों से तारों को देखना और उसका उदास प्रतीत होना, इस कोटि के विचलन का ही पर्याय है, क्योंकि इसके पूर्व दरवाजा खोलने में वह अपनी दृढ़ इच्छाशक्ति का परिचय दे चुका है। इसके बाद भी उसका वांछित उसको प्राप्त नहीं होता। विचलन की इस स्थिति में ही नायक कहता है—

हर बार सोच और हर बार अफ़सोस
हर बार फ़िक्र
के कारण बढ़े हुए दर्द का मानो कि दूर वहाँ, दूर वहाँ
अँधियारा पीपल देता है पहरा।
हवाओं की निःसंग लहरों में काँपती
कुत्तों की दूर-दूर अलग-अलग आवाज़,
टकराती रहती सियारों की ध्वनि से।
काँपती हैं दूरियाँ, गूँजते हैं फ़ासले
(बाहर कोई नहीं, कोई नहीं बाहर)

मैंने पहले भी कहा है कि मैं 'कोई एक' को उसके आत्म का या विभाजित व्यक्तित्व के एक हिस्से का पर्याय नहीं मान रहा। उसे मैं मानवता के शुभ्र, धवल, उच्च, उदात्त, विराट मूल्यों का पर्याय मान रहा हूँ। बाहर सामाजिकों में इन मूल्यों का अभाव भी उसे परेशान करता है। रात के घने अँधेरे में किसी सामाजिक का न मिलना बहुत बड़ी दुर्घटना नहीं है, दुर्घटना है रात के अँधेरे के कुकृत्य। ये मानवता के अर्जित मूल्यों के विरोधी हैं। मुक्तिबोध के समय से आज स्थितियाँ और भी जटिल तथा सान्द्र हो गयी हैं। इसको आज हम एक पाठक और भोक्ता के रूप में ज्यादा तीखेपन से समझ सकते हैं, महसूस कर सकते हैं। अगर काव्यनायक ने बन्द दरवाजों को खोलने की दुर्धर्ष कोशिश की है, तो इसके पीछे उसका कोई उद्देश्य तो होगा ही! कोई आकांक्षा भी होगी! उद्देश्य और आकांक्षा की क्षुद्रता और उदात्तता-श्रेष्ठता का प्रश्न अलग है। अन्यथा वह कोशिश क्यों करता? वह अपनी एकान्तिकता को, समूहविहीनता को पहचानता है और सम्भवतः यह भी मानता है कि सामूहिक ताकत और श्रेष्ठ उदात्त, शुभ्र मानवीय मूल्यों के बिना परिवर्तन सम्भव नहीं है। अतः अपने जैसे समूह से कटे हुए लोग की उपस्थिति और मानवीय आदर्शों की अनुपस्थिति उसे विचलित करती है। एकबारगी तो मेरे मन में यह ख्याल भी आता है कि अगर बाहर निकलते समय तमाम तरह की अनुपस्थितियों के स्थान पर वह मानवता विरोधी शक्तियों को ही देख लेता, तो भी इतना विचलित नहीं होता। अनुपस्थिति से या ब्लैंक हो जाने से यह विस्मय है, भौचक्कापन है। 'हर बार' शब्द यह बताता है कि नायक अपने खोल से निकलने की बारम्बार कोशिश करता रहा है। अँधेरे की सघन

सत्ता में सोच (जीवनपरक) और अफसोस (जीवन में जैसा चाहा, वैसा न हो पाने से) के गहरे तनाव से फिक्र की उत्पत्ति होती है। इस तनाव से वेदना का जन्म होता है, जिसका पहरेदार पीपल है। पीपल परम्परा का द्योतक है। वैसी परम्परा, जो लम्बी अवधि से जीवित है। समाज के अन्तर्सम्बन्धों, व्यवस्था और समय के लम्बे अन्तराल पर गौर करें, तो पीपल समाज के स्तर पर जड़ परम्पराओं और राजनैतिक स्तर पर सामन्ती व्यवस्था का पर्याय बनता है। आधुनिक समयों में सामन्ती व्यवहार व्यवस्थागत संरचना-ढाँचा से ज्यादा मानसिक व्यवहार हो गया है। इस मानसिक रूपान्तरण के कारण ही एक मृत व्यवस्था पहरेदार की भूमिका में आ जाती है। इस कालगत दूरी के भी एकाधिक सन्दर्भ हैं—एक तो सैद्धान्तिक और व्यावहारिक प्रत्यक्षता का अभाव है। दूसरे ऐसी तमाम शक्तियाँ या संस्थान संवादधर्मी नहीं होतीं। संवाद या नजदीकी से उसे खतरा महसूस होता है। कुत्ते शब्द का इस्तेमाल नयी कविता के मुहावरे में कई अर्थों में हुआ है। सर्वाधिक, अलग-थलग और समूहहीन बुद्धिजीवी के रूप में हुआ है। इसी कारण सामूहिक शक्ति से हीन इन बुद्धिजीवियों की आवाज अलग-अलग है। चतुर और मौकापरस्त सियारों से इनकी आवाजें टकराती तो हैं, परन्तु वह कोई विक्षेप उत्पन्न नहीं करती। इसीलिए किसी तरह जब दरवाजा खोल वह बाहर देखता है, तो उसे कोई नहीं मिलता। केवल दूरियाँ काँप रही हैं और फासले गूँज रहे हैं। वहाँ पक्ष-प्रतिपक्ष कोई नहीं है।

शिल्प के स्तर पर यह कविता में परिवेशण का एक बेजोड़ उदाहरण है। शब्दों के माध्यम से एक क्षण या एक मनःस्थिति को मुक्तिबोध ने सभ्यता के व्यापक परिदृश्य में परिवेशीकृत कर दिया है। इस परिवेशीकरण के बिना हमारी 'ज्ञानात्मक संवेदना' छूँछे वृन्त सदृश होगी। उसका कोई आधार नहीं होगा। इस निर्मित परिवेश में इतनी सघनता है कि दृश्य, भाव, विचार, सन्दर्भ सभी बोलने लगते हैं। 'अँधेरे में' की संरचना में एक तथ्य और भी दृष्टिगोचर होता है कि एक शब्द या एक पदबन्ध या वाक्य बार-बार दुहराया जाता है। अमूमन यह दुहराव बलाघात की काव्यात्मक तकनीक है। इस सघन परिवेश में—

इतने में अँधियारे सूने में कोई चीख़ गया है
रात का पक्षी

कहता है—

वह चला गया है,
वह नहीं आएगा, आएगा ही नहीं
अब तेरे द्वार पर।

प्रश्न दो हैं—कहाँ चला गया? क्यों चला गया? पहले का उत्तर तत्काल कविता के पाठ में ही है—'वह निकल गया है गाँव में शहर में!' यहाँ एक विस्मयादि बोधक

चिह्न है। पर यह विस्मय है क्यों? जिन सामाजिक-सांस्कृतिक-आर्थिक परिवेशों में वह रह रहा है, उस परिवेश से मानव के सत्-उत्कृष्ट भाव पलायन कर गये हैं, विस्मय इसका है। इस पलायन के कारणों में सामाजिकों की सुविधाभोगी प्रवृत्ति है, परिस्थितियों से संघर्ष न करने की उनकी प्रवृत्ति है, तो कुछ सत्ता संस्थानों की चालबाजी, धूर्तता, दमनकारी और विध्वंसक, ताकतधर्मी नीतियाँ और प्रवृत्तियाँ हैं। सत्ता संस्थानों की भूमिका ज्यादा है, क्योंकि वहाँ शक्ति का संकेन्द्रण ज्यादा है—व्यावहारिक धरातल पर। सैद्धान्तिक धरातल पर तो शक्ति जनता में ही केन्द्रित है। पर दूसरा प्रश्न कि 'क्यों चला गया', एक टेढ़ा प्रश्न है। इसका सपाट उत्तर न पाठ में उपलब्ध है और न समाज की गतिविधियों में। यहाँ नामवर जी की व्यक्तित्व विभाजन वाली अवधारणा और भी साफ तरीके से खण्डित हो जाती है, उसके सन्दर्भ में काव्यनायक कहता है—

उसको तू खोज अब
उसका तू शोध कर!
वह तेरी पूर्णतम परम अभिव्यक्ति,
उसका तू शिष्य है (यद्यपि पलातक...)
वह तेरी गुरु है,
गुरु है...

अगर इसको विभाजित मानेंगे तो क्या यह धार्मिक-आध्यात्मिक सरणियों की ओर प्रस्थान नहीं कर जाएगा? फिर इसमें रहस्यवाद भी दिखायी पड़ सकता है। एक वस्तुगत भौतिक सच्चाई यह भी है कि 'अँधेरे में' जैसी कविताओं तक आते-आते भावुकता का मुक्तिबोध के जीवन में शायद ही स्थान रह गया होगा। लोग अकसर भावुकता और यूटोपियाई बुद्धि को पर्याय या समानार्थी सन्दर्भों में लेते हैं। यूटोपियाई बुद्धि में भावुकता होती है, परन्तु वह गिजगिजी भावुकता से बहुत ऊपर की चीज है। यूटोपियाई बुद्धि से प्रेरित सामाजिक या समूह, उस समय तक समाज द्वारा स्वीकृत सत्-उत्कृष्ट भावों के आलोक में, मानवीय जीवन की बेहतरी की चाहना रखता है। चाहे बुद्ध की दार्शनिक यूटोपिया हो, तुलसी की मध्ययुगीन धार्मिक यूटोपिया हो या मार्क्स की आधुनिक वैज्ञानिक यूटोपिया या गाँधी की अर्द्ध धार्मिक-अर्द्ध वैज्ञानिक यूटोपिया। चरम यथार्थवाद से प्रभावित रचनाकर भी यूटोपियाई बुद्धि का पूर्ण त्याग नहीं कर पातें। खोजना किसको है? अपनी आत्मा को या आत्म को? या तथाकथित काव्यनायक के 'मैं' के विभाजित 'प्रतिरूप वह' को? अगर इस कविता का नायक व्यक्तिवाद की इतनी सँकरी गलियों में भटकता है, तो इस कविता की सार्थकता ही खण्डित हो जाएगी। व्यक्तित्व विकास की भी सीमा होती है। इसपर पहले बात कर आया हूँ। अगर ऐसा है तो सार्थकता खण्डित हो भी जानी चाहिए। यह मुक्तिबोध के कवि व्यक्तित्व की समस्या है या आलोचकों के मनमाने दुराग्रहों की समस्या है।

यह विचारणीय प्रश्न है कि मानवता के प्रति समर्पित सामाजिकों की 'पूर्णतम परम अभिव्यक्ति' क्या होगी? इस विनिबन्ध के शुरुआत में ही 'तार सप्तक' के 'पुनश्च' का यह कथन उद्धृत किया है कि 'आत्मग्रस्तता के बावजूद और शायद उसको साथ लिए-लिए मेरा आत्म-संवेदन समाज के व्यापकतर छोर छूने लगा।' ऊपर से देखने पर यहाँ भी द्वन्द्व की स्थिति दिखायी पड़ती है। कवि की यह उक्ति सामाजिक की वैयक्तिकता बनाम सामूहिकता के प्रसंग में है। मैं और समाजशास्त्र के बहुत विद्वान सामाजिक को समाज में निर्मित सम्बन्धों का तरल एलॉय मानते हैं। इस रूप में आत्म-संवेदन भी सामाजिक-संवेदन का ही प्रतिरूप होगा। यह सामाजिक-संवेदन ही न केवल आत्म-संवेदन को भासमान करेगा, अपितु 'परम अभिव्यक्ति' को भी परिष्कृत करेगा। इस रूप में यह 'परम अभिव्यक्ति' सामाजिकों की आजादी से उत्पन्न आकांक्षाओं, इच्छाओं, अपेक्षाओं का, मानव के सत्-उत्कृष्ट भावों के साथ समायोजन और प्रतिबिम्बन है। रोटी, कपड़ा, मकान, नौकरी, सुरक्षा चाहिए, परन्तु मानवीय गरिमा, स्वाभिमान के साथ। इस तरह 'परम अभिव्यक्ति' मानवता के न पाये गये वे उद्देश्य हैं, जिन्हें सामाजिक अपने व्यावहारिक जीवन और रचनाकार-कलाकार अपने सृजनात्मक जीवन में पाना चाहता है। गुरु के बाद के तीन डॉट्स उद्देश्य के गुरुत्व को ही प्रदर्शित करते हैं। काव्यनायक अथवा कवि उसका शिष्य है, क्योंकि ये जनाकांक्षाएँ, इच्छाएँ, आचार-व्यवहार, आशा-निराशा ही कवि को रचनार्थ प्रेरित करते हैं।

इसके बाद कविता का तीसरा खण्ड शुरू हो जाता है। यहाँ काव्यनायक एक बार फिर अपना संशय व्यक्त करता है—"समझ न पाया कि चल रहा स्वप्न या/ जागृति शुरू है।" जहाँ अन्धकार का ऐसा फैलाव है, वहाँ स्वप्न और जागृति के बीच की विभाजक रेखा धूमिल पड़ ही जाती है। वैसे भी काव्यनायक अपने ज्ञान, संवेदना और यूटोपियाई बुद्धि के कारण जीवन की सुविधाभोगी प्रवृत्तियों का संघर्ष पूर्वक त्याग करता है। वह जिन सत्-उत्कृष्ट भावों की तलाश में और भौतिक स्वप्नों का पीछा करता हुआ सुविधाभोगी प्रवृत्तियों का परित्याग करता है, बाहर निकलने पर वे नहीं मिलते हैं। इसी कारण स्वप्न और जागृति के बीच का विभाजन स्पष्ट नहीं रहता। एक अन्य भाव की सूक्ष्म झलक भी मिलती है। ज्ञान, संवेदना और यूटोपियाई बुद्धि के कारण जो जागृति प्रारम्भ होती है, वह एक ओर नवोन्मेष है, नवजागरण है, तो दूसरी ओर यह अनेक स्वप्नों को भी जन्म देती है। यह जागृति इतनी नवोन्मेषिनी है कि खुद भी स्वप्न सरीखी है। अर्थ-सन्दर्भण की समस्या विरामचिह्न के कारण है। यहाँ कवि ने पूर्णविराम का इस्तेमाल किया है। पूर्णविराम वक्तव्य की तरह होता है। परन्तु इन पंक्तियों की ध्वनि प्रश्न अथवा विस्मय की है। वक्तव्य में संवाद की गुंजाइश नहीं होती, जबकि प्रश्न या विस्मय संवादधर्मी होते हैं। हिन्दी आलोचना के आधार स्तम्भों में एक श्री रामविलास शर्मा 'नयी कविता

और मुक्तिबोध का पुनर्मूल्यांकन' में लिखते हैं—"अँधेरे में कविता की मूल समस्या यही है—मध्यवर्ग का बुद्धिजीवी सर्वहारा वर्ग से तादात्म्य कैसे स्थापित करे।" श्री रामविलास शर्मा के प्रति अगाध वैयक्तिक श्रद्धा के बावजूद यह मानना पड़ता है कि उनकी व्यावहारिक आलोचना बहुत ही जड़ और ठस्स थी। अलबत्ता मार्क्सवादी सिद्धान्तकार के रूप में वे अप्रतिम हैं। जब भी हम कविता (अथवा साहित्य मात्र ही) की आलोचना, मात्र सैद्धान्तिक टूल्स से करेंगे, तो अपने मान्य सिद्धान्तों को रचना विशेष या रचनाकार पर थोपेंगे। आलोचना में सैद्धान्तिकी के साथ जीवन की व्यावहारिक समझ की भी भूमिका होती है। रामविलास जी ही नहीं, हिन्दी आलोचना इस थोपी गयी सैद्धान्तिकीय आलोचना से त्रस्त रही है। सिद्धान्त या सैद्धान्तिक समझ रचना अथवा आलोचना का पार्श्व होती है। जब वे ही मुख्य हो जाएँ, तो रचना और आलोचना दोनों ही निर्जीव हो जाते हैं। रामविलास जी का महत्त्व एक सिद्धान्तकार के रूप में अक्षुण्ण है और रहेगा। पर व्यावहारिक आलोचक के रूप में? वैसे भी रचना एक सृजनात्मक अनुभव है, जिसमें नियम, सिद्धान्त, विचारधारा पार्श्व में ही रहते हैं। अगर नियम और/अथवा सिद्धान्त ही कविता की आधारभूमि होते, तो रीतिकालीन कविता ही हमारी श्रेष्ठ कविता होती। खैर, क्या मुक्तिबोध को मार्क्सवादी सैद्धान्तिकी की जानकारी नहीं थी? क्या उन्हें पता नहीं था कि मध्यवर्गीय सामाजिकों, बुद्धिजीवियों और सर्वहारा वर्ग के तादात्म्य के बिना क्रान्ति सम्भव नहीं? क्रान्ति और बदलाव की यूटोपियाई बुद्धि के बावजूद वे समाज में बुद्धिजीवियों का व्यापक बिखराव देख रहे थे। क्या फ्रांस की राज्यक्रान्ति रूसो की वैचारिकता के बिना सम्भव थी, क्या रूसी और चीनी क्रान्तियाँ मार्क्स-एंगेल्स की वैचारिकता के बिना सम्भव थीं? बुद्धिजीवी और विचार, क्रान्ति और बदलाव का आधार तैयार करते हैं। वही बुद्धिजीवी जन में काम करता हुआ, उसे संगठित करता है। परन्तु तब विचारणीय प्रश्न है कि क्या बुद्धिजीवी खुद इस भूमिका के लिए तैयार है? जब वह खुद ही विखण्डित है तथा मध्यवर्गीय आकांक्षाओं और दुर्गुणों की खोल में कैद है, तो वह समाज का प्रतिनिधित्व अथवा श्रमिक वर्ग को संगठित कैसे करेगा? अन्तर्विरोध के इस सन्दर्भ को मुक्तिबोध का कवि अच्छी तरह जानता था। इसलिए काव्यनायक को जलते हुए दिये के पीतालोक प्रसार में काल चलता हुआ नजर आता है। दिये की जलती रोशनी भले ही पीतालोक और कम रोशनी का संसार रचती है, इसके बावजूद यह रुग्णता से ज्यादा खुद के होने को प्रस्तावित करती है। इस कमजोर किन्तु अस्तित्ववान रोशनी में ही वह सन्दर्भों को देख पाता है—"आस-पास फैली हुई जग-आकृतियाँ/ लगती हैं छपी हुई जड़ चित्राकृतियों-सी/ अलग व दूर-दूर/ निर्जीव!!" क्योंकि 'यह सिविल लाइन्स है।' इस रोशनी में आस-पड़ोस की 'जग-आकृतियाँ' अर्थात् मनुष्य (विशेष रूप से मध्यवर्गीय मनुष्य) छपी हुई आकृति लगते हैं। यह

वैचारिक धुँधलापन भी है। ये सामाजिक अलग हैं, दूर हैं, निर्जीव हैं। ये अलग और दूर हैं, इसीलिए संगठन और समूह की ताकत से हीन हैं। ऊर्जाविहीनता ही उनकी निर्जीवता है। अब भौतिक और वस्तुगत यथार्थ की दृष्टि से यह भी एक अन्तर्विरोध को जन्म देता है कि सिविल लाइन्स में दिये क्यों जल रहे हैं? सिविल लाइन्स शहरी उच्च और उच्च मध्यवर्गीय मुहल्ला होता है और आधुनिक समाज का प्रतीक है। परम्परागत भारतीय ग्रामीण और कस्बाई संस्कृतियों में सिविल लाइन्स नहीं होते। इसीलिए सारी स्थितियाँ और सन्दर्भ प्रतीक बनने लगते हैं। इस प्रतीकीकरण का आधार ज्ञानात्मक संवेदना तथा संगठन का अभाव है और इसीलिए नायक भी अलग-थलग अपने कमरे में पड़ा हुआ है। इस ज्ञानात्मक संवेदना के अभाव में खुद की पहचान असम्भव है और ज्ञानात्मक संवेदना के बाद भी खुद को पहचानना आसान नहीं है। साथ ही यथास्थिति में पड़े रहना भी असम्भव है—

आँखे खुली हुई हैं,
पीटे गये बालक-सा मार खाया चेहरा
उदास इकहरा,
स्लेट-पट्टी पर खींची गयी तस्वीर
भूत-जैसी आकृति—
क्या वह मैं हूँ?
मैं हूँ?

हम सब यह जानते हैं कि औद्योगिकीकरण और शहरीकरण की प्रक्रिया के बाद समाज में मध्यवर्ग और मजदूर वर्ग का विस्तार होता है। मैंने पहले ही कहा कि यह कविता मानवीय सभ्यता के विकास की यात्रा है। ज्ञानात्मक संवेदना के साथ उपजी बैचेनी और ज्ञान-अज्ञान के तनाव को मुक्तिबोध 'मैं हूँ' के बाद के प्रश्नवाचक चिह्न द्वारा और भी स्पष्ट कर देते हैं। यह उनकी काव्य प्रतिभा का वैशिष्ट्य भी है।

मुक्तिबोध ने इस प्रक्रिया का तथ्यात्मक विवरण नहीं प्रस्तुत किया है। उसे बिम्बों में ढालकर काव्यात्मक आस्वाद योग्य बनाया है। अब यह अलग बात है कि यह आस्वाद सदैव रुचिकर और सन्तोषप्रद नहीं होता। औद्योगिक क्रान्ति इस विकास यात्रा के सबसे महत्त्वपूर्ण पड़ावों में एक है। इसने समाज की आधारभूत संरचना को बदल दिया। 'तार सप्तक' के 'पुनश्च' वाले कथन में मुक्तिबोध यह भी कहते हैं कि कविता 'परिणामत: स्वाधीनता के इस युग में सघन बिम्ब मालिकाओं में अधिकाधिक प्रकट होने लगी।' बिम्बविधान के सन्दर्भ में धीरेन्द्र वर्मा सम्पादित 'हिन्दी साहित्यकोश' में कहा गया है—''प्रस्तुत परिवेश के संवेदनों और प्रत्यक्ष के अतिरिक्त उसके मानस में अतीत की तथा अस्तित्व न रखने, न घटनेवाली पहलुओं और घटनाओं की असंख्य प्रतिमाएँ भी रहती हैं। बिम्ब शब्द इसी मानस प्रतिमा का

पर्याय है।'' तब प्रश्न उठता है कि क्या जीवन में न घटनेवाली, न अस्तित्व रखनेवाली घटनाओं की मानसिक प्रतिमाएँ उसे दैवीय इलहाम से प्राप्त होती हैं? मुक्तिबोध के सन्दर्भ में यह प्रश्न बहुत ही ज्यादा महत्त्वपूर्ण है, क्योंकि मुक्तिबोध के ''जीवन और परिवेश की यह स्थिति अभ्यन्तर लोक में भी दु:स्थिति उत्पन्न करती है। ××× मैं कहूँ यह मेरा अपना भी सत्य है।'' इन दोनों कथनों से स्पष्ट है कि मुक्तिबोध की 'अँधेरे में' ही नहीं, 1955-56 के बाद लिखी उनकी तमाम कविताओं में बिम्बों पर खास ध्यान दिए जाने की आवश्यकता है। ये निर्मित बिम्ब बाह्य स्थितियों पर उनकी संवेदनात्मक प्रतिक्रियाएँ हैं, सौन्दर्य और सुख की कल्पना की मानसिक रसना नहीं है। सौन्दर्य उसका एक अंग मात्र हो सकता है। बाह्य स्थितियाँ दारुण हैं, इसे हम मुक्तिबोध के अलावा अन्य साहित्यकारों के साहित्य से भी जान सकते हैं। परसाई, नागार्जुन, त्रिलोचन, राजकमल चौधरी, लीलाधर जगूड़ी, धूमिल आदि तमाम रचनाकारों का लिखा इसका प्रमाण है। आगे की पंक्ति को देखना इस विचार से महत्त्वपूर्ण होगा—

रात के दो हैं,
दूर-दूर जंगल में सियारों का हो-हो,
पास-पास आती हुई घहराती गूँजती,
किसी रेल-गाड़ी के पहियों की आवाज़!!
किसी अनपेक्षित
असम्भव घटना का भयानक सन्देह,
अचेतन-प्रतीक्षा,
कहीं कोई रेल-एक्सीडेंट न हो जाए।
चिन्ता के गणित अंक
आसमानी-स्लेट पट्टी पर चमकते
खिड़की से दीखते।

रात के दो बजे हैं। यह एक किस्म से समय सूचक है। समय के इस बिन्दु पर जहाँ नायक चेतन अथवा अर्द्धचेतन अवस्था में अपने कमरे में पड़ा है, समय के उसी बिन्दु पर समाज भौतिक निद्रा की आगोश में होता है। कभी-कभी चेतना भी अपने प्रारम्भिक दौर में सामाजिकों को अलग-थलग कर देती है। समाज के विकास की प्रक्रिया सदैव उभय दिशाओं में प्रस्तावित होती है। बदली प्रवृत्तियों और मूल्यों से विकसित हुआ सामाजिक कुछ समय के लिए अलग-थलग पड़ता है। फिर समाज में विकसित हुए उन्हीं नये सामाजिक मूल्यों के साथ वह समाज के भीतर समानधर्मियों के साथ संगठित भी होता है या होने की कोशिश करता है। जो व्यक्तिवादी विचारक हैं, वे इस प्रक्रिया में समाज को छोड़ देते हैं। क्या एक बड़ी सामाजिक प्रवृत्ति सिर्फ

एक ही सामाजिक को प्रभावित करेगी? अगर मुक्तिबोध व्यक्तिवादी होते, अस्तित्ववादी होते, तो वे 'परम अभिव्यक्ति' की खोज में गाँव और शहर की ओर अर्थात् जन समुदाय के बीच जाते? चेतना की गलियों में ही चक्कर नहीं काटते रहते? साथ ही अपने समय और समाज को पूरे मानवीय सभ्यता के विकास के बीच रखकर देखते? औद्योगिकीकरण और उसके साथ उभर रहे पूँजीवादी विकास को समझ रहा काव्यनायक और उसके जैसी तमाम संवेदनशील जनता चेतना के स्तर पर थोड़ी देर के लिए अलग-थलग पड़ सकती है। क्षणिक अलगाव की यह प्रक्रिया उसमें एक स्तर पर पहचान का संकट भी निर्मित करती है। उसे अपनी आकृति भूत जैसी लगती है। उसकी जो तस्वीर उभरी है, वह स्वत: नहीं है। 'स्लेट पट्टी पर खींची गयी तस्वीर' है। खींचनेवाला भी दूसरा है और स्लेट पट्टी पर होने के कारण वह अस्थायी भी है। यह चेहरा परिस्थितियों के आघात से निर्मित हुआ है । मैं बारम्बार कहना चाहता हूँ कि यह कविता पूरे मानवीय सभ्यता की विकास यात्रा का बिम्ब या रूपक है। मैंने पहले बताया ही है कि कैसे मुक्तिबोध अपनी यात्रा को मिथकीय मनु से आधुनिक ऐतिहासिक समयों तक प्रसारित कर देते हैं। इस प्रक्रिया में वे काव्य संरचना के स्तर पर मानवीय सभ्यता की परिवर्तनकारी घटनाओं और क्रान्तियों को भी उभारते हैं। इन घटनाओं के बीच इतिहास और मानवीय सभ्यता का अनकहा विस्तार पसरा है। एक पाठक के नाते हमें उसे पकड़ना पड़ता है। मानवीय सभ्यता को आमूलचूल रूप से बदलनेवाली घटनाओं को चुनना उनके दृष्टिकोण को भी प्रस्तावित करता है। सभ्यता के क्रान्तिकारी विकास को वे कितना महत्त्व देते थे, इसको भी प्रदर्शित करता है। पूँजीवाद और औद्योगिक क्रान्ति ऐसी ही घटनाएँ थीं। सिविल लाइंस, रेलगाड़ी इन्हीं दो ऐतिहासिक घटनाओं को प्रतीकित करते हैं। हम इतिहास में देखते हैं कि बदलाव के ऐतिहासिक क्षणों में वातावरण अस्पष्ट, धुँधला, आम जनजीवन का मानस संशयग्रस्त, दुविधाग्रस्त होता है। रेल को अगर प्रतीक मानें, तो उसके साथ उभरनेवाली उपर्युक्त स्थितियों को कितनी सृजनात्मक ताकत के साथ मुक्तिबोध ने उभारा है। यह नाटकीय कौशल नहीं; तथ्यों, वस्तुओं, भावों को उसके पूरे परिवेश में देख पाने की उनकी क्षमता का परिचायक है। संक्रमण के इस बिन्दु पर सामान्य जन में 'किसी अनपेक्षित/ असम्भव घटना का भयानक सन्देह,/ अचेतन प्रतीक्षा,/ कहीं कोई रेल-ऐक्सीडेंट न हो जाए।' बिखरे और परिवर्तन के क्षणों से गुजर रहे जन में ऐसे भय की स्थिति निरर्थक नहीं है। यह बहुत हद तक सार्थक ही है।

चिन्ता के ये गणित चाहे जहाँ पनपे हों- धरती पर, आसमान में, सामाजिक के मन-मस्तिष्क में—परन्तु वे खिड़की से देखे जा रहे हैं। खिड़की से आसमान देखना भी सामाजिकों के अपने-अपने दायरों में कैद होने का ही पर्याय है। ये दायरे भी

संगठन के बिखराव के ही परिचायक हैं। यह लोकतान्त्रिक व्यवहार की मत भिन्नता से पृथक् है, क्योंकि लोकतन्त्र में मत भिन्नता के बावजूद संवाद का मार्ग कभी बन्द नहीं होता। यहाँ संवाद नहीं है। मुक्तिबोध के काव्य व्यक्तित्व की चरम सार्थकता इस बात में है कि वे इन ऐतिहासिक क्षणों का काव्यात्मक मूल्यांकन वैज्ञानिक और तार्किक प्रणाली से करते हैं। यह कहने की बात नहीं कि उनके तर्क प्रणाली के केन्द्र में मनुष्य है। इसी करण हमें 'अँधेरे में' में औद्योगिक क्रान्ति अगर एक क्रान्तिकारी क्षण दिखायी पड़ता है, तो इस क्रान्तिकारी क्षण के साथ जुड़े कई आनुषंगिक व्यापार भी दिखायी पड़ते हैं। उपर्युक्त काव्यांश में सामाजिकों का भय, संशय इसी कोटि का है। इस संशय और भय का कारण इन क्रान्तिकारी क्षणों के परिणाम भी हैं। खिड़की से देखने पर सभ्यता के स्लेटी आसमान पर चमकते औद्योगिक क्रान्ति के परिणाम में जहाँ एक ओर रेलगाड़ी के फायदे दिखायी देते हैं, वहाँ उसका औपनिवेशिक इस्तेमाल भी दिखायी पड़ता है। चिन्ता के गणित का एक कारण यह भी है और प्रत्येक ऐतिहासिक क्षण पर चिन्ता के ऐसे सन्दर्भ हमें प्राप्त होते हैं। यह विकास की ऐतिहासिकता का मसला है। इस प्रक्रिया को नहीं समझने के कारण हम पाठक ऐतिहासिक प्रक्रिया के विश्लेषण में कई बार गलत तर्कों में फँस जाते हैं। मुक्तिबोध इस प्रक्रिया को बेहतर तरीके से समझते थे। 'खिड़की से दीखते' के बाद पूर्णविराम है और तत्पश्चात डॉट्स। पूर्ण विराम सन्दर्भ की पूर्णता है, तो कविता का आसन्न सन्दर्भ तो पूरा हो गया है। क्रिया की पूर्णता के बाद मौन है। यह मौन शब्दों का है, वाक्यों का है, एक स्तर पर भाषा का भी है, पर चिन्तन का नहीं। चिन्तन में तो गहन उथल-पुथल है और इसी कारण उसकी खोज जारी है। इस आसन्न सन्दर्भगत पूर्णता, मौन और चिन्तनपरक उथल-पुथल के बाद जो काव्यनायक को प्रत्यक्ष होता है, वह तो और भी अचम्भित करनेवाला है—

हाय! हाय! तॉल्स्तॉय
कैसे मुझे दीख गये

शैली से हम विस्मय के आधिक्य को स्वभावत: पकड़ सकते हैं। विस्मय और उत्तेजना दोनों एक साथ ही द्रष्टव्य होते हैं। ऐसा कविता में सामान्यतया ऐतिहासिक नायक के प्रत्यक्षण के समय हुआ है। काव्यनायक नयी संवेदना और अपर्याप्त एवं भोथड़े पुराने हथियारों से पहले मनु को जाँचता है और अब तॉल्स्तॉय को जाँच रहा है। यानी काव्य में संरचना और विवेक के धरातल पर इतनी यात्रा पूरी हो गयी। कविता में संरचना और विवेक की यह यात्रा भौतिक स्थितियों का मानसिक प्रत्यक्षण है अन्यथा साहित्य में इस यात्रा को पूरा करने के लिए 6-8 पृष्ठ नहीं, 600-800 पृष्ठ भी कम पड़ जाएँगे।

तॉल्स्तॉय का जन्म उच्चवर्गीय कुलीनवादी संस्कारोंवाले घर में हुआ था। इसके

बावजूद उन्होंने अपने साहित्य को जनाकांक्षा का वृहत् साहित्य बनाया। इनका साहित्य रूसी क्रान्ति की नींव का कार्य करता है। ऊपर के औपनिवेशिक-सामन्ती परिवेश-परिदृश्य के बाद तॉल्स्तॉय की याद कोई अनहोनी नहीं, पर मुक्तिबोध उपर्युक्त प्रश्न करते हैं। ऊपर से दीखने वाला प्रश्न विस्मय और उत्तेजना को ही व्यंजित करता है। ये तॉल्स्तॉय 'सितारों के बीच-बीच/ घूमते व रुकते/ पृथ्वी को देखते' हैं।

सभ्यता की इस विकास यात्रा में ये चरित्र भौतिक रूप से उपस्थित नहीं हो सकते। अपनी इस यात्रा में काव्यनायक की जब भी किसी मिथकीय अथवा ऐतिहासिक चरित्र से भेंट होती है, तो वह अकेले नहीं आता। प्रश्न और संशय के साथ आता है। तॉल्स्तॉय दिखें, तो भी प्रश्न, उत्तेजना और विस्मय है, फिर उनके अस्तित्व के बारे में खुद ही संशक्ति भी होता है—"शायद तॉल्स्तॉय-नुमा/ कोई वह आदमी/ और है"। पहली बार दिखायी देने पर संशय नहीं है। विस्मय, प्रश्न, उत्तेजना है। यह उचित भी है, परन्तु यह संशय क्यों? यह संशय भौतिक अस्तित्व के कारण है। तॉल्स्तॉय के सन्दर्भ में कवि कहता है—

मेरे किसी भीतरी धागे की आख़िरी छोर वह
अनलिखे मेरे उपन्यास का
केन्द्रीय संवेदन
दबी हाय-हाय-नुमा
शायद तॉल्स्तॉय-नुमा।

नरेश मेहता को लिखे एक पत्र में मुक्तिबोध कहते हैं—"All of us at Nagpur are the characters of a develoing novel in which the situations are also continuously developing in the same direction in which the characters are." मुक्तिबोध के लिए उपन्यास मात्र एक साहित्यिक विधा नहीं है। मध्यवर्ग, व्यक्तिवाद, यथार्थवाद के विकास के साथ ही उपन्यास का भी विकास हुआ था। इस विधा का विकास चूँकि इन वैचारिकियों के साथ हुआ था, अत: ये वैचारिकियाँ उस विधा के साथ आवयविक रूप से सम्पृक्त हैं। मुक्तिबोध ने स्वयं भले ही संख्या में ज्यादा उपन्यासों की रचना नहीं की है, परन्तु वे भारतीय तथा वैश्विक उपन्यासों के बहुत ही गम्भीर अध्येता थे। साथ ही लुकाच की यह अवधारणा भी हमारे पास है कि उपन्यास महाकाव्यों के स्थानापन्न हैं। कविता के क्षेत्र में लम्बी कविताएँ ही महाकाव्यों के स्थानापन्न हैं। संवेदना के धरातल पर मुक्तिबोध का काव्य विवेक भी मध्यवर्गीय चेतना और यथार्थवाद से पुष्ट था। सम्भवत: इन्हीं कारणों से मुक्तिबोध उपन्यास को केवल साहित्यिक विधा के रूप में नहीं देखते थे। वे उसे जीवन को देखने का एक तरीका मानते थे। कविता की दीर्घता की एक वजह जीवन के प्रति उनका औपन्यासिक बोध भी था। नरेश मेहता वाले पत्र से भी यह स्पष्ट है। वह

अनलिखे उपन्यास का 'केन्द्रीय संवेदन' है। लिख लिये गये उपन्यास की केन्द्रीय संवेदना निर्धारित करना भी अत्यन्त दुष्कर कार्य है, क्योंकि उपन्यास छोटी कविताओं, कविताओं और कहानियों की तुलना में बहुआयामी होता है। यहाँ तो अनलिखे उपन्यास की केन्द्रीय संवेदना का निर्धारण करना है। दुरुहता के स्तर को आसानी से देखा जा सकता है। अनलिखे उपन्यास की केन्द्रीय संवेदना कितनी मारक, त्रासद और जटिल है कि कवि उसे 'दबी हाय-हाय-नुमा' कहता है। फिर कहता है—'शायद तॉल्स्तॉय-नुमा।' ये सन्दर्भ स्थितियों की प्रदीर्घता (तॉल्स्तॉय के उपन्यास प्रदीर्घ आकार और मानवता के प्रति शुभ्र-शुचि भावों के लिए ही विख्यात हैं), दबावों की सान्द्रता, त्रासदी को ही अभिव्यक्त करते हैं। यह संवेदना का आखिरी सिरा है।

इस संवेदनात्मक दीर्घता के दबाव, तनाव, सान्द्रता के आखिरी सिरे पर, जब सामाजिक संवेदनात्मक आवेगों और सहृदयात्मक करुणा से झनझना रहा होता है, काव्यनायक को फिर कुछ दीखता है। यह पूर्ववर्ती दिखायी पड़े सन्दर्भों से पृथक् है। प्रबल संवेदनात्मक विवेक में अब समूह दिखायी पड़ता है और वह प्रश्न कर उठता है—'प्रोसेशन?' इसके साथ आया प्रश्नवाचक चिह्न प्रश्न के साथ विस्मय को भी समेटता है। अतिरिक्त संवेदना के कारण काव्यनायक उन तत्त्वों को भी पकड़ लेता है, जो सामान्य जीवन जी रहे नागरिकों की पकड़ से बाहर रहते हैं। क्या यह प्रोसेशन भौतिक यथार्थ है? इसके समानान्तर यह प्रश्न भी उभरता है कि अगर यह भौतिक यथार्थ नहीं है, तो क्या यह कवि के मस्तिष्क में उपज रही ऊलजुलूल मानसिक विकृतियाँ हैं? प्रश्न तो इसके समानान्तर और भी खड़े हैं? क्या यह भौतिक स्थितियों का मानसिक अवतरण है? इस रूप में सारा साहित्य ही भौतिक स्थितियों का मानसिक अवतरण है। घटनाएँ साहित्य में कभी घटती नहीं, वे तो जीवन में ही घटती हैं। रचनाकार उन घटित घटनाओं का ऐसा समायोजन प्रस्तुत करता है कि वे यथार्थ प्रतीत होती हैं। इस रूप में ही साहित्य जीवन का प्रतिबिम्ब होता है। इस कविता की संरचना में कवि ने कई ऐसे विधान किये हैं, जिससे कविता मानसिक धरातल पर घटित होती प्रतीत होती है, फैंटेसी लगती है, कल्पना लगती है। ये सब काव्यविधान के टूल मात्र हैं। जब भी हम पाठक के रूप में इस बोध को जेहन से हटाते हैं, हम काव्य-यथार्थ की धुरी से हट जाते हैं। एक दृश्य पहले वह उपन्यास और तॉल्स्तॉय की बात करता है और अगले ही दृश्य में वह मानसिक कार्यकलापों के गड्ढे में गिर जाएगा? संरचना या काव्यात्मक टूल के रूप में इस प्रोसेशन को देखने के पूर्व इस प्रोसेशन को ही देखना होगा—

निस्तब्ध नगर के मध्य-रात्रि-अँधेरे में सुनसान
किसी दूर बैण्ड की दबी हुई क्रमागत तान-धुन,
मन्द-तार उच्च-निम्न स्वर-स्वप्न,

उदास-उदास ध्वनि तरंगें हैं गम्भीर
दीर्घ लहरियाँ!!
गैलरी में जाता हूँ, देखता हूँ रास्ता
वह कोलतार-पथ अथवा
मरी हुई खिंची हुई कोई काली जिह्वा
बिजली के घुतिमान् दिये या
मरे हुए दाँतों का चमकदार नमूना!

इस काव्यात्मक विवरण में उभरे आश्चर्य से स्पष्ट है कि काव्यनायक कमरे से इतनी रात जब बाहर आता है, तो उसे उस समय 'निस्तब्ध नगर' में घोर शान्ति की उम्मीद थी। भौतिक रूप से यही होना भी चाहिए था, परन्तु प्रोसेशन दिखायी देता है। यह प्रोसेशन सिर्फ स्वार्थी तत्त्वों का नहीं, उनकी गुप्त क्रियान्वितियों का भी है। जब सारा सभ्य समाज रात्रि में अपने-अपने घरों में सिमट जाता है, तो नगर हलचलविहीन होकर निस्तब्ध हो जाता है। जिस जुलूस में नगर का जन समुदाय नहीं होगा, वह अपने चरित्र में जनाकांक्षी तो नहीं ही होगा। कोई चाहे तो कह सकता है कि जनाकांक्षी न होने का तात्पर्य यह नहीं है कि उक्त प्रवृत्ति जनविरोधी है। यह ठीक है, किन्तु इसे पाठ द्वारा पुष्ट होना चाहिए। इन पंक्तियों से परिस्थितियों के जनविरोधी स्वरूप का ही ज्ञान होता है। 'उदास-उदास' शब्द फुसफुसाहट का पर्याय है, क्योंकि जब प्रोसेशन में शामिल लोग अपने गुप्त कार्यसिद्धि के प्रोसेशन में हैं, तो उदासी क्यों होगी? कोलतारी सड़क, 'बिजली के द्युतिमान दिये' अर्थात् बल्ब आदि औद्योगिक पूँजीवादी सभ्यता के प्रतीक हैं। यह पूँजीवाद के प्रगतिशील दौर के समाप्त हो जाने के बाद का सन्दर्भ है। पूँजीवादी व्यवस्था में सारे जनोपयोगी सन्दर्भों के अर्थ उलट गये हैं, क्योंकि शोषकों (सामन्तों और पूँजीपतियों की नयी गठित सत्ता) और उसके पुष्टिवर्द्धक संस्थानों ने इन जनोपयोगी सन्दर्भों, भावों और तत्त्वों का इस्तेमाल अन्यान्य प्रकार से जनविरोधी रूपों में किया है। रास्ता आम जनता के इस्तेमाल के लिए, उनकी सुविधा के लिए बनाया गया था, परन्तु औपनिवेशिक, सामन्ती और पूँजीवादी सत्ताओं ने उनका दोहन अपने वर्गीय हितों के लिए किया। यह दुरुपयोग इतना क्रूर और सघन था कि वह 'मरी हुई खिंची हुई कोई काली जिह्वा' प्रतीत होने लगती है। दाँत कब दिखायी देते हैं? यह एक मुहावरा भी तो है। दाँत दिखना परिणाम की सकारात्मकता का भी सन्दर्भ है। औद्योगिक क्रान्तियों के बाद मजदूरों ने संघर्ष कर विकास किया। इस विकास की सीढ़ी पर शोषक शक्तियाँ इनका ही शोषण प्रारम्भ कर देती हैं। इसीलिए यह व्यवस्था 'मरे हुए दाँतों का चमकदार नमूना' है। ये सन्दर्भ औद्योगिक और पूँजीवादी विकास में उन्नति के साधन पर काबिज तत्त्वों, शक्तियों के शोषकीय और गैरमानवीय स्थितिकी में बदलने को अभिव्यंजित

करते हैं। सभ्यता के विकास के क्रमागत सन्दर्भों पर गौर किया जाए, तो एक प्रवृत्ति स्पष्ट रूप से दिखायी देती है। पूँजीवादी विकास के साथ शोषण पर आधारित जिन मजबूत और नयी व्यवस्थाओं का निर्माण हुआ, वे प्रारम्भ से ही स्पष्ट और मुखर नहीं थीं। चूँकि पूँजीवाद अपने प्रारम्भिक दौर में खुद ही प्रगतिशील भूमिका में था, तो प्रारम्भ में उसके शोषणाधृत होने की सम्भावना नहीं ही थी। समय के साथ उसका शोषणपरक रूप उभरता है और वह क्रमशः बढ़ता ही गया है। यह प्रक्रिया आज इतनी तीखी और सघन हो गयी है कि समाज के अधिकांश हिस्से पर उसका कब्जा हो गया है। मुक्तिबोध के समय ऐसी स्थिति नहीं थी। यह जो 'किसी दूर बैण्ड की दबी हुई क्रमागत तान-धुन' क्रमशः 'पास-पास पास-पास/ आ रहा है इस ओर', वह पूँजीवादी साम्राज्यवाद का विस्तार ही है। वे ही प्रवृत्तियाँ क्रमशः समाज को हस्तगत करती हुई समाज की ओर बढ़ रही हैं। धुन का धीमा होना प्रवृत्तियों के दूरागत होने का प्रतीक है। इस ओर अर्थात् सिविल लाइंस अर्थात् शहरों की ओर। जब ये इतने पास आ गयीं कि दृष्टिगोचर हो सकें, तो 'गैस-लाइट-पाँतों की बिन्दुएँ' छिटकती हैं। उनके बीच 'साँवले जुलूस-सा' कुछ दिखता है। पहचान अभी भी स्पष्ट नहीं है। लेकिन उनके जरा और करीब आने पर—

और अब
गैस-लाइट-निलाई में रँगे हुए अपार्थिव चेहरे,
बैण्ड-दल,
उनके पीछे काले-काले बलवान् घोड़ों का जत्था
दीखता,
घना व डरावना अवचेतन ही
जुलूस में चलता।
क्या शोभा-यात्रा
किसी मृत्यु-दल की?

गैसलाइट की निलाई में रंगा चेहरा अपार्थिव दिखायी पड़ता है। यह भावहीनता या शून्यता के कारण नहीं है। यह अमानवीयता की कर्कशता से भरा चेहरा है। ये अन्धकार की केन्द्रीय संरचना का हिस्सा नहीं हैं। यह संरचना की बाहरी जद है। फिर भी चूँकि वह उस केन्द्रीय सत्ता के साथ जुड़ा हुआ है, तो उस जुड़ाव मात्र से उपजी अमानवीयता और अहंकार चेहरे पर झलक उठते हैं। बलवान घोड़े निश्चितरूपेण राजकीय सत्ता और उसके अहंकार का पर्याय हैं। सत्ता की उपस्थिति और उसका अहंकार कितना गहरा है कि भय अवचेतन का हिस्सा बनने लगता है। 'अँधेरे में' का अन्धकार प्राथमिक रूप से आम सामाजिक की चेतना का अन्धकार नहीं है। इसका आश्रय और आशय भले ही सामाजिक हैं, परन्तु वह अन्धकार आम नागरिकों के

कारण नहीं फैला है। आम नागरिकों के कारण जो अन्धकार है, उस पर ऊपर बात की गयी है। यह अन्धकार संस्थानों द्वारा प्रायोजित और पोषित है। सामाजिक के स्वभावों की क्रमागतता पर विचार करें, उसे ध्यान से देखें, तो स्पष्ट होगा कि प्रारम्भ में संस्थाओं द्वारा पोषित दुष्प्रवृत्तियाँ बाद में आम जनता का व्यवहार भी बनती हैं। मुक्तिबोध के समय की राजनैतिक और संस्थागत दुष्प्रवृत्तियाँ, भ्रष्टाचार और अनैतिक आचरण आज आम जनता के व्यवहार का अंग बन गयी हैं। यह इन प्रवृत्तियों के विकास का परवर्ती दौर है। प्रारम्भ मुक्तिबोध जैसे सजग सर्जक देख रहे थे और चित्रित कर रहे थे। स्वातन्त्र्योत्तर जीवन में राजनैतिक स्खलन ने जिस स्वार्थ, सत्तालोलुपता को जन्म दिया, उसका विष जीवन के हर क्षेत्र में फैला और समाज के स्तर पर व्यापक दुरावस्था का युग आया। अन्धकार के इन कारकों की पहचान इस कविता का मुख्य गुण है। अन्धकार का जितना व्यापक और बहुविध प्रकाशन मुक्तिबोध की इस कविता में है, वह विलक्षण है।

कविता में यहाँ तक पहुँचते-पहुँचते शोषकीय स्थितियाँ और जनसामान्य का भय दोनों ज्यादा गम्भीर हो गये हैं, क्योंकि ये हमारे चेतन को ही नहीं, अवचेतन को भी प्रभावित करने लगते हैं। यहाँ ठहरकर एक बात पर और भी विचार करना चाहिए कि क्या सामाजिक के अवचेतन की तरह समाज का भी कोई अवचेतन होता है? वैसे भी मनोविज्ञान की सैद्धान्तिक सरणियों में अवचेतन तात्कालिक रूप से सचेत नहीं होता, किन्तु चेतना के बहुत निकट होता है और किसी भी क्षण उत्तेजना, उत्प्रेरण मिलने पर चेतना में उद्भासित हो सकता है। मुक्तिबोध ने काव्य की संरचना में इस प्रक्रिया को उलट दिया है। सामान्य नियमानुसार अवचेतन उत्तेजना, उत्प्रेरण मिलने पर चेतना में आता है, परन्तु यहाँ मनुष्य का चेतन-अवचेतन इतना नजदीक है कि अवचेतन उत्तेजित नहीं हो रहा, वह चेतना को स्थानापन्न कर दे रहा है। जब समाज के स्तर पर व्याप्त भय और रुग्णताएँ समाज की परिघटनाओं का समुच्चय हों तथा सक्रिय और निष्क्रिय दोनों ही रूपों में उतनी ही ऊर्जा के साथ उपस्थित हों, तो संवेदनशील कवि के लिए स्थिति बहुत जटिल हो जाएगी। जटिलता और विकटता का अनुमान इसी से लगाया जा सकता है कि 'घना और डरावना अवचेतन ही/ जुलूस में चलता' है। इस प्रक्रिया के उलट जाने के कारण हम निर्धारित नहीं कर पाते कि जो जुलूस में चल रहा है, उसकी प्रकृति क्या है? ऊपर मैंने पूछा कि क्या समाज का भी कोई अवचेतन होता है? कवि कहता है—

नींद में खोये हुए शहर की गहन अवचेतना में
हलचल, पाताली तक में
चमकदार साँपों की उड़ती हुई लगातार
लकीरों की वारदात!!

पूरे शहर की 'अवचेतना' एक सामाजिक की तो नहीं हो सकती। समाज के अवचेतन का निर्माण शताब्दियों के क्रमागत जीवन, आचार-व्यवहार, परम्परा-रूढ़ियों, धर्म, संस्कृति, पहनावे, ओढ़ावे के नैरन्तर्य से होता है। सभ्यताएँ और समाज जितने ही पुराने होंगे, उसका अवचेतन उतना ही गाढ़ा और सान्द्र होगा। समाज के अवचेतन को पकड़ने के लिए सतत जागृति अवश्यक है—

सब सोये हुए हैं।
लेकिन, मैं जाग रहा, देख रहा।

कबीरदास ने भी कहा था—

सुखिया सब संसार है, खावे अरु सोवे
दुखिया दास कबीर, जागे अरु रोवे।

जागना दोनों कवियों में संवेदना का ही परिचायक है। इस सतत जागृति और सचेतना के कारण ही मुक्तिबोध इस कविता में अन्धकार के अनेक रूप देख पाते हैं, अन्धकार को कायम रखने की कोशिश करनेवाली शक्तियों को देखते हैं। इसके कारण वे 'विचित्र प्रोसेशन,/ गम्भीर क्विक मार्च...' को पहचान पाते हैं। इस पूरे लम्बे बन्ध (विचारों की फिरकी सिर में घूमती है) तक, के विवरण अन्धकार को बनाये रखनेवाले तत्त्वों की पहचान की दृष्टि से बहुत महत्त्वपूर्ण हैं। चेतन-अवचेतन की सीमा रेखा पर घटित हो रहे इन तमाम प्रसंगों में कवि 'स्वर-स्वप्न तरंगें', 'गीत-स्वप्न-तरंगें' जैसे शब्द युग्मों का सहारा लेता है। सामूहिक अचेतन की बात तो युंग करते हैं, परन्तु सामूहिक अवचेतन का सन्दर्भ ज्ञात नहीं होता। मुक्तिबोध केवल संवेदनशील और भावुक कवि नहीं हैं, इन दोनों के साथ बौद्धिकता भी इनके काव्य-व्यक्तित्व का अंग है। इसीलिए इनकी कविताओं में सभ्यता-समीक्षा, समाज-समीक्षा का बौद्धिक रूप मिलता है। केन्द्रीय सत्ता के चारों ओर उसके वलयों में जो बैण्ड दल है, उस दल में शामिल लोग के चेहरे काव्यनायक के देखे हुए से मिलते हैं। इस बैण्ड दल में—'लगता है उनमें कई प्रतिष्ठित पत्रकार/ इसी नगर के!!' एक विस्मयादि बोधक चिह्न से कवि का काम नहीं चलता। अन्य तत्त्वों की तरह विस्मय भी बड़ा है। छोटे या लघु रूप में इस कविता से कुछ है भी नहीं। विस्मय बड़ा है, क्योंकि जिन पत्रकारों को जनता के पक्ष में खड़ा होना था, वे सत्ता के साथ खड़े हैं। सत्ता का चरित्र किसी भी राजनैतिक व्यवस्था में, आमतौर पर जनविरोधी ही होता है। जनता के पक्ष का आदमी भी जब जन के विरोध में खड़ा होने लगे, लुके-छिपे रूप में, तो विस्मय स्वाभाविक है। जाहिर तौर पर तो वह जनता के पक्ष में ही खड़ा होता है, खड़ा दिखायी देता है। चरित्र का यह अन्तर्विरोध विस्मय को बड़ा करता है। इसी कारण नायक पूछता भी है—'बड़े-बड़े नाम अरे कैसे शामिल हो गये इस बैण्ड-दल में!' यहाँ वैयाकरणिक नियमों के अनुसार तो प्रश्नवाचक चिह्न होना चाहिए था।

परन्तु कवि यहाँ प्रश्नवाचक चिह्न के स्थान पर विस्मयादि बोधक चिह्न का प्रयोग करता है। इसका एक फायदा तो यही है कि दोनों भाव एक साथ ही व्यक्त हो जाते हैं। यह कैसा बैण्ड दल है, जिसको बजानेवाले श्रमिक, कलाकार नहीं, बुद्धिजीवी, पत्रकार हैं। सिर्फ इतना ही होता तो भी गनीमत थी। किन्तु—

उनके पीछे चल रहा
संगीन नोकों का चमकता जंगल,
चल रही पदचाप, ताल-बद्ध दीर्घ पाँत
टैंक-दल, मोर्टार, ऑर्टिलरी, सन्नद्ध,
धीरे-धीरे बढ़ रहा जुलूस भयानना
सैनिको के पथराये चेहरे
चिढ़े हुए, झुलसे हुए, बिगड़े हुए, गहरे!

विवरण से स्पष्ट है कि इसमें सत्ता के सारे सहयोगी (चाहे वह बैण्ड दल हो या सैनिक तन्त्र) मानवीयता के प्रति सहानुभूति, संवेदना खो चुके हैं। इस प्रोसेशन में सब हैं—पत्रकार, बुद्धिजीवी, सैनिक, कर्नल, ब्रिगेडियर, जनरल, मार्शल, कई सेनापति, सेनाध्यक्ष आदि-आदि। चलताऊ मुहावरे में कहा जाए तो इसमें कौन नहीं है? सिवाय एक मनुष्यता के। पीछे जो काव्यनायक पूछता है कि 'क्या शोभा-यात्रा/ किसी मृत्यु-दल की?' वहाँ तो इसका स्पष्ट उत्तर नहीं मिलता, परन्तु यहाँ तक आते-आते यह स्पष्ट हो जाता है कि यह मानवता, मनुष्यता की 'मृत्यु-दल' की शोभा यात्रा है। मानवता की मृत्यु की शोभा यात्रा? यह कितना विडम्बना मूलक है, इसका ज्ञान संवेदनशील को सहज ही हो जाता है। वास्तव में यह मानवता की शव-यात्रा ही है, पर सत्तासीनों ने इसे शोभा-यात्रा में परिवतर्तित कर दिया है। यह सत्ताधारियों का वर्ग चरित्र है। इस शोभा-यात्रा के रक्षकों की धज भी विचारणीय है—

कैवेलरी!
काले-काले घोड़ों पर ख़ाकी मिलिट्री ड्रेस,
चेहरे का आधा भाग सिन्दूरी-गेरुआ
आधा भाग कोलतारी भैरव
आबदार!!

इतने वीभत्स चेहरे के बावजूद वह चमक सकता है, यह भी अत्यन्त आश्चर्य का विषय है। यहाँ भी दोहरे विस्मयादिबोधक चिह्न का प्रयोग यही दर्शाता है। इस बात को भी काव्यनायक बार-बार दुहराता है, कि इस प्रोसेशन में उसके देखे, पहचाने कई लोग हैं। यह पुनरुक्ति उसके दबाव और तनाव को ही बताता है। यह परिचय प्रत्यक्ष भौतिक साक्षात्कार का परिचायक नहीं है—

उनके चित्र समाचारपत्रों में छपे थे,
उनके लेख देखे थे,
यहाँ तक कि कविताएँ पढ़ी थीं
भई वाह!

इसके उपरान्त काव्यनायक कहता है—

उनमें कई प्रकाण्ड आलोचक, विचारक, जगमगाते कवि-गण
मन्त्री भी, उद्योगपति और विद्वान्
यहाँ तक कि शहर का हत्यारा कुख्यात
डोमा जी उस्ताद
बनता है बलबन
हाय, हाय!!
यहाँ ये दीखते हैं भूत-पिशाच-काय।
भीतर का राक्षसी स्वार्थ अब
साफ़ उभर आया है,
छिपे हुए उद्देश्य
यहाँ निखर आये हैं,
यह शोभा-यात्रा है किसी मृत-दल की।

कविता में इस सन्दर्भ के पहले के वर्णन से अमानवीयता का चित्र उभरता है, परन्तु इस वर्तमान सन्दर्भ से अवचेतन की पूरी अमानवीयता, चेतना और वर्तमानता के धरातल पर उभर आती है। इसी कारण कवि 'हाय, हाय' कर उठता है। मुक्तिबोध के समय की लोकतान्त्रिक दुनिया की यह असली और भयावह त्रासदी है कि अन्धकार में 'छिपे हुए उद्देश्य' से जो वर्ग परिचालित हो रहा है, उसमें शहर के, प्रकारान्तर से देश के, बौद्धिक, औद्योगिक और गुण्डा तत्त्व सब शामिल हैं। मैं सोचता हूँ कि मुक्तिबोध आज होते तो क्या करतें? छिपे हुए उद्देश्यवाले तमाम तत्त्व आज सतह पर हैं। जो अपराधी तत्त्व थे या अपराधी छविवाले लोग थे, जो मुक्तिबोध के समय पीछे से राजनीति या सत्ता प्रतिष्ठानों की मदद करते थे, वे स्वयं अब भारतीय राजनीति के केन्द्र में हैं। अब तो *को बड़ छोट, कहत अपराधो,* वाली हालत है। यही हालत उद्योगपतियों और बौद्धिकों की भी है। भारतीय राजनीति की त्रासदी यही है कि जो नकारात्मक तत्त्व हैं, वे क्रमश: केन्द्रीय भूमिका में आते गये हैं। सम्भवत: उनकी केन्द्रीय होने की प्रक्रिया तभी शुरू हो गयी थी, क्योंकि जंगल से फूँक मारने की भूमिका से होते हुए वे सत्ता-केन्द्र के वलय तक तो पहुँच ही गये थे। अब वे केन्द्र में हैं। मुक्तिबोध नजूमी तो नहीं थे, परन्तु अपने समाज को, उसकी प्रवृत्ति को बेहतर तरीके से समझते थे। यथार्थ की पकड़ भी बेहतर थी और इस बात की समझ भी थी

कि कौन–सी प्रवृत्ति समाज में अभी वर्द्धमानशील है। भले ही ये वर्द्धमान प्रवृत्तियाँ नकारात्मक हों, अमानवीयता की हद तक नकारात्मक। चूँकि तब ये इतनी स्पष्ट नहीं थीं, अत: इन्हें तभी पहचान पाना भी कोई सामान्य बोध न था। मुक्तिबोध के समय में भी कुछ डोमा जी उस्ताद निश्चित रूप में बलबान बन रहे होंगे। यह मुक्तिबोध की अतिरिक्त संवेदना ही है कि उन्हें, प्रत्यक्ष होने के पूर्व ही भीतर के राक्षसी स्वार्थ एवं छिपे हुए उद्देश्य साफ दिखायी देने लगते हैं। इस संवेदनशीलता और स्थिति के भीतरी यथार्थ को देख–समझ पाने के कारण ही 'विचारों की फिरकी सिर में घूमती है'।

जहाँ मुक्तिबोध ये बन्ध समाप्त करते हैं, वहाँ संरचना के धरातल पर दृश्य भी बदलता है। इस दृष्टि से इस कविता को पढ़ें, तो हमें स्वत: पता चलेगा कि मुक्तिबोध ने कितनी सारी परिस्थितियों का समायोजन इस कविता में किया है। अत: यह कविता लम्बी अपने महाकाव्यात्मक विस्तार में है, न कि शब्दों के गुंजलक या वाक् स्फीति में। इस दृश्य परिवर्तन की प्रवृत्ति को मैं नाटकीय नहीं कहना चाहता, क्योंकि यह कविता जिस औदार्य, औदात्य और विस्तार को समेटती है, इससे वह क्षरित होने लगता है। मुक्तिबोध का गाम्भीर्य भी खण्डित होने लगता है। काव्यवस्तु की जिस टकराहट को मुक्तिबोध प्रस्तावित करना चाहते थे, वह भी अपनी प्रभावान्विति में खण्डित हो जाएगी।

इस बन्ध की समाप्ति के साथ दृश्य बदल जाता है, दृश्यान्तर की समस्या पर आगे बात की जाएगी। बदले दृश्य में जिस प्रोसेशन को काव्यनायक देख रहा है, काव्यनायक को देखते हुए उस प्रोसेशन के कुछ लोग देख लेते हैं। इस देख लिए जाने की द्विस्तरीय प्रतिक्रिया होती है। एक नायक को लगता है कि 'हृदय में मानो कि संगीन नोकें ही घुस पड़ीं बर्बर'। काव्यनायक का ऐसा लगना खुद ही भय की चरमावस्था को प्रकट करता है। दूसरी प्रतिक्रिया प्रोसेशन में शामिल सामाजिकों की ओर से आती है—'मारो गोली, दाग़ों स्साले को एकदम ××× मार डालो, उसको ख़त्म करो एकदम'। इस कथन की निश्चयात्मकता हमारा ध्यान आकृष्ट करती है। एकदम मार डालो—कोई गुंजाइश नहीं, क्योंकि वे 'दुनिया की नज़रों से हटकर/ छिपे तरीक़े से' जा रहे थे कि 'आधीरात-अँधेरे में उसने/ देख लिया'। उसने माने काव्यनायक ने। इसके परिणामस्वरूप काव्यनायक जान बचाकर भागता है—'गैलरी से भागा मैं पसीने से शराबोर!!' इसका भागना समूहविहीनता, संघर्ष और प्रतिरोध क्षमता की कमी और मध्यवर्गीय सुविधाभोगी प्रवृत्तियों का सामूहिक सन्दर्भ है। संघर्ष और प्रतिरोध की क्षमता नहीं है, क्योंकि वह समूह से विच्छिन्न और एकल है। ऐसी संगठित सत्ताओं का प्रतिरोध सामाजिक की एकल भवता नहीं कर सकती। अगर काव्यनायक भाग जाता है, तो यह बेवकूफी नहीं, एक किस्म की समझदारी

ही है। जब पिछले बन्ध में उसकी 'परम अभिव्यक्ति' उसको छोड़कर गाँव-शहर अर्थात् जनसमूह के बीच चली गयी है, तो इस भागने से इसके भी जन के पास जाने की सम्भावना बची रहेगी। संगठित होने की सम्भावना बची रहेगी, अन्यथा वे मार डालने को तो आतुर हैं ही।

इसके बाद के बन्ध की शुरुआत की पंक्तियाँ हैं—

एकाएक टूट गया स्वप्न व छिन्न-भिन्न हो गये
सब चित्र
जागते में फिर से याद आने लगा वह स्वप्न,
फिर से याद आने लगे अँधेरे में चेहरे

'अँधेरे में' की संरचना को ये पंक्तियाँ दुरुह-से-दुरुहतर बना रही हैं। इस कविता से सम्बन्धित तमाम लेखों में काव्यनायक को दो भागों में विभक्त किया गया है। साथ ही इसकी वस्तु या नैरेटिव या अन्य सन्दर्भों को भी दो हिस्से में बाँट दिया गया है—सामाजिक स्तर पर और व्यक्ति के अवचेतन के स्तर पर। इससे आलोचना कर्म में एक क़िस्म की सुविधा भी विकसित होती है और अन्तर्विरोधों से, टकराव से बचने का रास्ता भी तैयार होता है। मैंने ऊपर 'कोई एक' को बाह्य भौतिक स्थितियाँ कहा है। तब क्या 'परम अभिव्यक्ति' आत्मगत आधारित स्थिति है? अगर वह आत्मगत भौतिक स्थिति है, तो काव्यनायक उसकी खोज करने शहरों-गाँवों में क्यों जाता है? अगर इसके ऊपर के दो बन्धों को स्वप्न मान लिया जाए, तब भी कोई समस्या कहाँ रहती है? समस्या इस विवरण को यथार्थ मानने और इस काव्यात्मक वक्तव्य के अन्तर्विरोध से उभरती है। हिन्दी आलोचना ऐसे रचनात्मक अन्तर्विरोधों से बच निकलती है या बच निकलना चाहती है। मुक्तिबोध ने 'कामायनी: एक पुनर्विचार' में कहा है—'कलाकृति स्वानुभूत जीवन की कल्पना द्वारा पुनर्रचना है।' साथ ही वे फैन्टेसी शिल्प के सन्दर्भ में लिखते हैं—''फ़ैंटेसी के अन्तर्गत कवि-कल्पना, जीवन की सारभूत विशेषताएँ प्रकट करते हुए, एक ऐसी चित्रावली प्रस्तुत करती है कि जिससे वह तथ्यात्मक जीवन, जिसकी कि स्वानभूत विशेषताएँ प्रोद्भाषित की गयी हैं, अधिकाधिक प्रच्छन्न, गौण और नेपथ्यवासी हो जाएँ। संक्षेप में, फैंटेसी के अन्तर्गत भाव-पक्ष प्रधान और विभाव-पक्ष गौण और प्रच्छन्न तो होता ही है, साथ ही यह भाव-पक्ष कल्पना को उत्तेजित करके, बिम्बों की रचना करते हुए, एक ऐसा मूर्त्त विधान उपस्थित करता है, कि जिस विधान में उस विधान ही के नियम होते हैं। इस मूर्त्त विधान में विभाव-पक्ष मात्र सूचित होता है, मात्र ध्वनित होता है। किन्तु, उस नेपथ्यवासी मूलाधार के बिना, उस अण्डरग्राउण्ड-भूमिगत-विभाव-पक्ष के बिना, उस मूर्त्त विधान का जीवन-महत्त्व प्रोद्भासित ही नहीं हो सकता।'' विभाव भी भाव के तीन अंगों में एक है। विभाव वह वस्तु या अवस्था है, जो किसी भाव

को जाग्रत करे। इस रूप में आधुनिक युग के तमाम कवियों के लिए सब कुछ विभाव ही होगा। इसी कारण मुक्तिबोध कहते हैं कि विभाव के बिना मूर्त्त विधान प्रोद्भासित नहीं हो सकता। इसीलिए इस कविता के विभाव को पकड़ना आवश्यक है। सभी विद्वानों ने माना है कि 'अँधेरे में' एक फैन्टेसी है। इसका तात्पर्य मुक्तिबोध की भाषा में समझे तो जो मूर्त्त विधान रचा गया है, उसका विधान उस निर्मित संरचना के भीतर ही होगा। यह संरचना भाव पक्ष द्वारा निर्मित होगी। यह भाव पक्ष कल्पना को उत्तेजित कर, बिम्ब निर्माण द्वारा मूर्त्त विधान की रचना करता है। मुक्तिबोध की तर्क पद्धति के अनुसरण से यह स्पष्ट होता है कि विभाव और भाव एक-दूसरे को निर्मित करते हैं। ऊपर जिस अवचेतन के स्थानापन्न होने की बात मैंने कही है, वह भाव-विभाव से भी सन्दर्भित होता है।

जैसा कि मैं बार-बार दर्ज कर रहा हूँ कि 'अँधेरे में' कविता पूरी सभ्यता की यात्रा है। पूरी सभ्यता यात्रा को समेटने के लिए फैन्टेसी ही एक हथियार हो सकती है, जो बिम्बावलियों द्वारा निर्मित है। किन्तु है वह सिर्फ संरचनात्मक उपकरण ही। हम जिस परिवेश, जिस वातावरण में रहते हैं, उसमें हर चीज का कुछ-न-कुछ अर्थ होता है। इनसे बचा नहीं जा सकता। अवचेतन मन भी परिवेश, वातावरण के साथ संसर्ग के बाद ही अर्थ से सम्पृक्त होता है। बाह्य परिवेश द्वारा निर्मित अर्थों से बचा नहीं ज़ा सकता। युंग ने इससे बचने की कोशिश करनेवाले को भाग्यहीन तक कहा है—''यदि कोई मनुष्य इस तरह के अर्थों से बचने की कोशिश करे और केवल परिस्थितियों तक अपने को सीमित रखे, तो वह भाग्यहीन मनुष्य होगा।'' इन सारे तर्कों से जो पहली बात उभरती है वह यह कि सन्दर्भित पंक्तियों के ऊपर के दो बन्धों को स्वप्न कहना काव्यात्मक कौशल मात्र है। इस तकनीक से मुक्तिबोध ने कितने सिरों को एक साथ कस लिया है। जो सामाजिक यथार्थ पनपने शुरू हुए थे, उनका मनुष्यों के अवचेतन मन से सामंजस्य दिखाकर विभाव और भाव की एकान्विति प्रस्तुत की है। इससे वे इस अतिरिक्त कथन से भी बचते हैं कि यथार्थ अत्यन्त जटिल और खतरनाक है। अगर खतरनाक स्वप्न यथार्थ बनने लगें और यथार्थ स्वप्न सरीखा होने लगे या यथार्थ स्वप्न में बस जाए अर्थात् बाह्य स्थितियाँ इतनी सांघातिक होने लगे कि मनुष्यों के आधारभूत व्याकरण को तहस-नहस करने लगे, तो मनुष्य का जीवन दुष्कर होने लगेगा। मुक्तिबोध के समय में भी जीवन दुष्कर हो रहा था और उस दुष्करता में समय के साथ इजाफा ही हुआ है। एक दूसरा अर्थ सन्दर्भ भी इन पंक्तियों में दिखायी पड़ता है। सभ्यता विकास की बिम्बात्मक, प्रतीकात्मक स्थितियाँ पार करता हुआ नायक पूँजीवादी विकास के उस दौर में पहुँचता है, जो उसका यथार्थ और वर्तमान है। सभ्यता द्वारा अर्जित सारे विवेक, उसके सारे सत्-उत्कृष्ट भावों को पूँजीवादी सभ्यता लाभ की दमनकारी नीतियों के नीचे कुचल डालती है। व्यापक

मानवीय सन्दर्भ में एक कवि के रूप में या सामाजिक के रूप में, मुक्तिबोध या हम क्या स्वप्न देखते हैं? तथाकथित लोकतान्त्रिक दुनिया, जिसके केन्द्र को कवि, विचारक से लेकर डोमा जी उस्ताद तक घेरे हुए हैं, सामान्य जन के स्वप्न, रोजमर्रा की जरूरतों के स्तर पर नहीं टूटते हैं या नहीं टूट रहे थे। अपनी परम्परा, अतीत तक से पूँजीवादी सत्ता जन को काट देती है। उसके सामर्थ्य का कोई स्रोत नहीं बचा है। इस स्वप्न को खण्डित करनेवाले लोग, जो रात में गुप्त सन्धियाँ करते हैं, प्रोसेशन निकालते हैं, वे ही—

दिन में
बैठती हैं मिलकर करती हुई षड्यन्त्र
विभिन्न दफ़्तरों-कार्यालयों, केन्द्रों में, घरों में।

यहाँ मसला षड्यन्त्रकारियों के सफेदपोश बन जाने मात्र का नहीं है। इसकी गहरायी इस बात में भी है कि मानवविरोधी शक्तियाँ जब-जब या जितनी देर सफेदपोश बन दफ्तरों-कार्यालयों, केन्द्रों, घरों में बैठती हैं, तब क्या ये अपनी मानवविरोधी हरकतें बन्द कर देती हैं? क्या इसका इस्तेमाल वे अवसर के रूप में नहीं करते? बेशक वे ऐसा ही करते हैं। वे शोषण, दमन, अत्याचार, जन को सदैव मुफलिस बनाए रखने की तरकीबों को संस्थाबद्ध करते हैं। यह और भी घातक स्थिति है। मुक्तिबोध के समय में शुरू हुई प्रवृत्ति क्या आज अपने चरम पर नहीं पहुँच गयी है? क्या सरकारों ने पूँजीवादी संस्थाओं के साथ मिलकर उपर्युक्त तथ्यों को संस्थाबद्ध नहीं कर दिया है? इसीलिए दूसरी बार सजा मिलने की बात ज्यादा खतरनाक हो जाती है—

हाय, हाय! मैंने उन्हें देख लिया नंगा,
इसकी मुझे और सज़ा मिलेगी।

नंगा देखना उसके मूल स्वरूप को पहचान लेने का अर्थ है, तो 'और' शब्द के इस्तेमाल से सजाओं की श्रृंखला का ज्ञान होता है। 'और' की एक ध्वनि आधिक्य के सन्दर्भ में भी है। अर्थात् यह श्रृंखला के साथ ही सजाओं के बढ़ने को भी संकेतित करता है। यह इजाफा एक दिन की उपलब्धि नहीं है। इस उपलब्धि में हमें स्वतन्त्रता से तत्कालीन भारतीय युवा वर्ग की आकांक्षा और भ्रष्ट-सत्तालोलुप कांग्रेसियों का अन्तर्विरोध भी देखना होगा। इस पीड़ा को मात्र मुक्तिबोध ही महसूस नहीं कर रहे थे। यह स्खलन की पीड़ा है और इसे तत्कालीन बौद्धिक समाज महसूस कर रहा था। फणीश्वरनाथ रेणु के उपन्यास 'मैला आँचल' में इसी व्यापक स्खलन का चित्र है और बामनदास की हत्या स्वतन्त्रता पूर्व मूल्यों की हत्या नहीं तो और क्या है? निरपराधों की हत्या भी तो सजा ही है। सजा मिलने का जिक्र पहले भी कई बार आ चुका है।

इस भय की पृष्ठभूमि में कविता का चौथा खण्ड प्रारम्भ होता है—

अकस्मात्
चार का ग़जर कहीं खड़का,
मेरा दिल धड़का,
उदास मटमैला मनरूपी वल्मीक
चल-बिचल हुआ सहसा।

भयभीत सामाजिक छोटी-से-छोटी बात पर भी चौंकने, हड़बड़ाने की प्रतिक्रियाएँ देता है? हड़बड़ाहट और भय के साथ ही एक नयी शुरुआत की ओर भी हम बढ़ते हैं। चार का गजर खड़का-सुबह होने को दर्शाता है। जिस संशय, विस्मय और भय की मन:स्थिति से काव्यनायक गुजर रहा है, उसमें खड़कने की आवाज व्यवधान ही उत्पन्न करती है। यद्यपि आवाज से क्षणिक हड़बड़ाहट भी होती है, किन्तु इसी व्यवधान से 'उदास मटमैला मनरूपी वल्मीक' छिन्न-भिन्न भी होता है। मन रूपी वल्मीक से ही काली-काली हायफन और डैशे निकल रही हैं, उसी में जा रही हैं। इससे 'सब ओर बिखराव' क्यों है? मनोविज्ञान की भाषा में मानसिक प्रक्रियाएँ क्रियात्मक, ज्ञानात्मक और भावात्मक क्रियाओं का संघटन होती हैं। इस तरह मन समस्त मानवीय संस्कारों, गुणों (अवगुणों भी), विश्वासों (अविश्वासों), अवधारणाओं से बनता है। ये अवधारणाएँ, विश्वास, गुण आदि भी द्विस्तरीय होते हैं—तात्कालिक और बहुकालिक। इस रूप में मन रूपी वल्मीक का क्षरण भी द्विस्तरीय है। स्वतन्त्रता के बाद उपजी आशाओं, आकांक्षाओं, उम्मीदों का क्षरण तात्कालिक अवस्थाओं का क्षरण है, तो मानव की सत्-उत्कृष्ट प्रवृत्तियों, गुणों का क्षरण बहुकालिक अवस्थाओं का क्षरण है। यह द्विस्तरीय विघटन, उन तमाम सन्दर्भों को बिखेर देता है, जो आधुनिक सामाजिक को तार्किक सम्पूर्णता प्रदान करते हैं। इस कारण ही सब ओर बिखराव पसर जाता है। इस बिखराव की मन:स्थिति में काव्यनायक 'अपने कमरे में लेटा हुआ है' और 'काले-काले शहतीर छत के' उसका 'हृदय दबोचते' हैं। इस बिखराव से गहरा अवसाद जन्म लेता है—

यद्यपि आँगन में नल जोर मारता,
जल खखारता।
किन्तु, न शरीर में बल है
अँधेरे में गल रहा दिल यह।

व्यवस्था में सामान्य जन के लिए न्यूनतम, सीमित और समयबद्ध सुविधाएँ हैं। नल का जोर मारना, व्यवस्था में दैनंदिन जीवन की शुरुआत की सूचना देता है। नल के जोर मारने के बावजूद उसमें पानी नहीं आ रहा, उससे पाइप लाइनों की हवा बाहर आ रही है। यह बिम्ब आज की उदारीकृत अर्थव्यवस्था में शायद ही निर्मित

हो। जरा भी सुविधा होते ही, हम हाउसिंग सोसाइटीज में चले जाते हैं या निजी मोटरों के माध्यम से पानी की व्यवस्था करते हैं। मुक्तिबोध के समय में और उसके काफी बाद तक पानी के लिए सरकारी तन्त्र पर नागरिक निर्भर रहते थे। पानी रोज निश्चित समय पर ही आता था। आज तो सरकार ने पानी की व्यवस्था भी निजी कम्पनियों को दे रखी है। वे अपने लाभ के लिए ...खैर! नये दिन की शुरुआत हो रही है। व्यवस्था के अतिशय हावी होने के कारण, उसके षड्यन्त्रकारी होने के कारण (काव्यनायक द्वारा उसको पहचान लिए जाने के कारण भी) सामाजिक शारीरिक और संवेदनात्मक दोनों स्तरों पर खुद को ठगा महसूस करता है। जबतक वह नहीं जानता कि जिस सत्ता को उसने अपने लिए, अपने मताधिकार का प्रयोग कर बनाया है, वह खुद ही उसको छल रही है, तबतक वह सन्तुष्ट भी रहता है और अपेक्षाकृत निर्भय भी। परन्तु जब वह अपने दैनन्दिन जीवन के अभाव, दुर्दशा, दुरावस्था, महत्त्वहीनता को उसी तन्त्र और व्यवस्था के बाइप्रोडक्ट के रूप में देखता है, तो संवेदनशील और ईमानदार जनसामान्य अवसाद से भर जाता है। इस अवसाद में उसका दिल और दिमाग शक्तिहीन–श्रीहीन मालूम होते हैं। ऊपर जो शक्तियाँ सफेदपोश हैं, शोषण, दमन, अन्याय को संस्थाबद्ध कर रही हैं, उनके सम्बन्ध में काव्यनायक को बोध होता है कि उनका 'फैलाव, फँसाव, घिराव, तनाव है सब ओर।' तन्त्र के इस फैलाव को शक्ति केन्द्र सुरक्षित करते हैं—'पत्ते न खड़के,/ सेना ने घेर ली हैं सड़कें।' इस कठिन समय में—''बुद्धि की मेरी रग/ गिनती है समय की धक्-धक्।'' विवेक, अनुशासन, स्वातन्त्र्य बोध, मर्यादा, सहिष्णुता, सौहार्द्र, भाईचारा, निर्भयता आदि गुण लोकतन्त्र को जीवित रखने के लिए आवश्यक हैं। सत्ता की केन्द्रीय संरचनाएँ अपने निहित स्वार्थों और खुद को केन्द्र में स्थापित रखने के लिए इन गुणों को तहस-नहस करती हैं (सत्ता अंग्रेजों की हो या भारतीयों की, इससे कोई फर्क नहीं पड़ता)। इससे जन की सामूहिकता खण्डित हो जाती है। शोषण, दमन, साजिश के दोहरे-तिहरे चक्र में फँसे सामान्य जन के बच निकलने का कोई सामान्य या आसान मार्ग तो है नहीं! वह निष्क्रिय रूप में अपने खोल में पड़ा रहकर, स्थितियों से मुँह फेरकर, स्थितियों को बदल नहीं सकता। मानवता विरोधी समय या तो अपने आप बीत जाए या संघर्ष कर उन विपरीत स्थितियों से लड़कर उसे बदला जाए—बदलाव की सम्भावना के ये ही विकल्प बनते हैं। सत्ता का चरित्र सातत्य में एक सा रहता है। अतः एक सत्ता के बदल जाने से उसका जनविरोधी स्वरूप तो नहीं बदलेगा। इसीलिए बदलाव की पहली स्थिति तो कारगर नहीं है। 'समय की धक्-धक्' सिर्फ काव्यनायक द्वारा समय के बीतने के इन्तजार का बोधक नहीं है। बुद्धि समय को गिन रही है अर्थात् संवेदनात्मक रूप से स्थितियों, परिस्थितियों से तादात्म्य बैठाने की कोशिश भी है। इस तादात्म्य से जो पहचान उभरेगी, वह

सर्वांगीण होगी। सकारात्मक-नकारात्मक सारी शक्तियों, भावों, विचारों आदि की पहचान। इस पहचान के बाद वह गहरी निराशा से पूछता है, सम्भवतः खुद से ही—'यह सब क्या है?' जिसे जो करना चाहिए, वह नहीं करता। वे शक्तियाँ विपरीत प्रकृति के कार्य कर रही हैं—'किसी जन-क्रान्ति के दमन-निमित्त यह/ मॉर्शल लॉ है!'

स्वाधीनता संघर्ष की जिस पृष्ठभूमि में मुक्तिबोध जैसे कवियों का विकास हुआ था, क्या वह संघर्ष स्वयं एक जनक्रान्ति न थी? बौद्धिक और संवेदनशील कवि देखता है कि जनक्रान्तियों के बीच से निकली सत्ताओं का चरित्र भी जनविरोधी ही है। यह उसके निराश होने की एक वजह बनता है। जनक्रान्ति के परिणाम स्वरूप आयी सत्ता, लोकतान्त्रिक प्रक्रिया द्वारा चुनी अपनी ही सरकार जब इतनी अमानवीय हो जाए, तो स्थितियों का ज्यादा विकट प्रतीत होना स्वाभाविक ही है। इस विकट स्थिति में—''दम छोड़ रहे हैं भाग गलियों में मरे पैर,/ साँस लगी हुई है/ ज़माने की जीभ निकल पड़ी है,/ कोई मेरा पीछा कर रहा है लगातार।'' मरे पैरवाले लोग या अटकी साँसवाले लोग वास्तव में सामर्थ्यहीन लोग हैं। ये आरम्भ से सामर्थ्यहीन हों, ऐसी बात नहीं। मानव सभ्यता के विकास के इतिहास में संघर्ष और प्रतिरोध मूलभूत तत्त्व हैं। इसके बिना सभ्यता का विकास सम्भव नहीं था। सत्ता और व्यवस्था की क्रमिक साजिशों ने संघर्ष और प्रतिरोध से काटकर इन्हें सामर्थ्यहीन बनाया है। फिर शताब्दियों की यह सामर्थ्यहीनता इनमें परिस्थितियों के प्रति पलायन के रुख को जन्म देती है और यह प्रवृत्ति क्रमशः बढ़ाती है। यह एक चक्रीय प्रक्रिया है। एक वृत्तीय परिधि पर जन और शोषकीय ताकतें हैं और अब यह तय करना भी मुश्किल हो जा रहा है कि जन को ये ताकतें भगा रही हैं या वह खुद ही डर कर भाग रहा है—'कोई मेरा पीछा कर रहा है लगातार।' अब इस प्रक्रिया से कोई खास फर्क नहीं पड़ता। आज की वस्तुगत सच्चाई है कि शोषण हो रहा है। लोग पलायनवादी रुख अख्तियार कर रहे हैं। यहाँ आया 'कोई' पहले कविता में आये 'कोई एक' से अलग है। पहले का 'कोई एक' जन के, काव्यनायक के संवेदनात्मक स्फुरण, ज्ञानात्मक और बौद्धिक विवेक के जागरण का उद्भास था, जो 'परम अभिव्यक्ति' को खोज रहा है; जबकि यहाँ का 'कोई' वस्तुतः लोकतान्त्रिक संस्थाएँ-सत्ताएँ हैं, जिसके विभिन्न अंग उन तमाम लोग को खत्म करना चाहते हैं, जो अपनी संवेदना और बुद्धि के बल पर सत्ता के मूलरूप को जान गये हैं। निश्चितरूपेण यह संवेदनशील केवल एक नहीं है। अगर वह केवल एक सामाजिक होता, तो सत्ता केन्द्र उसकी फिक्र भी नहीं करते। ये बहुत हैं, परन्तु असंगठित हैं। इनके संगठित होने के पूर्व ही सत्ता और उसके संस्थान इन्हें समाप्त कर देना चाहते हैं। काव्यनायक बेशक कहता है—'भागता मैं दम छोड़,/ घूम गया कोई मोड़'। मुक्तिबोध रचनावली में 'घूम गया कई मोड़' है। अर्थ की

दृष्टि से 'कई' ही ज्यादा सटीक भी है। यहाँ 'मैं' इंडीविजुएल ही है। मैं बार-बार यही कह रहा हूँ कि है तो यह इंडीविजुएल ही, परन्तु वह संख्या में एक नहीं है। बहुत सारे 'मैं' असंगठित अवस्था में समाज में यत्र-तत्र बिखरे पड़े हैं। ये इंडीविजुएल जब बाहर निकलते हैं, सामाजिक बनने की प्रक्रिया में शामिल होते हैं, तब उनके संवेदना का घनत्व बढ़ जाता है—

चौराहा दूर से ही दीखता,
वहाँ शायद कोई सैनिक पहरेदार
नहीं होगा फ़िलहाल।
दीखता है सामने ही अन्धकार-स्तूप-सा
भयंकर बरगद—
सभी उपेक्षितों, समस्त वंचितों,
ग़रीबों का वही घर, वही छत,
उसके ही तल-खोह-अँधेरे में सो रहे
गृह-हीन कई प्राण।
अँधेरे में डूब गये
डालों में लटके जो मटमैले चिथड़े
किसी एक अति दीन
पागल के धन वे
हाँ, वहाँ रहता है, सिरा-फिरा एक जन।

चौराहा नयी कविता का एक विशिष्ट प्रतीक है। यह विकल्पों को ध्वनित करता है। शोषण, दमन की सांस्थानिक अभिव्यक्तियाँ हैं, किन्तु इस सन्दर्भ में विकल्पहीनता नहीं है। अभी विकल्प बचे हुए हैं। इसके साथ ही बरगद भी नयी कविता का एक विशिष्ट प्रतीक है। बरगद भयंकर दीखता है, जिसके नीचे जन (उपेक्षित, वंचित, गरीब) शरण ले रहा है। इसके समानान्तर सुसज्जित, बने-ठने दफ्तर, सरकारी ठिकानें, औद्योगिक घरानों के ऑफिस, सैनिक छावनियाँ हैं, जो जन के शोषण में आपाद डूबे हैं। जो सुरुचिपूर्ण, सुसज्जित दिखायी दे रहा है, वह मानवविरोधी कार्यकलापों में संलग्न है, जो भयंकर दिखायी दे रहा है, उसके 'तल-खोह-अँधेरे में सो रहे/ गृह-हीन कई प्राण।' यहाँ दो समानान्तर बिम्बों से जिस अन्तर्विरोधात्मक स्थिति को लेखक ने विडम्बना बोध के साथ उभारा है, वह कवि की क्षमता का भी परिचायक है, उसके दृष्टिकोण का भी। जो जन वहाँ सो रहा है, उसके साथ उसकी पोटलियाँ भी रहती हैं, जिसमें उसकी जरूरत का सारा संसार होता है। भौतिक समृद्धि की दृष्टि से उसका कोई मूल्य भले न हो, किन्तु वही दीनों की जरूरत भी होती है और वही उसका पूरा वैभव भी। ऐसे न जाने कितने दीन-

हीन पेड़ों, ब्रिजों, फुटपाथों पर हमें मिल जाते हैं। ये सामान्य दैनिक दृश्य-घटनाएँ मुक्तिबोध की कविता में अतिरिक्त विडम्बना निर्मित कर देती हैं। एक दूसरा बिम्ब इस तीखेपन को और भी उभार देता है। यह 'भयंकर बरगद' 'अन्धकार-स्तूप-सा' दिखायी पड़ता है। अन्धकार-स्तूप जनोपयोगी है और रोशनी में रहनेवाली शक्तियाँ षड्यन्त्र करती हैं। ये अँधेरे की दो समानान्तर स्थितियाँ भी बन जाती हैं। अन्धकार जो प्राकृतिक है और अन्धकार जो सत्ता-संस्थानों द्वारा निर्मित है। ये दोनों ही बिम्ब समानान्तर परिदृश्य निर्मित करने की अपनी क्षमता के कारण ही विशिष्ट बनते हैं। इस कविता को आज पढ़ते हुए मन में अनेक प्रश्न उठते हैं। आज जबकि काला और सफेद इतना स्पष्ट और समानान्तर नहीं रह गया है, उनकी आन्तरिकताएँ एक-दूसरे में घुस जा रही हैं, घुल-मिल जा रही हैं, एक-दूसरे को कई कोणों से काट रही हैं, तब अवधारणा की ऐसी समानान्तरता हमें गलत निष्कर्षों तक पहुँचा सकती है। आज सत्ता का चरित्र इतना विशाल और सर्वग्रासी हो गया है कि क्रान्ति और सामाजिक आन्दोलनों की कोख से पैदा हुई शक्तियाँ भी सत्ता तक पहुँचते ही सत्ता की उन्हीं नकारात्मकताओं का शिकार हो जाती हैं। झारखण्ड में शिबू सोरेन, बिहार में लालू प्रसाद यादव, उत्तर प्रदेश में मायावती, मुलायम सिंह यादव इस प्रवृत्ति के प्रतिनिधि चरित्र हैं। यह मुक्तिबोध के समय पनप रही अँधेरे की शक्तियों के दिनानुदिन और प्रबल होने के कारण है। मुक्तिबोध के समय से आज समाज और राजनीति सम्बन्धित प्रवृत्तियों का अनुपात अलग है, पर वह अपने मूल चरित्र में एक-सी ही बनी हुई है।

तथाकथित सफेदपोशों की दुनिया के बाहर जनसामान्य के बीच काव्यनायक को एक सिर-फिरा मिलता है। अगले ही बन्ध में जब दृश्य बदलता है, वह जागृत बुद्धि प्रतीत होने लगता है—

किन्तु, आज इस रात बात अजीब है।
वही जो सिर-फिरा पागल क़तई था
आज एकाएक वह
जागरित बुद्धि है, प्रज्वलत् धी है।

'आज' का प्रयोग कर कवि पूरे विवरण, तथ्य को सापेक्षिक बना देता है। प्रश्न है कि कल का सिरफिरा आज एकाएक बुद्धिमान क्यों हो गया? या कल वह पागल क्यों समझा जा रहा था? आजादी के ठीक बाद ऊपरी तौर से सामाजिक नैतिक दिखायी दे रहा था, परन्तु सत्ता के लिए जैसी छिछालेदर और उसूलों की हत्या हुई, वह किसी संवेदनशील, नैतिक व्यक्ति से छिपी न थी। सामान्य जनता, अपने भोलेपन आदि अन्यान्य कारणों से, इससे अनभिज्ञ थी। इसी कारण वह पहले से ही तथ्यों, सन्दर्भों को समझ चुके लोग को सिरफिरा समझती है। कालान्तर में जैसे-जैसे इन सत्ताधारियों के षड्यन्त्र सतह पर आने लगे, सामाजिकों को इनके ज्ञान का, बुद्धि का

औचित्य समझ आया। तब यह सिरफिरा बुद्धिमान प्रतीत होने लगता है। इस सिरफिरा समझे जानेवाले सामाजिक के संवेदनात्मक ज्ञान और आम जन की संवेदना में फर्क के कारण ही उसका गायन दूरागत लगता है। उसका गायन 'आत्मोद्बोधमय' है। ऐसे लोग की संवेदना उन्हें आत्मसाक्षात्कार के लिए प्रेरित भी करती है, विवश भी। यह आत्मोद्बोध समाज की प्रवृत्तियों की पहचान बताता है, जिससे सामाजिक दुष्प्रवृत्तियों को देख पाता है। 'क्या उसकी बुद्धि भी जग गयी!' में प्रश्न की शैली और विस्मयादिबोधक चिह्न का प्रयोग व्यतिरेक (कॉन्ट्रास्ट) में अपनी बात स्पष्टता के साथ उद्भाषित कर देते हैं। इस उक्ति के भी के दो स्वर हैं। यह काव्यनायक की बुद्धि के जागरण का भी पर्याय है। साथ ही यह, यह भी बताता है कि जागृति अभी सीमित और इंडीविजुएल स्तर पर ही है। वे असंगठित हैं, एकल हैं, पर अनेक हैं। ऊपर भी मैंने यह बात कही है। कविता के भीतर इस आत्मोद्बोधन की अभिव्यक्ति यह है—''करुणा रसाल वे हृदय के स्वर हैं/ गद्यानुवाद यहाँ उनका दिया जा रहा''। कविता के इतिहास में यह सम्भवत: पहला सन्दर्भ है, जहाँ कविता में भावों के गद्यानुवाद की बात की गयी है। यह काव्य संरचना में आ रहे व्यापक परिवर्तन का पर्याय तो है ही, कविता के क्षेत्र में मुक्तिबोध के समझ और केन्द्रीयता को भी प्रस्तावित करता है। आलोचकों ने कविता के गद्यात्मक होने की बात की है, परन्तु कविता के भीतर ऐसी स्वीकृति और अपने युगीन साहित्यिक प्रवृत्तियों के बदलाव की ऐसी काव्यात्मक अभिव्यक्ति का सम्भवत: पहला ही अवसर है। यह मेरी कम जानकारी और अध्ययन का भी मसला हो सकता है। यह गद्यानुवाद है—

ओ मेरे आदर्शवादी मन,
ओ मेरे सिद्धान्तवादी मन
अबतक क्या किया?
जीवन क्या जिया!!
उदरम्भरि बन अनात्म बन गये,
भूतों की शादी में क़नात-से तन गये,
किसी व्यभिचारी के बन गये बिस्तर,
दु:खों के दाग़ों को तमग़ों-सा पहना,
अपने ही ख़यालों में दिन-रात रहना,
असंग बुद्धि व अकेले में सहना,
ज़िन्दगी निष्क्रिय बन गयी तलघर,
अबतक क्या किया,
जीवन क्या जिया!!

आत्मसाक्षात्कार के सन्दर्भ में यह विश्लेषण बहुत आवश्यक है कि एक

सामाजिक के रूप में जिया गया जीवन कैसा है? यह प्रश्न पूछना अपने आप में बहुत खतरनाक है। इस पूरे उद्धरण में सिद्धान्तवादी और आदर्शवादी मन के समानान्तर जो अन्य विवरण हैं, वे भी गहरे अन्तर्विरोध का निर्माण करते हैं। यह जो समानान्तर काव्य विवरण है वह मध्यवर्गीय सामाजिकों की सुविधाभोगी, पलायनवादी, समझौतावादी प्रवृत्तियों का प्रतिबिम्ब है। इस वर्ग के सामाजिकों में दुखों से मुक्ति के प्रयास के स्थान पर दुखों को दिखाने और प्रलाप करने की प्रवृत्ति रहती है। असंगठित रहना, असंग रहना, अकेले रहना—ये सब भी इस वर्ग की प्रवृत्त्यात्मक विशेषता है। इन सब प्रवृत्तियों का सामूहिक प्रभाव है—'जिन्दगी निष्क्रिय बन गयी तलघर।' परन्तु यह जो आदर्शवादी, सिद्धान्तवादी मन है, वह इस प्रवृत्ति में अन्तर्विरोध उत्पन्न करता है। समाज में परिवर्तन का मुख्य आधार समाज के आन्तरिक अन्तर्विरोध होते हैं। ये अन्तर्विरोध पुराने मूल्यों के साथ नये मूल्यों के हो सकते हैं, सामाजिक के व्यक्तित्व के आन्तरिक अन्तर्विरोध भी हो सकते हैं। सम्भवतः इसी कारण माओ त्से तुंग ने कहा था—''अन्तर्विरोधों का विकास ही समाज को आगे बढ़ाता है, पुराने समाज की जगह नये समाज की स्थापना की प्रक्रिया को गति प्रदान करता है।'' पूरी मार्क्सवादी अवधारणा मध्यवर्गीय प्रवृत्तियों को हिकारत की नजर से देखती है। क्या मध्यवर्ग के आन्तरिक अन्तर्विरोध विकास की आधारभूमि निर्मित नहीं करेंगे? क्या समाज के सारे अन्तर्विरोध प्रगतिशील भूमिका निभाते हैं? निश्चितरूपेण नहीं। वैसे ही सामाजिकों, खासतौर से मध्यवर्गीय सामाजिकों, के भी सारे अन्तर्विरोध प्रगतिशील भूमिका नहीं निभा सकते। ऐसे प्रगतिशील अन्तर्विरोधों का निर्माण ही तब होगा, जब समाज और सामाजिक बौद्धिक और नैतिक दृष्टि से जागृत हों। काव्यनायक की तथा उसके जैसे अन्यों की जागृति इसी कारण महत्त्वपूर्ण है। यह जागृति भी अनेक स्तरीय होती है, हो सकती है। एक सामाजिक की वैयक्तिक निजी जागृति, दूसरे समाज की सामूहिक जागृति। जागृति के जो अर्थ हमने निर्मित किये हैं, उससे स्पष्ट है कि इस कविता के साथ 'निर्मित सांस्कृतिक-सभ्यताई यात्रा में' सामाजिक अभी वैयक्तिक स्तर पर ही जागृत है। अनेक जागृत व्यक्ति अलग-अलग पड़े हैं। इस निजी जागृति का एक लाभ यह है कि ऐसा सामाजिक समाज की रूढ़ियों, परम्पराओं, प्रवृत्तियों, संस्थाओं, आस्थाओं, विद्रूपों पर प्रश्न खड़े करता है। कविता का यह वक्तव्य इस दृष्टि से कितना महत्त्वपूर्ण है—

बताओ तो किस-किसके लिए तुम दौड़ गये,
करुणा के दृश्यों से हाय! मुँह मोड़ गये,
बन गये पत्थर,
बहुत-बहुत ज़्यादा लिया,
दिया बहुत-बहुत कम,

मर गया देश, अरे, जीवित रह गये तुम!!

इन पंक्तियों के सन्दर्भ में एक महत्त्वपूर्ण तथ्य यह भी है कि 'चाँद का मुँह टेढ़ा है' संकलन से रचनावली के पाठ में फर्क है। फर्क शब्दों से ज्यादा बन्धों के समायोजन में है। आदर्श समाज की स्थापना की यूटोपियाई अवधारणाओं में—वे चाहे मध्ययुगीन दार्शनिक सरणियाँ हों या आधुनिक युग की चिन्तनपरक सरणियाँ—सामाजिक की निजी महत्त्वाकांक्षाएँ, स्वार्थपरक प्रवृत्तियाँ रोड़े की तरह मानी गयी हैं। 'परम अभिव्यक्ति' कविता और समाज दोनों स्तरों पर यूटोपियाई आदर्श ही है। इसीलिए समाज से ज्यादा लेने, कम देने की प्रवृत्ति से राष्ट्र के मरने की बात कवि करता है। यहाँ के दो विस्मयादिबोधक चिह्न इस बात को भी सूचित करते हैं कि आम सामाजिक का जीवित रहना भी आश्चर्यजनक है। साथ ही यह अर्थ भी ध्वनित होता है कि जिन स्वार्थी तत्त्वों ने समाज का व्यापक अहित किया है, ऐसे स्वार्थी तत्त्वों को भी अबतक मर जाना चाहिए था। देश जैसी विराट अवधारणा का मर जाना और उसके समक्ष इंडीविजुएल जैसे लघु सत्ता का बचना, इस विस्मय को बढ़ा देता है। इस विस्मय का एक व्यंग्यार्थ यह भी है कि देश स्वतन्त्रता पाकर भी मर रहा है अर्थात् स्वतन्त्रता की अवधारणा और उससे उत्पन्न आकांक्षाएँ मर रही हैं। यह मरना वार्द्धक्य की भौतिक और स्वतः स्थिति नहीं है। कुछ लोग अपने निहित स्वार्थ के लिए उसे मार रहे हैं। ये सारे स्वार्थी सामाजिक 'तुम' के घेरे में आ जा रहे हैं। ये स्वार्थी जन लोक-हित-पिता को घर से निकाल रहे हैं, 'जन-मन-करुणा-सी माँ' को हकाल रहे हैं। माँ का बिम्ब भी सामान्य नहीं है। 'जन-मन-करुणा-सी' है। अपनी बिम्बात्मक विराटता के कारण 'माँ' भारत का भी पर्याय बन जाती है। इस दोहरे अर्थ के साथ व्यंग्य भी गहरा और दुहरा हो जाता है। पिता 'लो-हित' है, लहुलूहान है, माता निकाल दी गयी है। जैसे जन-मन ने करुणा को व्यक्तित्व और चरित्र से निष्कासित किया, वैसे ही, जो स्वार्थी लोग 'लेते बहुत ज्यादा हैं और देते बहुत कम', वे राष्ट्र-भारत रूपी माता को निष्कासित कर रहे हैं। भावनाओं से निष्कासित तो जन भी कर रहा है। सामान्य जन अभाव के कारण और स्वार्थी लोग स्वार्थ के वशीभूत राष्ट्र को मार रहे हैं। इस द्वन्द्व और स्वार्थ-स्तर में सारे आदर्श खो रहे हैं—

स्वार्थों के टेरियार कुत्तों को पाल लिया,
भावना के कर्त्तव्य-त्याग दिये,
हृदय के मन्तव्य-मार डाले!
बुद्धि का भाल ही फोड़ दिया,
तर्कों के हाथ उखाड़ दिये,
जम गये, जाम हुए, फँस गये,
अपने ही कीचड़ में धँस गये!!

विवेक बघार डाला स्वार्थों के तेल में
आदर्श खा गये!

ये जो आदर्श खो रहे हैं, वे मानवता के विकास के साथी और समानार्थी हैं। इन्हें मानवीय सभ्यता ने लम्बी यात्रा में पाया है। कोरी स्वार्थी बौद्धिकता के सहारे भावनात्मक संवेदना को मार डाला जा रहा है। समाज और सामाजिक के स्वस्थ विकास के लिए, मुक्तिबोध की शब्दावली में, संवेदनात्मक ज्ञान और ज्ञानात्मक संवेदना का तालमेल आवश्यक है। इसके बाद का बन्ध पहले की पंक्तियों के पुनर्प्रस्तुतिकरण जैसा है—"अबतक क्या किया,/ जीवन क्या जिया,/ ज़्यादा लिया और दिया बहुत-बहुत कम/ मर गया देश, अरे, जीवित रह गये तुम..." क्या कविता में इस शाब्दिक दुहराव को दोष मानकर छोड़ दिया जाए? लेकिन इन पुनरुक्त पंक्तियों को ध्यान से व्याख्यायित करने की आवश्यकता है। मैं साहित्यिक पाठ में विराम चिह्नों के महत्त्व को बहुत विशिष्ट मानता हूँ। उनमें अर्थ की सम्भाव्यता की अनेक कुंजियाँ होती हैं। पहले सन्दर्भ के 'जीवन क्या जिया' के बाद के दो विस्मयादिबोधक चिह्न यहाँ नहीं हैं। पहले सन्दर्भ में 'जीवित रह गये तुम' के बाद भी दो विस्मयादि बोधक चिह्न थे, यहाँ दूसरे सन्दर्भ में उनके स्थान पर तीन डॉट्स हैं। तात्पर्य यह कि पहला सन्दर्भ, जो सामाजिक धरातल पर घट रहा है, उस पर लेखक की तीव्र प्रतिक्रिया है, जबकि दूसरे सन्दर्भ में, भारतीय समाज और उसकी संरचनाओं की गहरी समझ के कारण, कवि की आशंका है कि ये प्रवृत्तियाँ आगे जारी रहेंगी। इस कविता के प्रकाशन के लगभग 52-53 वर्ष बाद आज मुक्तिबोध की आशंका ज्यादा सत्य और तथ्यात्मक दिखायी पड़ती है। मुक्तिबोध हमारे समाज को कितना बेहतर समझते थे, इसका इससे बड़ा प्रमाण और क्या होगा! यह पुनरावृत्ति, इस प्रवृत्ति के प्रति उनके क्रोध और समाज के प्रति उनकी भावुकता को भी प्रदर्शित करती है। जहाँ इनमें से एक हो, वहाँ भी यह दुहराव देखा जाता है, यहाँ तो दोनों ही प्रवृत्तियाँ अपना कार्य कर रही हैं। इस भावुकता और क्रोध में ही वे कहते हैं—'मेरा सिर गरम है,/ इसीलिए भरम है।' सन् 1940 ई. में 'कर्मवीर' में प्रकाशित एक लेख में मुक्तिबोध लिखते हैं—"जबतक हमें भविष्य-निर्माण के स्वप्न नहीं आते, तबतक हमारी कला और साहित्य कमजोर रहेगा।" सन् 1964 में जब यह कविता लिख गयी, राजनैतिक दृष्टि से भारत आजाद हो चुका था। किन्तु आजादी के बावजूद भविष्य निर्माण का स्वप्न पूरा नहीं हुआ। इस पूरी कविता में भविष्य निर्माण का यह स्वप्न अन्तर्वर्ती धारा के रूप में विद्यमान रहा है। उपरोक्त पंक्तियाँ भविष्य निर्माण के स्वप्न और तत्काल के भौतिक यथार्थ के तनाव का परिणाम हैं। भविष्य निर्माण के स्वप्न को स्वार्थी लोग ने तहस-नहस कर दिया है। कवि की सतर्क और जाग्रत बुद्धि तथा संवेदना ने इसे पकड़ा है। अमूमन तो आम जनता अपनी बेवकूफी तथा अज्ञान में ही

पम्परागत सामाजिक कुप्रथाओं और दुष्प्रवृत्तियों को ढोती रहती है। चूँकि काव्यनायक समझ रहा है, अतः उसका यह भ्रम भी बना हुआ है कि एक दिन परिवर्तन होगा। आज समाज और राजनीति की स्थिति देखते हुए परिवर्तन का स्वप्न भ्रम ही प्रतीत होता है। इन भविष्यधर्मी स्वप्नों के लिए ही, भविष्यधर्मी स्वप्नों में 'चलता है आलोचन'। यह गम्भीर स्थिति है, बेचैन करनेवाली है। तमाम समानधर्माओं को बेचैन करती है—

निजत्व-माफ़ है बेचैन
क्या करूँ, किससे कहूँ,
कहाँ जाऊँ, दिल्ली या उज्जैन?

यहाँ भी एक पाठान्तर है। 'मुक्तिबोध रचनावली' में यह पंक्ति इस प्रकार है—'निजत्व-भाफ है बेचैन'। स्वार्थी तत्त्वों, उनके चेहरों और कार्यों को नायक पहचानता है और अपने जैसों की बदहाली देखता है। तब उसमें रागात्मक और संवेदनात्मक ऊर्जा उत्पन्न होती है। यही नायक की बेचैनी का कारण है। 'क्या करूँ, किससे कहूँ, कहाँ जाऊँ' बेचैन मनःस्थिति को ही दर्शाता है। इसके साथ दिल्ली या उज्जैन अर्थ के विस्तार को प्रस्तावित करता है। दिल्ली भारत की राजनीतिक राजधानी है और उज्जैन एक धार्मिक नगरी भी है, साथ ही मुक्तिबोध यहाँ रहे भी थे आम जन के रूप में। इससे यह संकेत उभरता है कि सामाजिक, अपने अस्तित्व के लिए बुनियादी आवश्यकताओं (रोटी, कपड़ा, मकान, रोजगार आदि), सुरक्षा और उन्नति जैसे मूल्यों और भौतिक अवस्थाओं के लिए, राजनीति, धर्म और मध्यवर्गीय सुरक्षा की खोह के बीच फँसा है। इन राजनैतिक-धार्मिक (समाज सम्बन्धित) और निजी आवश्यकताओं के मध्य जकड़ा मनुष्य नैतिक और मानवीय सत्-उत्कृष्ट भावों से च्युत हो जाता है। इसीलिए उसका 'व्यक्तित्व अपना ही, अपने से खोया हुआ' है। व्यक्तित्व की यह सामूहिकता कितनी विशाल और विराट है कि काव्यनायक को उसे पूरी सभ्यता के भीतर खोजना पड़ता है। अपना खोया हुआ व्यक्तित्व अगर एक सामाजिक का है, तो उसके विस्तार की सीमा होगी। सीमा के बाहर जाने पर व्यक्तित्व विखण्डित हो जाएगा और लोग पागल के अतिरिक्त उसे कुछ भी नहीं कहेंगे। 'अपना' शब्द यहाँ ही नहीं, पूरी कविता में, मानव सभ्यता के अर्जित सत्-उत्कृष्ट बोध और भाव हैं, जो स्वार्थी तत्त्वों के कारण सभ्यता के दायरे से छिटक गये हैं, हाशिये पर पड़े हैं। इसी परम्परा के सन्दर्भ में काव्यनायक भविष्य का स्वप्न देखता है। खण्डित सामाजिक का व्यक्तित्व नहीं, मानवीय सभ्यता, उसके उच्च भाव हैं—'वही उसे अकस्मात् मिलता था रात में।' जो 'पागल था दिन में/ सिरफिरा विक्षिप्त मस्तिष्क', उसी के सन्दर्भ में काव्यनायक कहता है—

हाय, हाय!
—उसने भी यह क्या गा दिया,
यह उसने क्या नया ला दिया,
प्रत्यक्ष,
मैं खड़ा हो गया
किसी छाया मूर्ति-सा समक्ष स्वयं के
होने लगी बहस और
लगने लगे परस्पर तमाचे।

जब सामाजिक अथवा समाज का एक समूह जागृत और चेतना सम्पन्न होने लगता है, तब वह मानवीय सभ्यता द्वारा अर्जित ज्ञान और सत्-उत्कृष्ट भावों का पुनराविष्कार भी करता है। इस पुनराविष्कार की प्रकृति कुछ सामान्य विशेषताओं के बावजूद हर सभ्यता और समाज में अलग-अलग होती है। यूरोप का 'रेनसां' यूनानी और रोमन ज्ञान-दर्शन की पीठ पर आया, तो हिन्दुस्तानी, विशेष रूप से हिन्दी प्रदेश का जनजागरण एक ओर हिन्दू वेदान्त दर्शन, अद्वैत के साथ आया, जातीय भाषाओं के पुनराविष्कार के साथ आया तो दूसरी ओर मुसलमानों की जागृति सर सैयद अहमद खाँ के नेतृत्व में इस्लामिक ज्ञान और चेतना के आधार पर हुई। वैसे यह विभाजन इतना स्पष्ट और साफ भी नहीं है, क्योंकि जन की परिधि धर्म के आधार पर इतनी विभाजित कभी नहीं रही। फिर भी हिन्दी पट्टी में धार्मिक जनजागरण के ये दो स्पष्ट केन्द्र थे। इसके साथ ही नवीन तकनीक, प्रौद्योगिकी और ज्ञान का, पुराने ज्ञान, दर्शन और मानवीय सभ्यता के सत्-उत्कृष्ट भावों के साथ सामंजस्य ही विकास की अगली श्रेणी का निर्माण करता है। यह मानवीय सभ्यता के विकास की प्रक्रिया है। इसीलिए उसने जो गाया है, उससे कुछ नया आया है। यह जो नया आया है (विवेक, जागृति, पुनराविष्कार, परिस्थिति, ज्ञान, सम्भावना या सबका मिला-जुला कोई सन्दर्भ), उसमें काव्यनायक सदृश तमाम जागृत धी आकांक्ष्य मानवीय व्यवहार के समक्ष खुद को पाते हैं। यह पाना औचक या संघर्षहीन नहीं है। बहस और तमाचे नये को पाने के संघर्ष के ही प्रतीक हैं। नये को आत्मसात करने के क्रम में वह पुरानी परिस्थितियों की पुनर्परीक्षा जैसा भी करता है—

गलियों में अन्धकार भयावह—
मानो मेरे कारण ही लग गया
मॉर्शल-लॉ वह,
मानो मेरी निष्क्रिय संज्ञा ने संकट बुलाया

काव्यनायक और उसके जैसे तमाम जागृत लोग अन्धकार को पहचान गये हैं, तो अन्धकार उत्पन्न होने की परिस्थितियों का भी कुछ-कुछ भान उन्हें होता है। जब

यह पहचान नहीं थी, तब वे भी अन्य नागरिकों की तरह सुषुप्तावस्था में थे। इससे समाज के स्तर पर प्रतिरोधहीनता का जन्म होता है। सुषुप्तावस्था और प्रतिरोधहीनता ही शासकों और शोषकों के लिए निर्विघ्न, निष्कंटक व्यवहार का मार्ग प्रशस्त करते हैं। शासकों का व्यवहार तानाशाहों जैसा होने लगता है। यह तानाशाही जनता को और भी कायर तथा निष्क्रिय बनाती है। इस निष्क्रियता ने समाज के स्तर पर उन्हें निर्भय भी बनाया है। यह निर्भयता शुतुर्मुर्गी निर्भयता है। शासक वर्ग बदस्तूर शोषण करता रहता है, जनता खुशख्याली में मग्न रहती है। सामान्य जन की जागृति इन्हें नागवार गुजरती है। वृत्त पर दौड़ती इन दोनों प्रवृत्तियों में कौन किसके पीछे पड़ी है, इसका ज्ञान भी मुश्किल है। इसीलिए 'चक्र से चक्र लगा हुआ है...'।

काव्यनायक उस 'बरगद के पास खड़ा' है, जो सभी उपेक्षितों, वंचितों का घर है। अपनी इंडीविजुएलिटी को जब वह मानव सभ्यता और सामान्य जन के साथ घुला देता है या घुलाने लगता है, तब उसकी नींद खत्म हो जाती है। जब बाहरी दुनिया का द्वन्द्व भीतरी दुनिया के द्वन्द्व का उत्प्रेरक बनता है, तब समाज में सकर्मक व्यवहार, घटनाएँ, क्रियाएँ जन्म लेती हैं। द्वन्द्व निजी दुविधा, परेशानी के कारण हो, तो वह अवसाद उत्पन्न करता है, सामाजिक को धार्मिक-आध्यात्मिक बनाता है, रुग्ण बनाता है। काव्यनायक की सक्रियता और व्यवहार उसकी सार्वजनिक सकर्मकता का ही वाचक है। ऐसी सकर्मकता ही काव्यनायक को अपने खोह से बाहर निकाल उपेक्षितों, वंचितों से जोड़ती है—

मेरा यह चेहरा
धुलता है जाने किस अथाह गम्भीर, साँवले जल से,
झुके हुए गुमसुम टूटे हुए घरों के
तिमिर अतल से
धुलता है मन यह।

'धुलता' शब्द रचनावली से लिया गया है। अन्यथा संग्रह में 'घुलता' शब्द है। अर्थ की दृष्टि से भी धुलता ही ठीक है। अथाह, गम्भीर, साँवला जल परम्परा प्राप्त मानवीय संस्कार और विवेक हैं। शताब्दियों की यात्रा एक-सी स्वच्छ नहीं रही है। रूढ़ियाँ, नकारात्मक तत्त्व इन्हें दूषित करते रहे हैं। इस दूषण से यह साँवलापन आया है, परन्तु शताब्दियों-सहस्राब्दियों की यात्रा उसे गम्भीर और अथाह भी बनाती है। मानवीय सभ्यता के विकास के इतिहास को गौर से देखने पर यह स्पष्ट होता है कि समय-समय पर युगीन परिस्थितियों और तत्समय तक के विकास के आलोक में इसका परिमार्जन-संवर्द्धन भी होता रहा है। उपर्युक्त काव्य-पंक्तियाँ इस पूरी प्रक्रिया का काव्यात्मक संस्करण हैं। साथ ही यहाँ यह भी द्रष्टव्य है कि जन के पास पहुँचकर भी वह जन-भावनाओं का प्रतिनिधि नहीं है। जन से उसका एकमेक जुड़ाव नहीं

हुआ है। पूर्ण जुड़ाव नहीं है, पर जुड़ने की तीव्र आकांक्षा है। इसी कारण काव्यनायक मानवीय सभ्यता से प्राप्त ज्ञान में आए साँवलेपन को दर्शन और विचार से साफ करने की कोशिश नहीं करता। वह जन की दुरावस्था के समाज और राजनीति सम्बन्धी कारणों की खोज करता है। चूँकि परम्परागत रूढ़ियाँ भी सामाजिकों के लिए बोझ का ही काम करती हैं, इसीलिए यह सामाजिक-राजनैतिक-आर्थिक-धार्मिक-परम्परागत जीवन काव्यनायक को संवेदित कर रहा है। इस संवेदना को ही वह समाज में जागृति का आधार बना रहा है।

उपरोक्त वर्णित विकास की प्रक्रिया के कारण ही कवि विपरीत से विपरीत स्थितियों में भी निराशावादी नहीं होता। कवि अथवा काव्यनायक का आशावादी दृष्टिकोण, अन्धकार की सघन कालिमा में भी, जीवन के शुभ्र, मोहन सत्वों को खोज लेता है। ये तत्त्व जीने के तई नयी ऊष्मा देते हैं। 'रात्रि के श्यामल ओस से क्षालित' जो कुछ शुभ्र बचता है, वह मोहन है, गुरु-गम्भीर है। इसकी महानता और गाम्भीर्य के औदात्य की खुशबू सर्वत्र फैलती है। इस अँधेरे में, अँधेरे की सघनता के बावजूद, जो मानवता के शुभ्र और कोमल भावों की खुशबू फैल रही है, प्रसंगतः अन्धकार की सघनता के कारण उसका स्रोत ज्ञात नहीं हो पा रहा है—

मानो खण्डहर-प्रसारों में उद्यान
गुलाब-चमेली के, रात्रि-तिमिर में,
महकते हों, महकते ही रहते हों हर पल।
किन्तु वे उद्यान कहाँ हैं,
अँधेरे में पता नहीं चलता।

मानवता के शुभ्र, उदार, शुचि गुणों से संवेदित काव्यनायक में अन्धकार के प्रति, अशोभन के प्रति और ज्यादा छटपटाहट उत्पन्न होती है। पाँचवे खण्ड की शुरुआत में काव्यनायक कहता है कि एकाएक उसे एहसास होता है कि पीछे से किसी अजनबी ने कन्धे पर हाथ रखा है। काव्यनायक में भयमिश्रित चौंक कौंधती है। सहसा वह पाता है कि वह कोई नहीं, केवल एक पत्ता है—

चौंकता मैं भयानक
एकाएक थरथर रेंग गयी सिर तक,
नहीं, नहीं। ऊपर से गिरकर,
कन्धे पर बैठ गया बरगद-पात एक।

परिवेश निर्मित करना मुक्तिबोध की कविताओं की विशिष्ट विशेषता है। यह उनकी काव्यात्मकता का अविभाज्य अंग है। इसी कारण कुछ विद्वान इनकी कविताओं में नाटकीयता की झलक पाते हैं। यह नाटकीयता के तत्त्व से ज्यादा परिवेश निर्मित करना है। ये दोनों पृथक् हैं, क्योंकि निर्मित परिवेश के माध्यम से कवि काव्यनायक

की संवेदना का ठोस जागतिक यथार्थ से सायुज्य सम्बन्ध विकसित करता है या करने की कोशिश करता है। परिवेश की भूमिका को अगर हम नकार देंगे, तो भौतिक संसार से कविता विलग हो जाएगी और ऐसी ही स्थिति में मुक्तिबोध द्वारा निर्मित भाषा और संरचना में यह दिमागी फितूर, काल्पनिक संसार प्रतीत होने लगेगी। उनकी कविता मनोवैज्ञानिक अस्तित्ववादी कविता प्रतीत होने लगेगी। परिवेश और उसका व्यापक बोध, स्वीकार ही इस तरह के व्यवधानों से कविता को बचाता है। इसी कारण 'अँधेरे में' कविता ठोस भौतिक यथार्थ के साथ नाभिनाल जुड़ी रह पाती है अन्यथा ये आरोप उचित ही होते। इस सम्बन्ध के विकास के बिना, अगर नाटकीयता को एक काव्यात्मक उपकरण के रूप में इस्तेमाल किया जाएगा, तो वह हास्य या विद्रूप की मात्र सरलीकृत स्थितियाँ होंगी। नाटकीयता, कभी-कभी, इस परिवेश निर्माण में एक तत्त्व का कार्य करती है।

उपर्युक्त पंक्तियों को कविता के अबतक के विकास के साथ मिलाकर ही देखना होगा। काव्यनायक अपनी अतिरिक्त संवेदनाशीलता के कारण और मानवता के सत्-उत्कृष्ट भावों के प्रति निष्ठा के कारण, उन्हीं भावों को खोजता हुआ, जब बरगद के नीचे आम जन के पास पहुँचता है, तो उसमें एक अतिरिक्त संवेदनात्मक झनझनाहट और ऊर्जा भी रहती है। इस ऊर्जा के कारण ही वह अपने मध्यवर्गीय सुविधाभोगी खोल को तोड़ पाता है या तोड़ने की निरन्तर कोशिश करता रहता है। साथ ही वह शोषण, अन्याय, अत्याचार, षड्यन्त्रों के कई मोड़, स्तर, चेहरे देखता हुआ आया है। इन दोनों ने मिलकर उसमें एक रोमांच भाव का निर्माण किया। इस रोमांच के कारण छोटी-से-छोटी स्थिति भी, छोटी-से-छोटी घटना भी सामाजिक को बहुत बड़ी प्रतीत होती है। बरगद के पत्ते के गिरने से भी वह अतिरिक्त रूप से रोमांचित हो जाता है, भयभीत हो जाता है। उसमें अन्यार्थ की खोज करने लगता है—"क्या वह संकेत, क्या वह इशारा?/ क्या वह चिट्ठी है किसी की?/ कौन-सा इंगित?" आगे वह कहता है—

भागता मैं दम छोड़,
घूम गया कई मोड़!!
बन्दूक़ धाँय-धाँय
मकानों के ऊपर प्रकाश-सा छा गया गेरुआ।
भागता मैं दम छोड़
घूम गया कई मोड़।

रोमांच की चरम अवस्था में पत्ते का गिरना उसे सामान्य नहीं प्रतीत होता। उसे यह किसी अनहोनी का विशिष्ट संकेत लगता है, तो इसका कारण भी कविता में पहले के दृश्यों में ही खोजा जा सकता है या खोजा जाना चाहिए। जब वह अपने

संस्कारों के मध्यवर्गीय खोल में कैद था, अपने जैसों से अलग-थलग एकान्त कमरे में था, तब उसने भी षड्यन्त्रकारियों को देखा था और षड्यन्त्रकारियों ने भी उसे देखा था। उसे मारना भी चाहा था। वह तब भी भागा था। अतिरिक्त संवेदनात्मक ऊर्जा और आशंका के कारण अब भी भागता है। ज्ञान और सम्बन्ध के अभाव में गिरा पत्ता भी षड्यन्त्रकारी दल का सदस्य ही प्रतीत होता है। यहाँ एक और बात द्रष्टव्य है। पूरी-पूरी पंक्तियाँ पुनः दुहरायी गयी हैं। फिर से इनका अर्थ ग्रहण करने के लिए हमें विराम चिह्नों की ही सहायता लेनी होगी। पहले का अतिरिक्त विस्मय ज्ञान और जानकारी के अभाव को सन्दर्भित है तो दूसरे का पूर्णविराम यह दर्शाता है कि उसे अब ज्ञात है कि यह पत्ता किसी अन्यार्थ का संकेत नहीं है। सहज गिरा पत्ता है। यह जानकारी क्षणिक सुकून दे सकती है। इससे सामाजिक की जिन्दगी में दीर्घकालिक निर्भयता नहीं आ सकता, क्योंकि अन्यायी और शोषणधर्मी शक्तियों से तो संघर्ष अभी प्रारम्भ भी नहीं हुआ, उनके पराजित होने की बात तो दूर है। जबतक षड्यन्त्रकारी ताकतें खत्म नहीं होंगी, तबतक सच्चे अर्थों में लोकतन्त्र की स्थापना नहीं होगी। तबतक निर्भयता पायी भी नहीं जा सकती। इसीलिए जहाँ एक ओर वह अपने जैसों की खोज कर रहा है, वहीं दूसरी ओर वह षड्यन्त्रकारियों, शोषकों और उनके विभिन्न गुर्गों से बचने का लगातार प्रयास भी कर रहा है।

वह पूरी पृथ्वी और आकाश घूम गया अर्थात् अँधेरा और उसकी नियामक शक्तियाँ एक वैश्विक फेनोमिना है। इसीलिए तमाम जगहों पर षड्यन्त्रकारी, शोषक पहले से ही विद्यमान हैं। 'राम की शक्तिपूजा' में भी आकाश तत्त्व (शक्ति) और शक्ति के अन्तर से शिव तथा धरती तत्त्व रावण एक हो गये थे। तभी राम कहते हैं- 'अन्याय जिधर है उधर शक्ति' ये दोनों अन्याय के प्रतीक बनते हैं और इस संगठित अथवा सम्मिलित अन्याय के समक्ष राम हारते से प्रतीत होते हैं। वहाँ राम के पास तो एकादश रूद्रावतार का सहारा था, परन्तु 'अँधेरे में' के नायक का सहाय्य कौन है? जनता संगठित होकर खुद ही एक-दूसरे की सहायक हो सकती है। किन्तु अभी वह संगठित नहीं है। भय की एक वजह निश्चितरूपेण उनका असंगठित, एकान्तिक और अलग-अलग होना है। वह भागता हुआ 'किसी एक मुँदे हुए घर की' सीढ़ी पर सिर पकड़कर बैठ जाता है। इतनी भाग-दौड़ के बाद जब वह बैठता है, तो शान्ति के कुछ क्षणों में घटनाएँ भँवरों के समान चक्कर लगाने लगती हैं—''भँवरों के गोल-गोल केन्द्र में दीखा/ स्वप्न सरीखा।'' यहाँ एक और महत्त्वपूर्ण संकेत है। वह स्वप्न नहीं है, स्वप्न सरीखा है अर्थात् स्वप्न और यथार्थ के बीच की स्थिति है। दूसरे, क्रिया के धरातल पर यह निन्द्रा के बीच होनेवाला कार्य-व्यापार नहीं है। पूरी पृथ्वी, आकाश भाग चुका काव्यनायक जब बैठता है तो दिमाग में बन रहे भँवरों और चक्करों में यह स्वप्न सरीखा दृश्य उभरता है कि 'भूमि की सतहों के बहुत-बहुत नीचे/ अँधियारी

एकान्त' में एक प्राकृतिक गुहा है। ऊपर से देखने पर तो ऐसा प्रतीत होता है कि काव्यनायक मानसिक द्वन्द्वों का चित्र प्रस्तुत कर रहा है, किन्तु यह गम्भीर भौतिक स्थितियों पर क्षणिक प्रतिक्रिया मात्र है। जो सामाजिक धरती और आकाश भाग चुका हो, उसका व्यथित होना, अस्वाभाविक भी नहीं है। तब यहाँ गहरा अन्तर्विरोध इस तथ्य के कारण उभरता है कि क्या भौतिक रूप में धरती और आकाश भागा जा सकता है? निश्चितरूपेण नहीं। यह अनुभव की विशदता का अभिव्यंजनार्थ है। उस 'विस्तृत खोह के साँवले तल में/ तिमिर को भेदकर चमकते हैं पत्थर'। विहंगावलोकन में यह कोई स्वप्नों की दुनिया प्रतीत होती है या जादू की या कोई परीलोक। इसमें प्राकृत जल का आवेग है, चमकते रत्नों की अग्नियों से फिसलकर लहरें बहती हैं, रत्नों की रंगीन आभा से 'खोह की बेडौल भीतें हैं झिलमिल!' अगर इसको अवचेतन की क्रियाओं का प्रतीक माना जाए, तो दिक्कत वही है, जिसकी ओर पहले इशारा किया गया है। एक ओर यह परिवर्तन और क्रान्ति के लिए आवश्यक मानसिक दृढ़ता को खण्डित कर देगा, दूसरी ओर क्रोध और क्षोभ को विरेचित कर देगा। साथ ही मानसिक अवसाद भी निर्मित कर सकता है। मैंने पहले ही यह भी कई बार कहा है कि यह यात्रा है—पूरी सभ्यता की। इस यात्रा के न तो नियम तय हैं और न निष्कर्ष। ऐसी स्थिति में काव्यनायक प्रत्येक विकल्प पर विचार करता है। वास्तव में अबतक आलोचकों ने जो अर्थ ग्रहण किया है, मुझे तो अर्थ उसके विपरीत दिशा में जाता दिखायी देता है। काव्यनायक एक ओर मानवता के सत्-उत्कृष्ट भावों की खोज कर रहा है, तो दूसरी ओर वह उसको क्षरित करनेवाले तत्त्वों की भी खोज कर रहा है। मानवीय सभ्यता में उत्कृष्ट, उदात्त-उद्दाम भावों को मानसिक धरातल पर कैदकर या उसको वहाँ अवस्थित बताकर मानवता का अहित ही किया जाता है। सामाजिकों को उनकी एकान्तिक दुनिया में कैदकर दिया जाता है। इस प्रकार के एकान्त में कैद सामाजिक केवल 'उदरम्भरि' बनता है, स्वार्थी रहता है। इस रूप में कविता में यह दृश्य नहीं, प्रतिदृश्य निर्मित करता है, जो यथार्थ को प्रस्तुत नहीं करता, अयथार्थ के प्रति आगाह करता है। इसीलिए वह कहता है कि 'दीप्ति में वलयित रत्न वे नहीं हैं/ अनुभव, वेदना, विवेक-निष्कर्ष,/ मेरे ही अपने यहाँ पड़े हुए हैं'। अगर सामाजिकों के विकास के सभ्यताई अनुभव, वेदना, विवेक, निष्कर्ष कैद हो जाएँ, वे उनसे च्युत, हीन हो जाएँ, तो मनुष्य और पशुओं में कोई भी भेद नहीं रह जाएगा। पशुता के चिह्नों को क्रमश: छोड़ते हुए, जिस सभ्यता का विकास हमने शताब्दियों-सहस्राब्दियों के संघर्ष के उपरान्त किया है, वही खण्डित हो जाएगा। इसको पहचान कर काव्यनायक खुश नहीं होता—'हाय, हाय! मैंने उन्हें गुहा-वास दे दिया'। हाय-हाय विलाप की शैली है। स्वप्न सरीखे दृश्य के लिए विलाप क्यों? वैसे भी विलाप दुख की चरमावस्था को प्रदर्शित करता है। तो, अनुभव, वेदना, निष्कर्ष, विवेक के गुहावासी

कर दिये जाने पर वह विलाप करता है। उसका यह विलाप या दुख ही मानसिक या अवचेतन वाले आलोचकीय तर्कों की असंगति उभार देता है। आगे काव्यनायक कहता है—

लोक-हित क्षेत्र से कर दिया वंचित
जनोपयोग से वर्जित किया और
निषिद्ध कर दिया
खोह में डाल दिया!!
वे ख़तरनाक थे,
(बच्चे भीख माँगते) ख़ैर...
यह न समय है,
जूझना ही तै है।

स्पष्ट है कि किसको जनोपयोग से वर्जित किया जा रहा है (?)—मानवता के अनुभव, वेदना, विवेक, निष्कर्ष को। इस सन्दर्भ में डा. नन्दकिशोर नवल का मत भी द्रष्टव्य है। वे कहते हैं कि "वस्तु स्थिति यह है कि रक्तालोक स्नात पुरुष न कोई रहस्यात्मक सत्ता है, न वह काव्यनायक की अस्मिता है। कविता में इस बात के स्पष्ट संकेत हैं कि वह मजदूर है और मजदूरों की संगठित शक्ति और सर्वहारा चेतना का प्रतीक है। फासिस्ट हुकूमत में उसे गोलियों से जख्मी ही नहीं किया गया है, बल्कि जेल में भी डाल दिया गया है, जिस 'गुहा' में वह बन्द है, वह वस्तुतः जेल है। लेकिन चूँकि फासिस्ट हुकूमत के लिए भी मजदूर-वर्ग को खत्म करना असम्भव है, वह जेल के बाहर भी दिखायी पड़ता है।" डॉ. नवल के इन तर्कों का कविता के साथ तालमेल नहीं बैठ पाता। डा. नवल की मानें तो नायक खुद को ही जेल में बन्द कर लेता है—'हाय, हाय,! मैंने उन्हें गुहा वास दे दिया।' वस्तुतः यहाँ समस्या मैंने तथा उन्हें जैसे सर्वनामों के कारण उत्पन्न होती है। अगर 'उन्हें' को नायक से पृथक् कोई सत्ता मानें, तो नायक के चरित्र के मायने ही बदल जाते हैं। यह सत्ता मानवता के सत्-उत्कृष्ट भावों की है। मुक्तिबोध इस कविता में, सभ्यता की जो यात्रा पूरी करते हैं, उसके व्यापार का केन्द्र समाज, सामाजिक और उनके बीच का कॉमन स्पेस है।

इस प्रसंग में एक और भी अर्थ की सम्भावना बनती दिखायी देती है। ऊपर जब वह जान जाता है कि मानवों के अर्जित अनुभवादि 'विस्तृत खोह के साँवले तल में' पड़े हैं, तो वह विलाप की शैली में इस बात पर भी पछताता है कि उसे अबतक यह क्यों नहीं दिखा? कवि का संकेत यह नहीं कि वे थे ही नहीं। वे थे, परन्तु अन्यान्य कारणों से काव्यनायक की संवेदना से दूर पड़े थे। इस कारण न वे जनोपयोगी हो सके और न ही लोक-हित में इस्तेमाल हो सके। मानवता के संघर्ष और प्रतिरोध

से अर्जित भाव, अनुभवादि खतरनाक थे, क्योंकि अगर वे खोह से निकलकर जनता के उपयोग में आ सकते, तो ये जनक्रान्ति के माध्यम बनते। इनके सहारे 'मॉर्शल लॉ' जैसी स्थितियों से जनता संघर्ष करती, अपनी मुक्ति का मार्ग प्रशस्त करती। परन्तु इन भावों और संघर्ष क्षमता को खोह में डाल दिये जाने के कारण बच्चों तक में भीख माँगने अर्थात् गुलामी या गुलाम मानसिकता स्वीकारने की प्रवृत्ति उभरती है। इसीलिए ये भाव सकारात्मक रूप से, मानवता के विरोधियों के लिए खतरनाक हैं। यहाँ द्रष्टव्य है कि कवि समाज के प्रति अपनी जिम्मेवारियों का कितनी ईमानदारी से निर्वाह कर रहा है। 'खैर...' शब्द के माध्यम से वह एक झटके में पुराने सारे पश्चाताप की स्थितियों से खुद को बाहर निकाल लेता है। भाव यह है कि जो हो गया, सो हो गया, अब उस पर पछताने से कोई फायदा नहीं। इसके बाद वह संघर्ष का संकल्प लेता है—'जूझना ही तै है।'

इस संकल्प के साथ 'सीन बदलता है'। यह नाटक के दृश्यावतरण मात्र-सा नहीं है। अबतक काव्यनायक और सामाजिक संकल्प-विकल्प के बीच झूल रहे हैं। अब वे तय करते हैं कि स्थितियों से जूझे बिना परिवर्तन असम्भव है, बदलाव और क्रान्ति के स्वप्नों का पूरा होना असम्भव है। इस संकल्प के साथ दृश्य का बदलना महत्त्वपूर्ण है। अभी तक तो वे बच निकलने के चोर रास्तों की तलाश या जुगत में थे। इसीलिए वे इतना ठोस संकल्प नहीं ले पा रहे थे। वैसे भी क्रान्तियों के मनोविज्ञान और मेथेडोलॉजी पर गौर किया जाए, तो यह स्पष्ट भाषित होता है कि दुनिया की किसी भी जाति में क्रान्ति स्वयं प्रथम विकल्प नहीं होती। प्रत्येक जाति पहले अन्य विकल्पों के साथ रहती है, उसे खोजने की कोशिश करती है। जब सारे रास्ते बन्द हो जाते हैं, तब वह क्रान्ति का मार्ग अख्तियार करती है। इस दृढ़ निश्चय के कारण काव्यनायक या सामाजिक निर्भय तो नहीं होते। हाँ, क्रान्ति के लिए कृत संकल्पित होने से, विरोधी ताकतों, भावों, संरचनाओं के भीतरी अन्तर्विरोधों, द्वन्द्वों के साथ ही अपने पक्ष के साथी भी ज्यादा स्पष्टता से प्रत्यक्ष होने लगते हैं। इन सन्दर्भों के कारण दृश्य बदल जाता है। इस बदले लक्ष्य में जनविहीन (सुनसान) चौराहा साँवला फैला है, चौराहे के बीच में गेरुआ घंटाघर है, घंटाघर का गुम्बद बुजुर्ग और कत्थई है, इस घंटाघर अथवा नगर अथवा देश की साँवली हवाओं में काल टहलता है। ऐसी विषम स्थिति में गुम्बद के चारों ओर जो चार घड़ियाँ हैं, वे पीली (रुग्ण) हैं और चार घड़ियों की मिनट की सूइयों की चार अलग गतियाँ हैं—

चार अलग कोण,
कि चार अलग संकेत।

इन विसंगतियों का परिणाम है—'मनस् में गतिमान् चार अलग मतियाँ'। संरचना के धरातल पर यह देखना दिलचस्प है कि यह पंक्ति कोष्ठक में है। इस समय के

पूरे विवरण के साथ इस पंक्ति का मेल भी नहीं है। सम्भवत: इस पूरे विवरण में यह कवि का मुख्य कथ्य है। इस कोष्ठक के बिना अर्थ सन्दर्भण में समस्या होगी, यही सोचकर कवि ने इसे काव्यविवरण से अलग कर दिया है। खैर, ये समस्त विवरण स्थितियों की असंगति और भयावहता को दर्शाते हैं। ये स्थितियाँ समाज सम्बन्धित, आर्थिक, राजनैतिक, सांस्कृतिक सभी प्रकार की हैं। ये असंगतियाँ भी सामान्य कोटि की नहीं हैं। ये असंगतियाँ समाज सम्बन्धी सन्दर्भों को बदरंग कर रही हैं, नागरिकों के क्रोध को या तो खत्म कर रही हैं या धुँधला दे रही हैं। ये असामान्य स्थितियाँ सत्ता की सनातनता और आधुनिकता के साथ विकसित हो रही असंगतियों का नतीजा हैं। सत्ता और उसकी सहयोगी संस्थाओं का चरित्र चिरकाल से वैसा ही है। ये 'बुजुर्ग गुम्बद' और 'घड़ियाँ' ऐतिहासिक दृष्टि से दो अलग-अलग समयों की अवधारणा प्रस्तुत करती हैं। युग बदल गया, शासनतन्त्र का ढाँचा बदल गया, समाज के ढाँचे की ऊपरी संरचनाएँ बदल गयीं, परन्तु उसकी आन्तरिक संरचना या प्राणवायु नहीं बदली। सम्भवत: इसी कारण 'साँवली हवाओं में काल टहलता है।' हवाओं का साँवलापन एक स्तर पर प्रदूषण है, तो दूसरे स्तर पर काल का विस्तार भी तो है। समय के व्यापक विस्तार में सत्ता और उसकी संस्थाओं की एक सी प्रकृति ने ऐसा भयावह सन्दर्भ विकसित किया है कि चार घड़ियों के चार मिनट की सूइयों की गतियाँ अलग हैं। ये चार सूइयाँ अलग संकेत कर रही हैं। यह विभेदकारी है। इसीलिए सामाजिक के मस्तिष्क में चार अलग मतियाँ हैं। अगर ये संस्थाएँ (मतियाँ) एक दिशा में गतिशील हों, तो समाज और सामाजिक दोनों प्रगति, उन्नति के मार्ग पर अग्रसर होंगे। ऐसा न होने पर—'खम्भों पर बिजली की गरदनें लटकीं' हैं। स्थिति की भयावहता है—

शर्म से जलते हुए बल्बों के आस-पास
बेचैन ख़यालों के पंखों के कीड़े
उड़ते हैं गोल-गोल
मचल-मचलकर।
घंटाघर तले ही
पंखों के टुकड़े बीट व तिनके।

यह सामान्य, रोजमर्रापरक भौतिक दृश्य का काव्यात्मक संस्करण है। डिम लाइट में जलता स्ट्रीट बल्ब एक सामान्य भौतिक सच है। यह दृश्य काव्य परिदृश्य का अंग बनता है—'शर्म से' के कारण। शर्माना मानवीय व्यवहार है। कविता में यह मानवीकरण नहीं है, व्यवहार का आरोपण है। इस बारीक भेद को छोड़ दिया जाये, तो मुक्तिबोध का लक्ष्यार्थ भी छूट जाता है। उपर्युक्त समाज सम्बन्धी जिन राजनैतिक, आर्थिक आदि स्थितियों की बात की है मैंने, वे चालित चाहे जिसके द्वारा होती हैं

(पूँजीपति या राजनेता या विभिन्न संस्थान या सबके सम्मिलित गठजोड़), परन्तु उनकी क्रियाओं का आत्यन्तिक प्रभाव तो सामान्य जनता ही झेलती है। घंटाघर जिस सत्ता-शासन का प्रतीक हो, परन्तु उसके नीचे तो 'पंखों के टुकड़े बीट व तिनके' ही हैं। परिणाम यही है। अब इसे संगीन परिणाम मानें, दुरावस्था मानें या मृत्युधर्मी स्थितियाँ मानें। इन स्थितियों-परिस्थितियों पर निगाह रखनेवाले इसी 'गुम्बद-विवर में बैठे हुए बूढ़े/ असम्भव पक्षी' हैं, जो 'बहुत तेज़ नज़रों से देखते हैं सब ओर'। काव्यविवरण से स्पष्ट है कि यह सामान्य पक्षी नहीं, जिनके बीट, पंखों के टुकड़े व तिनके सत्ता केन्द्रों के तल में बिखरे पड़े हैं। यह घंटाघर के गुम्बद विवर में बैठे अर्थात् समय की नब्ज पहचान कर उसका फायदा उठानेवाले चालाक और धूर्त सत्ताधारी लोग हैं। इनकी चालाकियाँ और धूर्तताएँ इतनी गहरी और मनुष्यता की चाशनी में भींगी होती हैं कि उसे पहचान पाना भी मुश्किल ही है। काव्यनायक और कवि पहचानते हैं, अपनी संवेदना और अपने विचार की गहराई के कारण। अन्यथा इन सत्ता संस्थानों के 'इरादे/ भयानक चमकते।' ये जनता पर निगाह सिर्फ उनकी उपस्थिति में ही नहीं रखते हैं। वे निगाह तब भी रखते हैं, जब चौराहा सुनसान अर्थात् जनविहीन होता है। जनविहीनता जन शून्यता का पर्याय नहीं, क्योंकि गति और रफ्तार भले ही बिखरे हों, कम हों, पर हैं। सत्ता प्रत्यक्ष और अप्रत्यक्ष सभी स्थितियों पर नजर रखती है, रखना चाहती है। तभी तो उसके विस्तार और प्रभाव की पहुँच व्यापक है—'गश्त में घूमती है कोई दुष्ट इच्छा।' हम अपने परम्परागत बोध से जानते हैं कि कुछ सन्दर्भ असीमता के पर्याय होते हैं। ईश्वर, लीला, प्रकृति, इच्छा आदि ऐसे ही सन्दर्भ हैं। सत्ता और उसके केन्द्रों की इच्छा और ताकत कितनी असीम होगी, इसको तब हम आसानी से समझ जाते हैं, जब सत्ता के न्यूनतम इकाई को भी ऐसा ऐंठा हुआ पाते हैं—

भयानक सिपाही जाने किस थकी हुई झोंक में
अँधेरे में सुलगाता सिगरेट अचानक
ताँबे से चेहरे की ऐंठ झलकती।

यह ऐंठ निश्चितरूपेण सत्ता के साथ जुड़ाव की है। यह न्यूनतम इकाई, जिनका मातहत है, उनके सामने चाहे भुनगा हो, परन्तु आम जनता के लिए तो सत्ता ही है। जब सत्ता की न्यूनतम इकाइयाँ भी कुछ अप्रत्याशित घटने का संकेत करने लगें, तो स्थितियों की भयावहता को आसानी से पकड़ सकते हैं—

पथरीली सलवट
दियासलाई की पल-भर लौ में
साँप-सी लगती।
पर, उसके चेहरे का रंग बदलता है हर बार,

मानो अनपेक्षित कहीं न कुछ हो ...
वह ताक रहा है—
संगीन नोकों पर टिका हुआ
साँवला बन्दूक़-जत्था
गोल त्रिकोण एक बनाये खड़ा जो
चौक के बीच में!!
एक ओर
टैंकों का दस्ता भी खड़े-खड़े ऊँघता,
परन्तु अड़ा है!!

सत्ता के निकट होने से जो एक किस्म का अहंकार विकसित होता है, वह एक स्थायी भाव निर्मित करता है। 'पथरीली सलवट', अहंकार और इन जैसे तमाम भावों के स्थायी प्रभाव का अंग है। सत्ता और उसका तन्त्र क्षुद्रता, स्वार्थ, छल-कपट, स्वार्थ लोलुपता आदि ऋणात्मक मानवीय भावों से परिचालित होता है। घुप्प अँधेरे में उभरी क्षणिक रोशनी केवल भौतिक स्थिति को ही प्रकाशित नहीं करती। वह ज्ञान और आश्वस्ति को भी प्रसारित करती है। विसंगतिमूलक, मानवविरोधी स्थितियों का वर्णन इस कविता में है, वे सब अभी अन्धकार में, उसकी कालिमा के भीतर छिपी हैं। यह क्षणिक प्रकाश जब इस अन्धकार को बेधता है, तो जो ज्ञात होता है, वह काव्यनायक के विरोध के संकल्प को जैसे मटियामेट कर देता है। टैंकों का दस्ता, बन्दूकों का जत्था! यह सत्य किसको आश्वस्त करेगा? जबकि यह युद्ध का मैदान भी नहीं है। यह तो नागरिक क्षेत्र है। बेशक टैंक का दस्ता ऊँघ रहा है, परन्तु अड़ा भी तो है। इस भय को बढ़ाने का कार्य करती है, सिपाही की वे भंगिमाएँ, जिनसे परिलक्षित होता है कि 'मानो अनपेक्षित कहीं न कुछ हो ...'। क्या होगा, कब होगा, कैसे होगा—किसी को जानकारी नहीं है, क्योंकि यहाँ के डॉट्स सम्भावना के कई द्वार खोल देते हैं। कुछ भी निश्चयात्मक नहीं रहने देते। लेकिन इस अनिश्चय के बीच टैंकों के ऊँघने से इतना स्पष्ट हो जाता है कि सत्ता ने नागरिकों के विरोध में इन्हें काफी समय से तैनात किया हुआ है। इन सबकी जानकारी से संकल्पित नायक फिर से खौफजदा हो उठाता है—

भागता मैं दम छोड़,
घूम गया कई मोड़।
भागती है चप्पल, चटपट आवाज़
चाँटों-सी पड़ती।

लड़ने के संकल्प के बावजूद काव्यनायक को भागना पड़ा है, भागना पड़ता है। भय से ग्रस्त एक सामाजिक, स्थितियों से, अपने संस्कारों से, परम्पराओं-रूढ़ियों

से निर्णायक लड़ाई लड़ने का संकल्प लेकर जब अपने अनेक सामाजिकार्थिक, राजनैतिक, उनके मिश्रण से निर्मित निजत्वपूर्ण खोहों से बाहर आता है, तो ऐसी विडम्बनात्मक, तानाशाही, आतंककारी स्थितियों से उसकी भेंट होती है। पीछे मैं यह भी कह आया हूँ कि अगर बाहर निकलने पर अनुपस्थिति के स्थान पर विरोधी शक्तियों को ही देख लेता तो भी इतना विचलित नहीं होता। अब जब उन्हें देखता है तो भय से भाग खड़ा होता है। यह भागना अगर पहलेवाले विचलन से अलग नहीं, तो वे प्राथमिक निष्कर्ष गलत प्रतीत होंगे। उस विचलन से यह भागना इस अर्थ में भी अलग है कि वहाँ का विचलन सम्भावनाशून्यता की ओर बुद्धि को घसीटता है, उसका प्रभाव ज्यादा दीर्घकालिक हो सकता था, जबकि यहाँ का भागना क्षणिक फौरी प्रतिक्रिया है। एक दम से, अनपेक्षित रूप से मानव विरोधी शक्तियों को देखने के कारण। भागते हुए चप्पल की आवाज चाँटे की तरह लगना सम्भावना की महीन धार को भी प्रस्तुत करती है। यह सभ्यता यात्रा में निश्चित यात्रा पूरी करने के बाद उपजे संकल्प विकल्प को भी प्रस्तुत करता है—भले ही वह अभी पराजित ही दिख रहा है।

खैर, वह अपने संवेदनात्मक विवेक और अर्जित ज्ञान से यह भी जानता है कि उपरोक्त स्थितियाँ सहज अथवा प्राकृतिक नहीं हैं। ये सत्ता द्वारा निर्मित हैं। सत्ता भय निर्मित करती है अपने आप को बनाये रखने के लिए, अपने स्वभाव को निरंकुश और बेरोक-टोक रखने के लिए। अपने गलत-सही निर्णयों को थोपने के लिए। वह संवाद स्थापित करने के स्थान पर टैंकों और बन्दूकों का इस्तेमाल करती है। इन जत्थों को देख काव्यनायक, जो नवीन संकल्प की ऊर्जा से तो भरा है, परन्तु संगठित नहीं है, सत्ता की शक्तियों के समक्ष टिकने में बिल्कुल ही सक्षम नहीं है। इसीलिए संकल्प के बावजूद मनोवैज्ञानिक रूप से उसका भयभीत हो जाना अस्वाभाविक नहीं है। वह पहले भी भागा है, यहाँ भी भाग रहा है। भागना भी सामान्य नहीं है। वह दम छोड़कर भागता है अर्थात् बेतहाशा, जान-प्राण लेकर भागता है। यह भाग-दौड़ की प्रतियोगिता नहीं कि प्रतिभागी ट्रैकसूट और जूते से लैस हो। वह सामान्य और दैनिक वेश-भूषा में है। यह उसकी आर्थिक स्थिति की ओर भी संकेत करता है। इस विवरण में महत्त्वपूर्ण है चप्पलों की चटचट चाँटों की तरह लग रही है, पैर के नीचे का कीचड़ चेहरे पर, छाती पर पड़ता है, उसे मितली आती है, गलियों का 'खोह-अँधेरा' चेहरे और आँखों पर हमला करता है, उमस है, गलियों का रुँधा हुआ उच्छवास है। संकल्प के साथ जिस ऊर्जा और विकल्प का बोध नायक में या नायक जैसी संवेदनावाले अनेक लोग में उभरता है, यहाँ का भागना उस संकल्प और उससे उपजे विकल्पबोध के पराजय जैसा है। इसके बावजूद इसे पराजय नहीं कहा जा सकता। मनोविज्ञान में भय को वैसे भी पलायन-प्रवृत्ति का मुख्य संवेग माना गया है। लड़ने

के संकल्प के साथ बिना लड़े वह भय से पलायन कर जाता है। भागने की प्रवृत्ति के उपरान्त दो क्रियाएँ होती हैं—एक अपनी ग्लानि, दूसरा सत्ता और उसके विभिन्न तन्त्रों का अधिक आक्रामक होना। यहाँ दोनों हैं। गलियों का 'खोह-अँधेरा' आँखों, चेहरे पर हमला भी कर रहा है और अपनी ग्लानि भी है। इसीलिए उसे भागते चप्पलों की चटचट चाँटें सी लग रही है। उसकी मितली ग्लानि की मितली है। इस पलायन, अनिश्चय, ग्लानि आदि के सम्मिलित भाव-सन्दर्भ को कवि स्पष्ट कर देता है—

धुँधले से आकार कहीं-कहीं दीखते,
भय के? या घर के? कह नहीं सकता

हम सबके जीवन का अनुभव है कि घुप्प अँधेरे में हमारी कल्पना शक्ति, भय के कारण, अत्यधिक सक्रिय हो जाती है। भागता हुआ नायक मनोवैज्ञानिक रूप से कोई शरणस्थल ढूँढ रहा है। उसे घर जैसा दिखायी भी पड़ता है। परन्तु भयभीत नायक यह निर्णय नहीं कर पाता कि ये दिखायी देनेवाली संरचना घर है या उसके भय का मानसिक स्वरूप। वह भागता-भागता अचानक कोलतारवाले रास्ते पर आ जाता है। अब कीचवाले रास्ते और कोलतारवाले रास्ते के वैशिष्टिक बोध से भी अनेक सन्दर्भ हमें प्राप्त होंगे। कीचवाला रास्ता काव्यनायक को मिलता कहाँ है? यह सही है कि भय के कारण जान-प्राण लेकर भागते नायक के भागने के गन्तव्यों अथवा लक्ष्यों का कोई विवरण कविता में नहीं है। बावजूद इसके इतना तय है कि इस कविता की लीला भूमि ग्रामीण नहीं, शहरी समाज है। इस कविता में आये विवरण इस बात की गवाही देते हैं। तब प्रश्न उठता है कि क्या भारत का अर्थ सिर्फ शहरी समाज है? और भारतीय का अर्थ शहरी मध्यवर्ग? यह कविता के भीतर एक बड़े अन्तर्विरोधात्मक सीमा का निर्माण करता है। यह सीमा है, बात इतने तक सीमित नहीं है। भारतीय समाज में आजादी के बाद से शहरों की संख्या, उनमें आबादी का घनत्व, शहरों के क्षेत्रफल में निरन्तर वृद्धि हुई है। इसका अर्थ, एक तो गाँव घट रहे हैं, दूसरों शहरों की केन्द्रीयता (सत्ता और संरचना दोनों स्तरों पर) निरन्तर बढ़ी है और बढ़ रही है। इस शहर केन्द्रिकता की शुरुआत मुक्तिबोध के समय में ही हो गयी थी। कविता में गाँव स्थानापन्न हो रहा था। कथा साहित्य में बना हुआ था। इसकी अनेक वजहें थीं। एक जो सबसे बड़ी वजह थी कि शक्ति संरचना का केन्द्र शहर हो गये थे। राजनीतिक, आर्थिक संरचनाएँ और सत्ता अब शहरों में ही थे। मुक्तिबोध वास्तव में इस शक्ति और सत्ता संरचना; संस्थान तथा उसके प्रभावों-दुष्प्रभावों को कविता में ढाल रहे थे, इसीलिए वे व्यापक जनसमुदाय को सम्बोधित कर पाते हैं। गाँव लीला भूमि में नहीं है, परन्तु ग्रामीण उस प्रभाव-दुष्प्रभाव की सीमा में आ ही जाते हैं।

भागते-भागते यह जो अचानक कोलतारवाला रास्ता आ गया है, उसके विशेषण

हैं—लम्बा, चौड़ा, स्याह, ठंडा। यह औद्योगीकृत पूँजीवादी समाज व्यवस्था का सर्वग्रासी रूप है। यह सारी सामाजिकता को, सभी सामाजिकों की इंडीविजुएलिटी को, उनके समस्त क्रिया-कलापों, हास-परिहासों को सोखकर उन्हें एक जैसा बनाता है। इसीलिए बेचैनी के क्षणों में भी उसे कोई नहीं दिखायी देता—'कहीं कोई नहीं है,/ नहीं कहीं कोई भी।' यह जनशून्यता के साथ ही जन की वैशिष्ट्यहीनता को भी प्रदर्शित करता है। इसके बावजूद वह एकदम अवसादग्रस्त या चरम निराशा से ग्रस्त नहीं है—'मेरा दिल ढिबरी-सा टिमटिमा रहा है।' यह सामाजिक की निज विशेषता ही कही जाएगी अन्यथा तन्त्र तो उन्हें कुचल डाल ही रहा है। भय के बीच बची-खुची आशा के साथ काव्यनायक को तिलक मिलते हैं—

मेरा दिल ढिबरी-सा टिमटिमा रहा है।
कोई मुझे खींचता है रास्ते के बीच ही।
जादू से बँधा हुआ चल पड़ा उस ओर।
सपाट सूने में ऊँची-सी खड़ी जो
तिलक की पाषाण-मूर्ति है निःसंग
स्तब्ध जड़ीभूत...

काव्यनायक को जादू का एहसास होता है। जादू का तात्पर्य क्या है? जादू-जहाँ कार्य-कारण सम्बन्ध न हो। भागते हुए नायक को तिलक की मूर्ति क्यों मिली, यह बता पाना मुश्किल है। मात्र इसी सन्दर्भ में यह जादू है। या जादू होने का एक सन्दर्भ यह भी हो सकता है कि हताशा, भय के बीच श्रम, संघर्ष का एक विशिष्ट प्रतीक दिखायी पड़ता है, जो उसके भय और निराशा को जादुई प्रभाव की तरह खत्म करता है। साथ ही यह भी द्रष्टव्य है कि मनु, तॉल्स्टॉय के बाद इस यात्रा में तिलक मिलते हैं। तिलक भी मनु और तॉल्स्तॉय की तरह ही एक हथियार हैं। तिलक आजादी की लड़ाई के एक महत्त्वपूर्ण स्तम्भ थे। इन्होंने गीता के निष्काम योग को अपने दर्शन का आधार बनाया। संघर्ष के संकल्प के बावजूद पलायन की दशा में तिलक जैसे जुझारू व्यक्तित्व का आना, तो कार्य-कारण शृंखला की पूर्णता ही है। लेकिन कवि ने इसे जादू कहा और अप्रत्याशित घटनाओं के बीच रखा है। इस द्वैत का शमन कविता करती है। जब काव्यनायक प्रतिमा के पास पहुँचता है, तो पाषाण प्रतिमा में हलचल होने लगती है। नीले इलेक्ट्रॉन सब ओर गिरने लगते हैं, प्रतिमा के तन से नीली चिनगारियाँ झरने लगती हैं। पत्थर के होठों पर मुस्कान काँपती है, आँखों में बिजली के फूल सुलगते हैं। तत्काल "भव्य ललाट की नासिका में से/ बह रहा खून न जाने कब से/ लाल-लाल गरमीला रक्त टपकता/ (खून के धब्बों से भरा अँगरखा)।" यहाँ कवि एक विचित्र सन्तुलन साधता प्रतीत होता है। तकनीक के रूप में यह पूरा विवरण स्थितियों के विद्रूप को लक्षित करता है। पत्थर और पत्थर

की मूर्तियाँ भी अपने स्वाभाविक धर्म का त्याग कर रही हैं। क्यों? निश्चितरूपेण ऐसा स्थितियों की जटिलता और भयावहता के कारण ही हो रहा है। कवि इसे सन्तुलित करता है। इस विवरण से—

मानो कि अतिशय चिन्ता के कारण
मस्तक-कोष ही फूट पड़े सहसा
मस्तक-रक्त ही बह उठा नासिका में से।
हाय, हाय, पितः पितः ओ,
चिन्ता में इतने न उलझो
हम अभी ज़िन्दा हैं ज़िन्दा,
चिन्ता क्या है!!

अतिशय चिन्ता किस बात की? यह चिन्ता स्वातन्त्र्योत्तर स्थितियों की उपज है। ये स्वातन्त्र्योत्तर स्थितियाँ जनता के पक्ष में निरन्तर जटिल और विपरीत होती जा रही हैं। चिन्ता इतनी बढ़ गयी कि मस्तिष्क कोष ही फूट गया। ऐसे दृश्य कवि बार-बार निर्मित करता है। भागने के बावजूद वह संकल्पित है। इसीलिए संघर्ष की परम्परा में, विरोध की परम्परा में अपने पूर्ववर्तियों को 'पितः' कहता है। साथ ही इस परम्परा से ऊर्जा भी लेता है और उसे सम्हालता भी है। खूनमखून उस सजीव प्रतिमा को आश्वस्त भी करता है। चिन्ता न करने की बात करता है। सबसे अहम् बात है—खुद के जिन्दा होने की बात कहना। यह काव्यनायक जैसे तमाम लोग के जिन्दा होने का सन्दर्भ है। जबतक समाज में ऐसे संवेदनशील लोग जिन्दा होंगे, ज्यादा चिन्ता की बात नहीं है। साथ ही वह 'हम' शब्द का प्रयोग करता है। मैं प्रारम्भ से ही कह रहा हूँ, काव्यनायक की संवेदना अकेली उस तक सीमित नहीं। वह समाज के अनेक लोग तक प्रसरित है। संघर्ष और परम्परा के इस प्रतीक प्रतिमा के नीचे पहुँचकर उसका भयभीत हृदय पुनः ऊर्जा के आवेगों से भरने लगता है। वह प्रतिमा के पैरों को छाती से चिपकाता है। जो नीली चिनगारियाँ मूर्ति से गिर रही थीं, वह काव्यनायक के ऊपर भी गिरने लगती हैं। उसे लगता है कि 'देह में तन गये करुणा के काँटे'। उसे 'आत्मा में बहता-सा लगता/ ख़ून का तालाब।'

यह तिलक की प्रतिमा से टपकनेवाले रक्त से निर्मित तालाब है। यह संघर्ष की चेतना को प्रातिनिधिक रूप से अंगीकार करने से उपजने वाला भाव है। सत्ता के मानवविरोधी आचरण से त्रस्त जनता की स्थितियों के कारण जिस करुणा का जन्म हो रहा है, वह केवल व्यवसाय या जोड़-घटाव का मसला नहीं है। ये सामाजिकों के दुख, तकलीफ, अभाव, त्रासदी, विडम्बना आदि के प्रति सात्विक, रागात्मक, हार्दिक भाव हैं। इस करुणा और परम्परा से जब वह खुद को आपूरित कर लेता है, तो फिर उसकी "छाती के भीतर ठक्-ठक्/ सिर में है धड़-धड़!!/ कट रही हड्डी!!/

फ़िक्र ज़बरदस्त!!'' यह जबदरस्त फिक्र स्थितियों के बदलाव की आकांक्षा के बावजूद और भय तथा पलायन के कारण, बदलाव ला पाने की अक्षमता के तनाव के कारण है। किसी काम को करने की इच्छा है, नहीं कर पा रहे, तो तनाव होता है। यह सहज मानवीय व्यवहार है। यह फिक्र ज्यादा व्यापक है, क्योंकि इस कविता में कवि ने अपने समय के पूरे अन्धकार को आत्मसात किया है। उस पूरे मानवविरोधी अन्धकार को कवि समाप्त करना चाहता है और वह समाप्त होता दिखायी नहीं देता। यह व्यक्ति की निजी आकांक्षाओं अथवा निज स्थितियों तक सीमित नहीं है। इसीलिए तनाव भी व्यापक है। 'इतने में' शब्द का प्रयोग अकसर कविता को नाटकीय बतानेवाले आलोचकों के लिए सुविधापूर्ण स्थिति निर्मित करता है। पूरी कविता में नाटकीयता या मिथकीयता एक आनुषंगिक काव्यात्मक उपकरण मात्र है, उसका मुख्य गुण नहीं। तन्त्र, व्यवस्था, सत्ता के साथ मानव का सम्बन्ध इतना जटिल और तनावपूर्ण है, बहुस्तरीय है कि अभिधा उसको सम्भाल पाने में सक्षम नहीं है। इसीलिए कविता लक्षणा और व्यंजना में बढ़ती है। नाटकीयता, मिथकीयता उस लक्षणा और व्यंजना के सहधर्मी हैं। यह छाती की ठक्-ठक्, सिर की धड़-धड़, हड्डियों का कटना फिक्र के ही रूप हैं। मुक्तिबोध और उनकी कविता में मनोरोग और मानसिक अवसाद के लक्षण खोजनेवाले आलोचकों को यह क्यों नहीं दिखता-

विवेक चलाता तीखा-सा रन्दा
चल रहा बसूला
छीले जा रहा मेरा यह निजत्व ही कोई
भयानक ज़िद कोई जाग उठी मेरे अन्दर
हठ कोई बड़ा भारी उठ खड़ हुआ।

यह कविता मुक्तिबोध की काव्य प्रतिभा का चरम बिन्दु है। इसमें मुक्तिबोध ने जीवन के, सामाजिक के सारे सुख-दुख को समाज और सभ्यता के व्यापक सन्दर्भों से मिला दिया है। विवेक का तीखा रन्दा और बसूला, निजत्व को छील रहा है, तो कवि-चिन्तक के रूप में मुक्तिबोध सामाजिकों की इंडीविजुएलिटी को खारिज कर रहे हैं। यह रन्दा वास्तव में उस मध्यवर्गीय विवेक पर चल रहा है, जो सामाजिक के संकल्प को क्षरित करता है। स्थितियों से बच निकलने के चोर रास्तों का निर्माण करता है। वैसे भी सामाजिक की इंडीविजुएलिटी सम्बन्धों का बहुत तरल रूप होता है। इन मध्यवर्गीय संस्कारों को कम या खत्म करने के साथ ही काव्यनायक अथवा सामाजिक पुनः संकल्प से भर उठता है। बदलाव के लिए आवश्यक जिद और हठ से भर उठता है। घटनाओं की क्रमिक शृंखला हमें दिखायी देती है। उसकी आत्मा संघर्ष और प्रतिरोध की परम्परा से जुड़ती है, 'इतने में' एक दूसरी फिक्र (समस्या) आ जाती है। इससे वह अपने विवेक और साहस के दम पर विजय पाता है—'इतने

में' आसमान काँपता है और बन्दूकों की धड़-धड़ शुरू हो जाती है। 'इतने में' का बार-बार इस्तेमाल घटनाओं की क्षिप्रता और क्रमिकता दोनों को दर्शाता है। कविता के इस खण्ड में ही ऊपर हम देख आए हैं कि संकल्प के साथ ज्योंही वह अपने निज घेरों, खोहों से बाहर आता है, उसकी मुठभेड़ तन्त्र, व्यवस्था के क्रूर, बीभत्स और शोषकीय रूपों से होती है। यहाँ पुनः संकल्प की तीव्रता के बावजूद काव्यनायक उन्हीं तत्त्वों को प्रत्यक्ष पाता है। उसके पैर 'बिजली की रफ्तार' से घूम जाते हैं अर्थात् वह पुनः दम छोड़ भागता है। भागता हुआ 'खोहों-सी गलियों के अँधेरे में एक ओर' वह 'थक बैठ गया,/ सोचने-विचारने।' स्पष्ट है कि वह बार-बार भाग जाता है या उसे भागता पड़ता है, परन्तु वह पराजय नहीं स्वीकार करता। बन्दूकों की धाँय-धाँय से सिर्फ काव्यनायक त्रस्त नहीं है। सत्ता के ये आतंककारी उपकरण व्यापक जनसामान्य में भी भय उत्पन्न करते हैं। काव्यनायक जैसे संवेदनशील तो अपने संकल्प के सहारे उससे बाहर आने की कोशिश भी कर रहे हैं, लेकिन लगभग सारा जनसामान्य इन स्थितियों से निकलने की कोशिश भी नहीं करता। न उनके पास विचारधारा की ताकत है, न दृढ़ संकल्पशक्ति है और न ही संगठन की ताकत है। ऐसे में जनसामान्य का करुण क्रन्दन सामान्य बात है—

अँधेरे में डूबे मकानों के छप्परों पार से
रोने की पतली-सी आवाज़
सूने में काँप रही काँप रही दूर तक
कराहों की लहरों में पाशव प्राकृत
वेदना भयानक थरथरा रही है।

अँधेरे की परिवेशगत भौतिक सत्ताओं के बाहर से, सूनेपन में रोने की जो पतली आवाज आ रही है, वह दूरी का बोध कराती है। यह तथ्य हम सभी जानते हैं कि रात और अन्धकार के सूनेपन में आवाजें दूर तक पहुँचती हैं। दूर से आती ये आवाजें हास्य या उल्लास की नहीं हैं, रोने की हैं। यह रुदन भी उन्हीं शासनतन्त्रों, संस्थाओं और व्यवस्थाओं के कारण है। इसीलिए कवि इन कराहों में संस्थाओं की पाशविक प्रवृत्ति देखता है। इन संस्थागत उपजी वेदनाओं को दूर कर पाने में सामाजिक अक्षम भी है। संस्थाएँ अपनी असंवेदनशीलता में इन्हें सुनने का प्रयास भी नहीं करती हैं। इन संस्थाओं की असंवेदनशीलता के समानान्तर सामाजिकों की संवेदना द्रष्टव्य है—'मैं उसे सुनने का करता हूँ यत्न'। सामाजिक की संवेदनशीलता सीमित होती है। वह करुणा से ओत-प्रोत हो सकती है, किन्तु उन स्थितियों में हस्तक्षेप नहीं कर सकती। मुक्तिबोध इस प्रक्रिया को बेहतर ढंग से समझते थे। इसीलिए वह संस्थाओं और उसके चरित्र पर, साथ ही उसके प्रति चरित्र पर बहुत ज्यादा बल देते हैं। काव्यनायक अपनी संवेदनशीलता से दो कार्य करता है—एक सामाजिकों के दुख-तकलीफों को

पहचान पाता है, उसके वास्तविक कारणों को खोज पाता है, दूसरे संस्थाओं, सत्ताओं और उसके विभिन्न अवयवों के वास्तविक चरित्रों की पहचान कर पाता है। उनका वास्तविक चरित्र अधिकांशतः मानवविरोधी प्रतीत होता है। अपनी संवेदनशीलता के कारण ही, एक सामाजिक को, जो न्यूनतम सुविधाओं से भी रहित है, मरता हुआ देखता है। यह बन्दूक की धाँय-धाँय के समानान्तर एक दृश्य है। शोषितों के लिए जो प्राकृतिक अवस्थाएँ (ठंढ, गर्मी आदि) मरणधर्मी हैं, वे ही शोषकों के लिए ज्यादा महफूज होती हैं। इसी कारण वे रात में प्रोसेशन निकालते हैं।

काव्यनायक जिसके लिए शंका व्यक्त करता है कि वह मर जाएगा, जब वह अपने सिर से बँधा बोरा खोलता है, तो 'वह कोई परिचित' लगता है। काव्यनायक कहता है—

जिसे ख़ूब देखा था, निरखा था कई बार
पर, पाया नहीं था।
उसे जब पहचानता है, तो वे महात्मा गाँधी निकलते हैं—
अरे हाँ, वह तो...
विचार उठते ही दब गये,
सोचने का साहस सब चला गया है।
वह मुख-अरे, वह मुख, वे गाँधी जी!!

गाँधी जी भी 'कोई एक' का ही एक रूप हैं। 'वह तो' के बाद का तीन डॉट्स और गाँधी जी के बाद के विस्मयादि बोधक चिह्न तनाव और आश्चर्य की चरमता ही प्रदर्शित करते हैं। गाँधी के माध्यम से भी काव्यनायक अथवा कवि अपनी खोज ही जारी रखता है। 1948 ई. में गाँधी की हत्या से लेकर 1964 ई. तक, जब यह कविता 'चाँद का मुँह टेढ़ा है' संग्रह में छप कर आई थी, आजादी के इन 16 वर्षों में गाँधी शोभा की वस्तु हो गये थे। लोग उन्हें देख रहे थे, निरख रहे थे, पर कोई भी उनके दिखाए मार्गों, सिद्धान्तों का अनुसरण नहीं कर रहा था। केन्द्र और राज्य की काँग्रेस सरकारों ने गाँधी के स्वदेशी, कुटीर उद्योग, स्वराज आदि तमाम सार्थक सिद्धान्तों से किनारा कसा था। आर्थिक ढाँचे में भारी उद्योगों ने गाँधी जी के सिद्धान्तों को रिप्लेस किया था। वास्तव में गाँधी जी के नेतृत्व में आजादी की लड़ाई का अहिंसा जितना बड़ा हथियार थी, उतना ही बड़ा हथियार स्वदेशी, कुटीर उद्योग, स्वराज की उनकी परिकल्पना भी थी।

जिन हथियारों से हमने आजादी की लड़ाई जीती थी, उन्हीं हथियारों को, उन्हीं की पार्टी की सरकारें दरकिनार कर देती हैं। एक ऐसी आर्थिक-राजनैतिक व्यवस्था लेकर आती हैं, जिसकी पोल जल्दी ही खुल जाती है। इसमें आजादी से सामाजिकों की तमाम आकांक्षाएँ ध्वस्त हो जाती हैं। समाज व्यापक नकार और फ्रस्ट्रेशन की

ओर बढ़ने लगता है। गाँधी जी को अपनी खोज का हिस्सा बनाकर कवि ने इन तमाम सन्दर्भों को उभारा है। गाँधी राजकीय शोक, जन्म और पुण्यतिथि समारोहों तक सीमित होकर रह गये। जबकि जरूरत उनके सिद्धान्तों से टकराकर, उन्हें युगीन बनाने की थी। गाँधी जी के साथ जो विरासत चल रही थी, जब उससे टकराये बिना, उसे छोड़ भारतीय राजनीति एक नयी व्यवस्था की शुरुआत कर रही थी, तो वह दोहरे संकट से घिरती है। एक तो विकास की क्रमिकता और जटिलता से खुद को काट लेती है, जटिल संरचनाओं का निर्माण असम्भव कर देती है। ये जटिल संरचनाएँ विकास को ही प्रतिबिम्बित करती हैं। दूसरे ये अपनी विरासत को खारिज करते हैं। इस विरासत के बिना हमारी पहचान सम्भव नहीं है। यह अवश्य है कि इनसे टकराए बिना भी, इन्हें युगीन नहीं बनाया जा सकता है। इसी कारण जब काव्यनायक कुछ खोजता हुआ इस विरासत के समक्ष पहुँचता है, तब उसके विचार उठते ही दब जाते हैं, सोचने का साहस चला जाता है। साथ ही दूसरी सोच भी उभरती है कि गाँधी 'इस तरह पंगु!!/ अश्चर्य!!' 'इस तरह' शब्द पंगुता के प्रसंगात्मकता को प्रस्तावित करता है। ये प्रसंग वही हैं, जिनका संकेत ऊपर है।

कवि आश्चर्य केवल शब्दों द्वारा नहीं अभिव्यक्त करता। ये विस्मादिबोधक चिह्न मात्रात्मक रूप से उसके आश्चर्य को ज्यादा स्पष्टता से अभिव्यक्त करते हैं। साथ ही कवि तुरन्त कहता है कि नहीं, वे इतने पंगु नहीं हो सकते, वे रूप बदलकर चुपचाप जाँच-पड़ताल करने निकले हैं—

नहीं, नहीं वे जाँच-पड़ताल
रूप बदलकर करते हैं चुपचाप।
सुराग़ रसी-सी कुछ।

यहाँ भी रचनावली से इसका पाठान्तर है—

नहीं, नहीं वे जाँच-पड़ताल
सुराग़ रसी-सी कुछ
करते हैं चुपचाप।
रूप बदलकर।

शब्द हूबहू एक ही हैं। उनका क्रम बदला है। रचनावली का ही पाठ आखिरी है। पाठान्तर की स्थिति में मैंने रचनावली के पाठ को ही ध्यान में रखा है। खैर, अपनी खोज यात्रा में गाँधी जी को सम्मुख पाकर काव्यनायक 'अति दीन हो जाता' है। यह दीनता आश्चर्य और विनम्रता आदि भावों का समुच्चय है। इसमें गिड़गिड़ाहट या रिरियाहट नहीं है। शीघ्र ही काव्यनायक को झटका सा लगता है। इस झटके के साथ ही गाँधी जी कहते हैं—

भाग जा, हट जा
हम हैं गुज़र गये ज़माने के चेहरे
आगे तू बढ़ जा।

कवि ने उनसे कहलवाया है कि 'भाग जा', पर आगे यह भी कहता है कि उसके मुख पर 'गम्भीर दृढ़ता की सलवटें वैसी ही,/ शब्दों में गुरुता।' भवता में तो जो काल बीत गया, समाज स्वयं उससे आगे बढ़ जाता है। यह ऐतिहासिक प्रक्रिया है। सन्दर्भ इस ऐतिहासिक प्रक्रिया का तो नहीं है। इसीलिए उपर्युक्त दोनों कथनों में विरोधाभास या विसंगति दिखायी पड़ती है। वह एक विचार, विचारधारा, संघर्ष प्रणाली के रूप में सामाजिकों द्वारा अप्रासंगिक कर दी गयी है या करा दी गयी है। यह निजी स्वार्थों के कारण किया गया है। हर विचारधारा या विचार-सरणी अपनी ऐतिहासिक भूमिकाएँ पूरी कर अप्रासंगिक भी होती है। इस प्रक्रिया की समयावधि लम्बी हो या छोटी। परन्तु गाँधी दर्शन तो काँग्रेसियों और भारतीयों के स्वार्थों के कारण फलीभूत होने से पहले ही अप्रासंगिक करार दी गयी थी। उनके स्वराज, अहिंसा, स्वदेशी जैसे मूल्यों को स्थगित कर सब अपने निजी स्वार्थों को पूरा करने में लगे थे। काँग्रेसियों की इस प्रकार की कारगुजारियों का 'अँधेरे में' इकलौता दस्तावेज नहीं है। इसीलिए कवि को इनके शब्दों में गुरुता दिखायी पड़ती है। काव्यनायक ने जो शब्द सुनें, वे हैं-

वे कह रहे हैं—
''दुनिया न कचरे का ढेर कि जिस पर
दानों को चुगने चढ़ा हुआ कोई भी कुक्कुट
कोई भी मुरग़ा
यदि बाँग दे उठे ज़ोरदार
बन जाए मसीहा''

× × ×

''मिट्टी के लोंदे में किरणीले कण-कण
गुण हैं,
जनता के गुणों से ही सम्भव
भावी का उद्‌भव...''

कांति कुमार जैन ने 'तुम्हारा परसाई' में बताया है कि जबलपुर के लक्ष्मीबाग में एक कूड़े का विशाल ढेर था। मुक्तिबोध और परसाई ने एक दिन सुबह घूमते हुए उस ढेर पर एक मुर्गे को दाना चुगते देखा था। मुक्तिबोध कहते भी हैं—"वाह पार्टनर इस मुर्गे का भी कमाल है। रद्दी से अपने काम की चीज ढूँढने में कितना दत्तचित्त है। और देखिए-बीन तो रहा है कचरा पर कुकड़ूँ कू किस ताव से कर रहा है।'' इस

दृश्य का मुक्तिबोध ने यहाँ इस्तेमाल किया और परसाई जी ने 'तीसरे दर्जे के श्रद्धेय' में। यह उद्धरण यह भी बताता है कि कविता की स्थितियाँ कितनी यथार्थ और सघन हैं। जीवन से कितने गहरे तक जुड़ी हुई हैं। दुनिया कोई कचरे का ढेर नहीं, जिस पर कोई भी मुर्गा बैठकर बाँग दे, तो वह मसीहा बन जाएगा। यह निश्चितरूपेण काँग्रेस सरकार की जनविरोधी विरोधी नीतियों और उसमें चालाक-धूर्त लोग की केन्द्रीयता दिखाता है। यह मुक्तिबोध के समय का सन्दर्भ है। आज कविता के प्रकाशन के 52-53 वर्ष बाद मुर्गें वास्तव में मसीहा बन गये हैं। राजनैतिक शक्तियों की उग्रता, उसमें धूर्तों और अपराधियों की भूमिका में बढ़ोत्तरी को हर सामाजिक महसूस कर रहा है। जो लोग पहले सत्ता पाने में मदद करनेवाले थे, अब वे 'डोमाजी उस्ताद' सत्ता केन्द्रों के प्रतीक हैं। सत्ता किसी भी कीमत पर इन लोग और राजनैतिक दलों को चाहिए। अवमूल्यन तो मुक्तिबोध के समय में ही प्रारम्भ हो गया था। इसे उस समय का संवेदनशील तबका बहुत गहराई से महसूस कर रहा था। इस अवमूल्यन को सत्ताएँ नहीं देखतीं। न मुक्तिबोध के समय में, न आज के समय में। वह धूर्तों और चाटुकारों से घिरी हुई है। स्वार्थ और स्वार्थी तत्त्वों से भरी-पूरी है। इसीलिए किसी भी तथ्य, विसंगति आदि की जड़ में जाने के लिए जिस रागात्मक संवेदना की आवश्यकता होती है, संवेदनात्मक कल्पना की आवश्यकता होती है, वह सत्ता केन्द्रों और उसके अधिपतियों या छूटभैयों के पास नहीं होती। दुनिया के इतिहास में, जो परिवर्तनकारी या निर्माणकारी शक्तियाँ होती हैं, वे दुनिया को कचड़े का ढेर नहीं समझतीं। कवि और बौद्धिक के रूप में मुक्तिबोध का अखण्ड विश्वास था कि जनता की सामूहिक ताकत द्वारा ही एक सुखद भविष्य का निर्माण हो सकता है। गाँधी जी की भी, मेरी नजर में, आजादी की लड़ाई की सबसे विशिष्ट देन यही थी। जो आजादी की लड़ाई मुट्ठी भर लोग के बीच थी, गाँधी जी ने उसे व्यापक जनसमुदाय का हिस्सा बना दिया। ऐसा होते ही स्वतन्त्रता संघर्ष कितना तीखा और सघन हो गया, इसे हम सभी जानते हैं। मुक्तिबोध ने 'कोई एक' के रूप में जिन ऐतिहासिकों का चयन किया है, उसके पीछे यह दृष्टि अवश्यम्भावी रूप से थी कि यह चरित्र जनता के सुख-दुख का साथी है या नहीं, जनता की सांगठनिक शक्तियों में विश्वास करता है या नहीं, समूह की संगठित ताकत से स्थितियों के बदलाव की सम्भाव्यता में विश्वास करता है या नहीं। गाँधी जी ने न केवल विश्वास किया था, अपितु उसे सम्भव भी किया। इसीलिए गाँधी से ऐसा कहलवाकर वे गाँधी से अपनी ही बात कहलवाते हैं। वे गाँधी का चयन ही इसी आधार पर करते हैं। इस तरह कवि के रूप में मुक्तिबोध अपने भी विचारधारात्मक खोहों से बाहर निकलते हैं। समाज में, समाज के लिए जो भी शुभ्र और शोभन है, उसे वहाँ से ग्रहण करते हैं। इसीलिए भविष्य का संकेत काव्यनायक गाँधी से लेता है—

आश्चर्य! अद्भुत! यह शिशु कैसे!!
मुसकरा उस द्युति-पुरुष ने कहा तब—
''मेरे पास चुपचाप सोया हुआ यह था।
सँभालना इसको, सुरक्षित रखना।''

यह शिशु भविष्य का प्रतीक है। अब गाँधी भौतिक रूप से तो आकर भविष्य का नक्शा या संकेत नहीं दे सकते। यह गाँधीवादी दर्शन, चिन्तन और उसके विचारों के माध्यम से बनाया गया भविष्य है। इस सम्बन्ध का एक आन्तरिक सूत्र यह भी है कि मार्क्सवादी विचारधारा समूचे इतिहास को एक व्यवस्थित अर्थसूत्र में बाँधता है। वह उत्पादन प्रणाली और आर्थिक संरचनाओं को केन्द्र में रखता है। गाँधी भी स्वदेशी, स्वराज के माध्यम से समाज की आधारभूत आर्थिक-राजनैतिक संरचनाओं को व्याख्यायित करने का प्रयास कर रहे थे। स्वदेशी के माध्यम से औपनिवेशिक उत्पादन प्रणालियों से लोहा ले रहे थे। कुटीर उद्योग व्यापक जनशक्तिकरण का माध्यम बन सकता था। विचारधारा की अन्तर्वस्तु की आन्तरिक समानता ने गाँधी दर्शन की ओर व्यावहारिक रूप से मुक्तिबोध को प्रेरित किया होगा।

वह 'कुछ कहने को होता' है, 'इतने में' उसे एहसास होता है कि 'कहीं कोई नहीं है, कहीं कोई नहीं है'। काव्यनायक या कवि गाँधी और उनके सिद्धान्तों से संवाद करना चाहता है। वह पहले ही बता चुका है कि गाँधी अर्थात् गाँधी के सिद्धान्त अब पंगु हो चुके हैं। इसीलिए उनसे संवाद नहीं स्थापित हो पा रहा है। जातियों* के इतिहास की पूर्ववर्ती स्थापनाओं और परम्पराओं में, जो सार्थक और वर्तमान के लिए महत्त्वपूर्ण है, जब उनसे संवाद समाप्त हो जाता है, तो अँधेरे का फैलाव और ज्यादा, और गहरा प्रतीत होने लगता है। अन्धकार में अपना साम्राज्य विस्तृत करनेवाली ताकतों के लिए यह परम्पराविहीनता ज्यादा सुलभ अवसर उपलब्ध कराती हैं। इसीलिए काव्यनायक भविष्य रूपी शिशु पाने के पूर्व सभ्यता में परम्परा के सम्पूर्ण स्त्रोतों की यात्रा तय करता है—मनु से गाँधी तक। गाँधी निकटवर्ती इतिहास पुरुष थे। मुक्तिबोध के समय तक तो अनेक ऐसे लोग जीवित भी रहे होंगे, जिन्होंने गाँधी जी के साथ काम किया होगा। स्वयं मुक्तिबोध के 30-31 वर्ष की अवस्था तक गाँधी भारतीय राजनीति में जीवित और सक्रिय थे। काव्यनायक उनसे भविष्य शिशु को प्राप्त करता है, उसे सम्हालने की कोशिश करता है, क्योंकि राजनीति और समाज सम्बन्धी स्थितियों को देखते हुए यह बहुत गुरुतर दायित्व है—

बालक लिपटा है मेरे इस गले से चुपचाप,
छाती से कन्धे से चिपका है नन्हा-सा आकाश

---

* जाति यहाँ रामविलास शर्मा वाली अवधारणा के अनुरूप है न कि कास्ट के अर्थ में।

स्पर्श है सुकुमार प्यार-भरा कोमल,
किन्तु है भार का गम्भीर अनुभव।

शिशु के लिए 'आकाश' का इस्तेमाल कर मुक्तिबोध ने न केवल भविष्य के विस्तार का बोध कराया है, अपितु भविष्य के प्रति एक सम्मोहक दृष्टिकोण को भी प्रस्तावित किया है। आकाश मानवीय सभ्यता को सम्मोहित भी करता है और उसमें होने वाले परिवर्तन इनसानी सभ्यता को नियन्त्रित भी करते हैं। सूरज-चाँद, उजाला, अँधेरा, नक्षत्र-तारे सब आकाश में ही हैं। इस यथार्थ के साथ ही वह मानवीय बुद्धि के रहस्यों का केन्द्र भी है। इसी तरह भविष्य प्रत्यक्ष और अप्रत्यक्ष दोनों होता है। उसके प्रति एक कौतुक का भाव भी होता है और उसके निर्माण हेतु जिद और कर्मठता भी होती है। इस एक शब्द के द्वारा मुक्तिबोध ने भविष्य के अर्थ को बहुत दूर तक फैला दिया है। उसमें प्यार भी है और भार भी है। कोमलता और गम्भीरता के साथ मुक्तिबोध भविष्य को निर्मित करना चाहते हैं। वे जानते हैं कि यह इतना आसान नहीं है। इसीलिए काव्यनायक 'भावी गन्ध और दूरियाँ' लिए हुए घुसता ही जा रहा है 'फासलों की खोहों की तहों में।' सम्भवतः इसके द्वारा वह भविष्य को सुरक्षित करना चाह रहा है। संकल्प के बावजूद उसे बार-बार भागना पड़ता है, यह उसी प्रवृत्ति का दूसरा सिरा है। वर्तमान से संवाद कर, टकराकर ही भविष्य सुरक्षित किया जा सकता है। किसी अन्य विधि से उसे सुरक्षित करने का प्रयास करना आत्मघाती कदम होगा।

आगे काव्यनायक कहता है कि कन्धे पर लेटा वह शिशु अचानक रोने लगता है और उसके रुदन का स्वर परिचित लगता है। काव्यनायक ने इस रुदन को पहले भी कई बार और कई स्थानों पर सुना है। काव्यनायक को इस रुदन में गहरी शिकायत और 'क्रोध भयंकर' प्रतीत होता है। उसको भय है—

मुझे डर यदि कोई वह स्वर सुन ले
हम दोनों फिर कहीं नहीं रह सकेंगे।

इस भय के कारण वह शिशु को चुप कराने की कोशिश करता है, 'अधभूली लोरी' गुनगुनाता है। काव्यनायक चुप कराने की जितनी कोशिश करता है, वह शिशु "और-और चीख़ता है क्रोध से लगातार!!/ गरम-गरम अश्रु टपकते हैं मुझपर।" प्रश्न है कि शिशु का रोदन, भयंकर क्रोध क्यों प्रतीत होता है? इसकी कई वजहें हो सकती हैं। एक वजह तो यही हो सकती है कि शिशु अपने व्यवहार में निष्कलुष और अव्यावहारिक होता है। वह अपनी बुनियादी आवश्यकताओं के लिए रोता है, परन्तु रोना शुरू करने पर समझौते नहीं करता। उनके पूरा होने पर ही वह चुप होता है। इसके समानान्तर अधिकांश सामाजिक न केवल अपने लाभ-लोभ के कारण व्यावहारिक और समझौतापरक रवैया रखते हैं, अपितु अपने संस्कारों, परम्पराओं,

रूढ़ियों के खोहों में कैद भी रहते हैं। शिशु का क्रोध और शिकायत सम्भवत: इस रवैये से है। दूसरे यह शिशु भविष्य का प्रतीक है। भविष्य घटनात्मक धरातल पर तो होता नहीं, भूत और वर्तमान के आधार पर हम उसका थोड़ा बहुत पूर्वानुमान करते हैं। कई बार यह अनुमान ठीक होता है और कई बार गलत भी। बच्चे का रोना वर्तमान सामाजिक-राजनैतिक-आर्थिक विसंगतियों के आधार पर भविष्य का रोना है, भविष्य के लिए रोना है। यहाँ मुक्तिबोध ने एक जबदरस्त काव्य प्रविधि का इस्तेमाल किया है। विसंगत, रुग्ण वर्तमान पर भविष्य के क्रोध और शिकायत को बताकर वर्तमान की असंगति को और भी तीखा-धारदार बना दिया है। इस समझ की पुष्टि इसके बाद की काव्य-पंक्तियों से स्वत: ही हो जाती है। काव्यनायक कहता है—

किन्तु, न जाने क्यों ख़ुश बहुत हूँ।
जिसको न मैं इस जीवन में कर पाया
वह कर रहा है।

यह स्पष्ट है कि वह क्या नहीं कर पाया है—विरोध, विद्रोह, शिकायत। क्रान्ति अथवा सामाजिक परिवर्तन के लक्ष्य में अवसरवाद, पलायनवाद, समझौतापरस्ती और व्यावहारिकता आदि बड़े रोड़े हैं। शिशु का व्यवहार सभ्यता के इन दुर्गुणों से मुक्त है। इसीलिए वह अपनी शिकायत कभी भी, कहीं भी रख सकता है। यही कार्य काव्यनायक या उसके जैसे तमाम जागृत बुद्धि के लोग नहीं कर पा रहे हैं। इसीलिए वह 'शिशु-पीठ को थपथपा रहा' है और अपनी आत्मा को संवेदित पाता है —'आत्मा है गीली।' संवेदना के इन क्षणों में काव्यनायक आगे बढ़ रहा है। पैर और मन दोनों से- 'पैर आगे बढ़ रहे, मन आगे जा रहा।' वह संकल्प के बावजूद भविष्य को सुरक्षित करने का लोभ कविता के इस बिन्दु पर भी छोड़ नहीं पाता है—'अनुभव-रक्त में डूबे हैं संकल्प/ और ये संकल्प/ चलते हैं साथ-साथ।' वह जब शत्रु द्वारा देख लिया जाता है, तब भी भागता है, जब भविष्य के साथ है, तब भी भाग रहा है—'अँधियारी गलियों में चला जा रहा हूँ।'

काव्यनायक भविष्य को सुरक्षित करने की कोशिश करता है। इसके लिए भी वह जन से दूर जाने लगता है। भविष्य को किसी खोह में सुरक्षित करने का प्रयास करता है। अर्थात् खोह की प्रतीकारात्मकता असन्दिग्ध है। जैसे-जैसे इस प्रक्रिया में वह आगे बढ़ता है, काव्यनायक जनाकांक्षा से दूर होता जाता है। यहाँ त्वरित वेग से, जो दृश्यान्तरण होते हैं, वह इसी को प्रस्तावित करते हैं। सहसा उसे एहसास होता है कि शिशु कन्धे से गायब है और उसके स्थान पर 'सूरज-मुखी-फूल-गुच्छे' हैं। जब वह गली के खुले दरवाजे में घुसता है, तो वह फूल भी गायब हो जाते हैं और उसके स्थान पर 'बन्दूक़ आ गयी' है। इन परिवर्तनों का अगर ठीक से विश्लेषण करें, तो

स्पष्ट होता है कि भविष्य को सुरक्षित करने के प्रयास में काव्यनायक जन से जितना दूर होता जाता है, समाज और समय से संवाद के स्थान पर जितना पलायन करता है, स्थितियाँ उतनी बदतर होती जाती हैं। ऐसा करके काव्यनायक और उसके सदृश तमाम जागृत शक्तियाँ अनजाने ही समाज की उन शक्तियों को मदद पहुँचाने लगती हैं, जो समाज और उसके विभिन्न अवयवों के प्रति रात में षड्यन्त्र करती हैं और दिन में सफेदपोश बन जाती हैं। शिशु आखिर में बन्दूक में बदल जाता है। कोई चाहे तो कह सकता है कि यह बदलाव सशस्त्र क्रान्ति के लिए है। वे चाहे, तो यह भी कह सकते हैं कि शिशु चूँकि भविष्य का प्रतीक है और कवि मार्क्सवादी विचारधारा का प्रबल समर्थक है, इसीलिए वह शिशु को बन्दूक में बदल देता है। ताकि रक्तरंजित क्रान्ति के द्वारा समाज को बदला जा सके, किन्तु यह तार्किक दुराग्रह के अतिरिक्त और कुछ भी नहीं है। ऐसी तर्कना के साथ हमें यह भी ध्यान रखना होगा कि इस शिशु को कवि ने गाँधी और उनके सिद्धान्तों से प्राप्त किया है। ऊपर के तर्कों का इस तथ्य से मेल नहीं हो पाता। इसीलिए मैंने कहा कि यह जनपक्षी भावनाओं से निरन्तर दूर होते जाना है। इसीलिए इस बन्ध के आखिर में काव्यनायक कहता है—

सवाल है— मैं क्या करता था अबतक,
भागता फिरता था सब ओर।
(फिज़ूल है इस वक़्त कोसना ख़ुद को)
एकदम ज़रूरी-दोस्तों को खोजूँ
पाऊँ मैं नये-नये सहचर
सकर्मक सत्-चित् वेदना भास्कर!!

यह आवश्यकता प्रत्यक्ष-अप्रत्यक्ष पूरी कविता में पसरी हुई है। अपने जैसे तमाम जागृतों के साथ संवाद और मैत्री की आवश्यकता है, बदलाव के लिए। यहाँ एक तथ्य और भी महत्त्वपूर्ण है कि जो गलतियाँ हुई हैं, उनके लिए खुद को कोसने की प्रवृत्ति को भी कवि फिजूल कह रहा है। ऐसा करने से नकारात्मक शक्तियाँ और प्रवृत्तियाँ सामाजिकों पर और भी हावी होंगी। ऐसा होना भी षड्यन्त्रकारी शक्तियों के लिए ही लाभदायक होगा। खैर, उपर्युक्त काव्यात्मक निर्णय तक वह सहसा या एक झटके में नहीं पहुँच जाता है। पलायन और तीव्र दृश्यान्तरण के बीच वह एक बन्द कमरे तक पहुँचता है—

खुला हुआ कमरा है साँवली हवा है,
झाँकते हैं खिड़कियों में से दूर अँधेरे में टँके हुए सितारे
फैली है बर्फ़ीली साँस-सी वीरान,
तितर-बितर सब फैला है सामान।

मुक्तिबोध की काव्य प्रवृत्तियाँ जब प्रौढ़ होती हैं, तो कविता में दृश्यांकन या

परिवेश निर्मित करने की क्षमता में असाधारण वृद्धि होती है। इनकी पूरी कविता दृश्यावलियों और ध्वान्यिक अनुगूँजों से भरी है। इसका मुख्य कारण मुक्तिबोध की कविता का स्वाधीनता के बाद सघन बिम्ब मालिकाओं में अधिकाधिक प्रकट होना है। इन कविताओं में आख्यान विस्तृत और प्रदीर्घ होते गये। यह निर्मित परिवेश सामान्य तो नहीं है। सामान तितर-बितर है, बर्फीली साँस-सी वीरानी है, खुले कमरे की हवा साँवली है। यह परिवेश की विद्रूपता प्रकट करने के साथ भावी हलचलों की भी गवाही देता है। इसके तुरन्त बाद पता चलता है कि काव्यनायक के एकान्त प्रिय 'कोई एक' की हत्या कर दी गयी है। निर्मित परिवेश यह स्पष्ट कर रहा है कि यह हत्या एकल संघर्ष के उपरान्त हुई है क्योंकि सामान बिखरा पड़ा है। अगर ऐसा नहीं, तो जनविरोधी शक्तियाँ भय उत्पन्न करने के लिए ऐसा करेंगी। साथ ही यह भी स्पष्ट ध्यान रखना चाहिए कि हम इसे आत्मा की हत्या का पर्याय नहीं मान सकते। वास्तव में यह मानव संस्कृति के शुभ्र, सत्-उत्कृष्ट भावों की हत्या भी है। इसमें गाँधी-तिलक से लेकर सामान्य जन तक सब शामिल हैं। सबकी आकांक्षाएँ, इच्छाएँ शामिल हैं। मानवीय संस्कृति का शुभ्र, शोभन शामिल हैं। यह जनविरोधी शक्तियों को सामने पाकर उससे संघर्ष न करने का परिणाम है, पलायन का परिणाम है, सुरक्षित भविष्य खोजने का परिणाम है। यह प्रवृत्ति समाज के हर वर्ग और समुदाय के लोग में पायी जाती है। इसीलिए नैरेटर कहता है—

सचाई थी सिर्फ़ एक अहसास
वह कलाकार था
गलियों के अँधेरे का, हृदय में, भार था
पर, कार्य क्षमता से वंचित व्यक्ति,
चलाता था अपना असंग अस्तित्व।

काव्यनायक उपर्युक्त स्थापनाओं को बहुत स्पष्ट शब्दों में अभिव्यक्त करता है। जो कलाकार, बुद्धिजीवी, कवि, दार्शनिक, चिन्तक आदि संवेदनशील नागरिक हैं, उन्हें समाज और उसके विभिन्न सन्दर्भों में व्याप्त अन्धकार का बोध है, उन्हें उसकी चिन्ता भी है, परन्तु बदलाव के लिए, अन्धकार से मुक्ति के लिए जिस कार्य क्षमता, संकल्प क्षमता और संगठन की आवश्यकता होती है, वे उससे हीन हैं। वे अपने असंग अस्तित्व में डूबे हुए हैं। कवि स्पष्ट करता है बुद्धिजीवी, कलाकार, कवि या सामान्य जन, जिनके हृदयों में मानवता के सत्-उत्कृष्ट भाव थे, विश्व को सुन्दर बनाने का स्वप्न भी था, ये लोग 'स्वप्न व ज्ञान व जीवनानुभव जो-/ हलचल करता था रह-रह दिल में/ किसी को भी दे नहीं पाया था वह तो।' इनके ये भाव 'शून्य के जल में डूब' गये। वृहद्तर मानवीयता के लिए इनकी चिन्ताएँ और स्वप्न-भावनाएँ उपयोग में न आ सकीं। वजह स्पष्ट है और उपरोक्त ही है। भले ही अन्यान्य

कारणों से इनके स्वप्न, भावनाएँ काम न आ पायी हों, परन्तु न ही ये संवेदनहीन हैं और न ही सम्भावनाहीन। इसीलिए कभी-कभी ही सही, वे स्थितियों पर प्रतिक्रिया करते हैं। ऐसी ही प्रतिक्रिया का परिणाम है यह हत्या—''किन्तु, अचानक झोंक में आकर क्या कर गुज़रा कि/ सन्देहास्पद समझा गया और/ मारा गया वह बधिकों के हाथों।'' ये बधिक निश्चितरूपेण शासन व्यवस्था के ही एक अंग हैं। जो मारा गया वह ''मुक्ति का इच्छुक तृषार्त अन्तर/ मुक्ति के यत्नों के साथ निरन्तर/ सबका था प्यार।'' तृषार्त अन्तर सामाजिक की इंडीविजुएलिटी की ओर इशारा करता है। मैं बार-बार कह रहा हूँ कि मुक्ति (अगर परिवर्तन का वाचक है तो) के लिए जनता की सामूहिकता और संगठनात्मकता आवश्यक है। संवेदना और सम्भावना से परिपूर्ण होकर भी सामाजिक एकल अथवा असंगठित रूप में तन्त्र और व्यवस्था का कुछ भी नहीं बिगाड़ सकता। वह ऐसे ही मरने के लिए अभिशप्त रहेगा। फिर भी यह अवश्य है कि एकल होने पर भी इनका मारा जाना शुभ या शोभन नहीं है। इसीलिए कवि कहता है—

उनका यों वध हुआ,
मर गया एक युग,
मर गया जीवनादर्श!!

यह काव्योक्ति गहरे असन्तोष और पीड़ा के कारण है। आदर्शों का वैयक्तिक स्तर पर मरना भी युग की मृत्यु के सदृश है, क्योंकि उनकी मृत्यु के साथ परिवर्तन की उम्मीद भी समाप्त होने लगती है। इसी कारण काव्यनायक को ये स्थितियाँ और इन स्थितियों को उत्पन्न करनेवाला तन्त्र चिढ़ाता हुआ प्रतीत होता है—'इतने में मुझको ही चिढ़ाता है कोई।' आशय स्पष्ट है कि अपनी संवेदना और सम्भावना के बावजूद एक सामाजिक के नाते अगर अपने सदृश्य दूसरे नागरिकों की हत्या के हम मूकदर्शक होंगे, तो भविष्य में वह तन्त्र आपकी उसी संवेदना और सम्भावना के कारण आपको भी निशाना बनाएगा। यह तय है। अवश्यम्भावी है। यहाँ 'इतने में' शब्द इसी कारण अति व्यंजक है। इसके बाद काव्यनायक एक बार फिर संकल्प से भरता है। परन्तु ज्यों ही फिर वह बाहर निकलता है, वह खुद को आततायी सत्ता के सम्मुख पाता है—

ज़ीने से उतरा,
एकाएक विद्रूप रूपों से घिर गया सहसा
पकड़ मशीन-सी,
भयानक आकार घेरते हैं मुझको,
मैं आततायी-सत्ता के सम्मुख।

यहाँ रुककर विचार करने की आवश्यकता है कि यह आततायी सत्ता

काव्यनायक को हर जगह क्यों मिल जाती है? सबसे सामान्य उत्तर तो यही है कि सत्ता प्रत्यक्ष या परोक्ष रूप में हर जगह विद्यमान है। सत्ता का रूप भी एक नहीं है। राजनैतिक-प्रशासनिक शीर्ष से पाद तक उसका व्यवस्थित पदानुक्रम है। उसका पूरा जाल है। यह दमघोटू तो है ही, जनता के मौलिक अधिकारों का हनन भी करती है। यह सर्वव्यापी सत्ता इतनी आक्रामक है कि संवेदनशील, सम्भावनाशील, संघर्षशील नागरिकों का कॉलर पकड़कर गला दबाती है, तमाचे लगाती है, हिंसा का सहारा लेती है। इनकी इस सांगठनिक हिंसा से सामाजिकों के हृदय की धड़कन रूक सी जाती है, भय की सनसनी फैल जाती है। काव्यनायक कहता है कि चाटों से 'कान में भर गयी/ भयानक अनहद-नाद की भनभन।' यह मध्ययुगीन भक्ति साहित्य (निर्गुण भक्ति) से आया शब्द है। इस मध्ययुगीन भाव साधना की बेहदता का मुक्तिबोध ने कितना सुन्दर, सजीव, सार्थक प्रयोग किया है। यह आधुनिक युग के सांगठनिक हिंसा और उसके परिणामों की असीमितता का वाचक हो जाता है। यहाँ शोषण और हिंसा के अनेक शारीरिक और मानसिक रूपों तथा परिणामों को कवि ने रखा है। यह पूरा विवरण महत्त्वपूर्ण है, क्योंकि यह सत्ता के सांगठनिक हिंसा का वैश्विक चरित्र उद्घाटित करता है। अगर यह वैश्विक नहीं है, तो भी स्वतन्त्रता पूर्व और पश्चात् के समयों (मुक्तिबोध तक और आज तक भी) में उसकी हिंसात्मक प्रकृति को तो स्पष्ट कर ही देता है। आजादी के पहले अंग्रेजों का शासन था। उनकी हिंसा, क्रूरता के किस्सों से इतिहास भरा पड़ा है। आजादी के बाद अपनी लोकतान्त्रिक सरकारों का गठन हुआ। इस अपनी सरकार और उसके तन्त्र से वैसी ही क्रूरता की उम्मीद नहीं थी। यह क्रूरता बदस्तूर जारी रहती है। कई अर्थों में उसका विस्तार हो रहा था, हो रहा है। दोनों समयों में क्रूरता के जारी रहने की वजहें और थीं। इसी कारण काव्यनायक को क्रूरता और शासन की केन्द्रीयता का 'चक्रिल केन्द्र ही फैलता जाता' सा प्रतीत होता है। इस फैलाव में 'धँस रहे, गिर रहे बड़े-बड़े टॉवर।' यह टॉवर अतीत के लोग और प्रवृत्तियों का पर्याय है। मुख्यतः स्वच्छ, धवल और संघर्षशील। इस फैलाव में ही—

अन्तर्तत्त्वों का पुनःप्रबन्धन और पुनर्व्यवस्था
पुनर्गठन-सा होता जा रहा।

अन्तर्तत्त्वों के पुनःप्रबन्धन, पुनर्व्यवस्था और पुनर्गठन के दो स्पष्ट सन्दर्भ हैं। एक जनपक्षी, दूसरा सत्तापक्षी। सत्ता और उसके विभिन्न संगठन, जो जनता के प्रतिपक्ष में हैं, व्यावहारिक रूप में उनके भी अन्तर्तत्त्व जनता के ही अन्तर्तत्त्व होने चाहिए थे। सैद्धान्तिक रूप में सम्भवतः हैं भी। व्यावहारिक रूप में सत्ता और जनता के सार तत्त्व या केन्द्रीय विषय-वस्तु अलग हैं। सत्ता केवल अपने आप को, किसी भी कीमत पर बनाए रखना चाहती है। इसीलिए वह धनबल, बाहुबल के साथ नयी व्यवस्था तथा

गठबन्धन-प्रबन्धन विकसित करती रही है। जनता की ओर से उस पुन:प्रबन्धन, पुनर्व्यवस्था, पुनर्गठन का अर्थ होगा—अपने निजी स्वार्थ, लाभ-हानि से थोड़ा ऊपर उठकर संवेदनशील और जागृत धी के बिखरे लोग को संगठित किया जाए। ये संगठित लोग बाद में आम जनता के लिए नेतृत्वकारी भूमिका निभाएँ। इस प्रकार समाज के दुख-पीड़ा, तकलीफों, गैर-बराबरी, शोषण के विरुद्ध एक व्यापक संघर्ष छेड़ा जा सकता है।

इसके बाद के बन्ध में एक बार फिर दृश्य बदलता है—'दृश्य ही बदला, चित्र बदल गया', क्योंकि काव्यनायक संगठन की आवश्यकता महसूस कर ज्योंही उस दिशा में सक्रिय होने की ओर अग्रसर होता है, उसे सत्ता के रक्षक पकड़ लेते हैं। उसको इन्टेरोगेट किया जाता है। प्रताड़ित किया जाता है—'शीश की हड्डी जा रही तोड़ी/ लोहे की कील पर बड़े हथौड़े/ पड़ रहे लगातार।' सत्ता किस तरह सामाजिकों पर नजर रखती है, इसका बड़ा ही व्यंजक चित्र मुक्तिबोध ने प्रस्तुत किया—

देखा जा रहा—
मस्तक-यन्त्र में कौन विचारों की कौन-सी ऊर्जा,
कौन-सी शिरा में कौन-सी धक्-धक्
कौन-सी रग में कौन-सी फुरफुरी
कहाँ है पश्यत् कैमरा जिसमें
तथ्यों के जीवन-दृश्य उतरते,
कहाँ-कहाँ सच्चे सपनों के आशय
कहाँ-कहाँ क्षोभक-स्फोटक सामान!

यह सत्ता के चरित्र पर तो टिप्पणी है ही, साथ ही यह सत्ता के भय को भी दर्शाता है। भयभीत सत्ता सबसे ज्यादा स्वप्नों को ही कैद या कुन्द करना चाहती है, क्योंकि स्वप्नों में परिवर्तन की आकांक्षाएँ भी होती हैं और परिवर्तन के लिए आवश्यक ऊर्जा निर्मित करने की क्षमता भी होती है। इसीलिए सत्ता इन स्वप्नों और आशयों के तलघर में छिपे प्रिटिंग प्रेस खोजना चाहती है। जहाँ विचारों के परचे छपते हैं और बाँटे जाते हैं। जो संस्था सत्ता विरोधी और जनपक्षी स्वप्नों को विस्तारित करती है, उसकी सेक्रेटरी आस्था है और मुखिया आत्मा। ये दोनों शब्द भी मध्ययुगीन जीवन-मूल्य से आए हैं, परन्तु मुक्तिबोध ने अपने काव्य-सामर्थ्य के द्वारा इसे नये अर्थ से लैस किया है। आत्मां सार तत्त्व है, तो आस्था वह कोई एक विश्वास है, जो परिवर्तन के लिए अत्यावश्यक है। इसीलिए जनविरोधी शक्तियाँ इन्टेरोगेट तो सामाजिक को करती हैं, परन्तु खोजती हैं- उसके स्वप्न, आस्था, उनका मानवीय सार तत्त्व। यह कवि के रूप में मुक्तिबोध की सूक्ष्मतम समझ और सम्प्रेषण का साक्षी है। जनता और उसके सरोकारों से पूरी तरह कटे तन्त्र को, जनता और समाजों द्वारा शताब्दियों

में अर्जित हुए गुणों की जानकारी भी नहीं है। ये कोई बहुत गुप्त अथवा सांकेतिक गुण नहीं हैं। बस अपने स्वार्थ, लोभ, मोह के खोहों में फँसकर सामाजिक उससे क्षणिक रूप से पृथक् हो गये हैं। काव्यनायक अपने जैसे लोग की खोज इसी कारण कर रहा है कि वे खोह से निकलकर संगठित हों। इस क्षणिक पार्थक्य ने तन्त्र और सत्ता के लिए मानवता के सत्-उत्कृष्ट गुणों को और भी अबूझ पहेली बना दिया। सत्ता और तन्त्र के हिमायती इसे समझ ही नहीं पा रहे हैं, इसीलिए झल्ला रहे हैं—'और, मैं सुनता हूँ चिढ़ी हुई ऊँची/ खिझलायी आवाज़।' इस झल्लाहट में वह कहता है—'स्क्रीनिंग करो–मिस्टर गुप्ता,/ क्रॉस एक्ज़ामिन हिम थॉरोली!!' जो बात सबको पता है या होती है, उसके लिए इतनी मशक्कत सत्ता कर रही है, तो यह उसके भय, जन सरोकारों के प्रति उसके अवहेलनात्मक रवैये ही परिणाम है।

अगले बन्ध में सत्ता केन्द्रों की जकड़ में फँसा होने पर भी काव्यनायक अपनी संवेदना को, वेदना को जन तक पहुँचाने की बात कहता है। वह कहता है कि शोषण के प्रत्यक्ष चिह्न शरीर पर हैं, हो सकते हैं, 'पर, यह आत्मा कुशल बहुत है।' मानवीय सार तत्त्व, जो शताब्दियों के मानवीय संघर्ष (जैविक, पारिस्थितिकीय और सभ्यताई-सांस्कृतिक) की उपलब्धि है। इस मानवीय सार तत्त्व को पत्थर जैसी गठरी बनाकर उसे चूर करता है और 'धूल में बिखरा देता है उसको।' अपने भावों को, संवेदना को, वेदना को भी इस प्रकार धूल में बिखरा देने के बाद दो-तीन अन्तर्विरोधी जान पड़ती-सी प्रक्रियाओं का कवि पुनःप्रबन्धन, पुनर्गठन करता है।

पहला तो धूल में बिखराना उसकी इस इच्छा का सांकेतीकरण है कि मानवीय सारतत्त्व, मानवता के सत्-उत्कृष्ट भाव जन तक पहुँचे।

दूसरा कवि कहता है—'मन यह हटता है देह की हद से/ जाता है कहीं पर अलग जगत् में।' क्या यह अध्यात्म की अंधी गलियाँ हैं? या आध्यात्मिक दीखती इस शब्दावली के गहरे भौतिक निहितार्थ हैं। इस तथ्य को ये पंक्तियाँ और जटिल करती हैं- 'विचित्र क्षण है,/ सिर्फ़ जादू है'।

तीसरा काव्यनायक कहता है—'मात्र मैं बिजली/ यद्यपि खोह में खूँटे बँधा हूँ' अर्थात् उसे सिर्फ सत्ता और उसके संस्थान ही कैद नहीं किये हुए। वह अपनी सारी वैचारिकी, समझ, प्रगतिशील सोच के बावजूद संस्कार और व्यवहार जन्य रूढ़िवादिता को त्याग नहीं पाया है। इस हेतु उसकी झटपटाहट और तड़प भी है, परन्तु सत्ता और मध्यवर्गीय संस्कारों के बीज समाज में इतने गहरे तक धँसे हैं कि सामाजिक उससे मुक्त नहीं हो पाता। अपनी तमाम कोशिशों के बावजूद। ये तीनों सन्दर्भ कविता में, जिस अन्तर्विरोध का निर्माण करते हैं, वह कविता की सबसे बड़ी ताकत है। आचार्य रामचन्द्र शुक्ल ने 'विरुद्धों का सामंजस्य' की बात यों ही नहीं कही थी। ये अन्तर्विरोध जीवन और उसमें विद्यमान अनेक धाराओं के एक साथ अस्तित्वमानता में शमित

होते हैं, जीवन जैसा है, उससे बेहतर बने, इस आकांक्षा में शमित होते हैं। मानवीय सार तत्त्वों की, उसकी सत्–उत्कृष्ट आकांक्षा की चरम उपलब्धि अगर कवि के रूप में मुक्तिबोध की आकांक्षा है, तो वर्तमान राजनैतिक–आर्थिक, समाज सम्बन्धी परिदृश्य में यह उपलब्धि क्या जादू से कम होगी? इसीलिए मानवीय सार तत्त्व, उसकी सत्–उत्कृष्ट आकांक्षा को जब वह धूल में बिखरा देता है, तो यथार्थ और स्वप्न को एक साथ साध लेता है। धूल, मिट्टी और हवा दोनों से अपना साहचर्य रखता है। मानवता के जिन सत्–उत्कृष्ट भावों को वह समाज में पल्लवित–पुष्पित करने के स्वप्न देखता है, उस स्वप्न के लिए यथार्थ की जमीन अत्यावश्यक है। जनता के बीच इन स्वप्नों का प्रसार,/ उसके सफल होने की दुराशा के बीच जादू का सा प्रभाव छोड़ती है। अगर यह दुराशा सामाजिक में एक ओर जादू का सा प्रभाव डालती है, तो दूसरी ओर उसकी संस्कारवादिता, उसके मध्यवर्गीय खोहों को और भी विडम्बनात्मक स्थितियों के साथ उभार देती है। इन विडम्बनात्मक स्थितियों में ही उसे आभास होता है—'दैत्य है आस–पास।' ये दैत्य निश्चितरूपेण सत्ता और उसके सहयोगी तन्त्र हैं। इन विडम्बनात्मक स्थितियों के उभार के बावजूद लेखक जानता है कि परिवर्तन के लिए जनता का संगठित होना अनिवार्य है—

फिर भी बहुत दूर मीलों के पार वहाँ
गिरता हूँ चुपचाप पत्र के रूप में
किसी एक जेब में
वह जेब...
किसी एक फटे हुए मन की।

यह अपने जैसे संवेदनशील लोग तक पहुँचने की कोशिश है। पत्र वैसे भी सार्वजनिक नहीं होतें। उसका चरित्र निजी होता है। इस निजी सन्दर्भ को सार्वजनिक करने का प्रयास इस आवश्यकता के दबाव में ही है कि परिवर्तन के लिए निज सन्दर्भ बहुत महत्त्व नहीं रखते। क्रान्ति निजी सन्दर्भों से नहीं पायी जा सकती। दूसरे परिवर्तन के लिए अपने निजी संस्कारों और खोहों से बाहर निकलना होगा। सिर्फ निकलना ही पर्याप्त नहीं होगा, अपने जैसों से जुड़ना भी होगा। समय के उस बिन्दु के ये ऐतिहासिक दबाव हैं, जहाँ सामाजिक परिवर्तन की उम्मीद करता है। भारतीय समाज अपने मूल चरित्र में इन ऐतिहासिक दबावों को अपने चरित्र की वैशिष्टिक विशेषता नहीं बना पाया है। वह कभी इन दबावों को सकर्मक रूप में अपने भीतर परिपक्व नहीं होने देता, इसीलिए भारतीय समाज में परिवर्तन की क्रान्तिकारी चेतना भी कभी नहीं उभर पायी है। यह क्रान्ति या बदलाव, क्रान्तिकारी चेतना और प्रगतिशील हलकों में आकांक्ष्य ही रही है। 'अँधेरे में' जैसा परिवर्तन की आकांक्षा का काव्यात्मक दस्तावेज हिन्दी कविता में दूसरा नहीं दिखायी पड़ता। इन ऐतिहासिक दबावों में सामाजिकता

और निजता को कवि स्वयं ही रेखांकित भी करता है—

समस्वर, समताल,
सहानुभूति की सनसनी कोमल!!
हम कहाँ नहीं हैं
सभी जगह हम।

यहाँ कवि 'हम' शब्द का प्रयोग करता है। यह बहुवाचकता सिर्फ सामाजिकों की नहीं है। यह बहुवाचकता समान स्वर, ताल और अनुभूति की भी है। इसकी झनझनाहट समाज में फैली है, बस उसको जोड़नेवाला तन्तु गायब है। इसीलिए वे यहाँ-वहाँ बिखरे पड़े हैं। एक-दूसरे से जुड़कर, संगठित होकर एक बड़ी परिवर्तनकारी शक्ति का निर्माण नहीं कर पाते हैं। आगे कवि प्रश्न करता है—'निजता हमारी?' उसका उत्तर द्रष्टव्य है—

भीतर-भीतर बिजली के जीवित
तारों के जाले,
ज्वलन्त तारों की भीषण गुत्थी
बाहर-बाहर धूल-सी भूरी
ज़मीन की पपड़ी।

निजता का यह सन्दर्भ संवेदनशील और सम्भावनाशील, परन्तु अपनी खोहों में बन्द लोग का है। वे बिजली के जीवित तार हैं, पर जुड़े नहीं। यह निजता धूल, मिट्टी की पपड़ी के नीचे दबा पड़ी है। क्रान्तिकारी व्यक्तित्वों में अन्तर्विरोध कितने गहरे तक समंजित होते हैं या उसे होना चाहिए—यह मुक्तिबोध की निम्न पंक्तियों से द्रष्टव्य है—

अग्नि को लेकर, मस्तक हिमवत्,
उग्र प्रभंजन लेकर, उर यह
बिलकुल निश्चल।

अग्नि और हिम, उग्र प्रभंजन और निश्चलता का एक साथ समंजित होना, अकल्पनीय ही प्रतीत होता है। बावजूद इसके मुक्तिबोध ने मानवता के जिन उदात्त लक्ष्यों को सामने रखा है, अगर उनका प्राप्त होना जादू का सा हो सकता है, तो उस जादू के लिए इस असम्भव दिखायी पड़ते को भी सामाजिकों को श्रम, चेतना, वैचारिकता, साहचर्य, संघर्ष-क्षमता आदि से सम्भव बनाना होगा। तभी कवि कहता है—

विचित्र रूपों को धारण करके
चलता है जीवन, लक्ष्यों के पथ पर।

लक्ष्य क्या है? शोषणमुक्त समाज। ऐसा समाज, जहाँ प्रत्येक इनसान बराबर

हो, उसे उसकी क्षमता और योग्यता भर जीने लिए न्यूनतम संसाधन अवश्य प्राप्त हो।

इसके बाद सातवें खण्ड की शुरुआत होती है—'रिहा!!' एक अर्थ तो है ही कि काव्यनायक को कैद किया गया था, उस कैद से उसे मुक्ति मिली है। यहाँ के दो विस्मयादिबोधक चिह्न अपनी रिहाई के प्रति काव्यनायक के आश्वस्ति के वाचक नहीं हैं। प्रश्न है कि काव्यनायक में इसके प्रति गहरा विस्मय क्यों है? क्योंकि जिन शक्तियों ने उसे कैद किया था, उनकी क्रूरता और अन्य गतिविधियों को देखते हुए ऐसी औचक रिहाई दुराशा ही थी। रिहाई के प्रति इस गहरे विस्मय का एक दूसरा सन्दर्भ भी हो सकता है। यह रिहाई अपने उन वैयक्तिक सन्दर्भ, खोहों से भी हो सकती है, जिनमें कैद होने के कारण वह अपने जैसे अन्य जागृत, संवेदनशील लोग के साथ अपनी एकता के तार स्थापित नहीं कर पा रहा था। कविता में इस तथ्य की अनेकशः पुनरुक्तियाँ हैं। वह लगातार इस पर चिन्तन कर रहा था। अब अगर वह इन खोहों से मुक्त महसूस कर रहा है, तो इतिहास और ऐतिहासिक प्रक्रिया के उस दरवाजे पर खड़ा है, जहाँ वह सत्ता और अन्य आतातायी शक्तियों के विरुद्ध एकता, संगठन की प्रक्रिया में शामिल हो सकता है। इस तरह परिवर्तन की प्रक्रिया पूरी हो जाएगी या उसके पूरे होने की सम्भावना का विकास होगा। इस ऐतिहासिक प्रक्रिया की शुरुआत की सम्भावना ही काव्यनायक में गहरे विस्मय को जन्म देती है। इसके बावजूद उसकी रिहाई निर्द्वन्द्व, निःशंक नहीं है। 'कई छाया-मुख अब करते हैं पीछा,/ छायाकृतियाँ न छोड़ती हैं मुझको'। ये पीछा करनेवाले भी दो तरह के लोग हैं—एक जो समानधर्म हैं और दूसरे जो शोषक और सत्तावर्ग के प्रतिनिधि हैं। सत्तावर्ग के समर्थक उस पर निगरानी रखने के लिए उसका पीछा करते हैं, उसे भय, लोभ आदि माध्यमों से अकेला किये रहते हैं। इसीलिए काव्यनायक जहाँ-जहाँ गया, ये 'दृष्टि की पत्थरी चमक'वाले 'संगीन' मारते हैं। इसके उत्तर में काव्यनायक को लगता है—

मुझे अब खोजने होंगे साथी—
काले गुलाब व स्याह सिवन्ती
श्याम चमेली,
सँवलाये कमल जो खोहों के जल में
भूमि के भीतर पाताल-तल में
खिले हुए कब से भेजते हैं संकेत
सुझाव-सन्देश भेजते रहते!!

यहाँ भी गहरे विस्मय को अभिव्यक्त करने के लिए दो विस्मयादिबोधक चिह्न हैं। यहाँ गहरा विस्मय है, क्योंकि काव्यनायक अबतक अपने लिए भेजे जाते हुए संकेतों, सुझावों और सन्देशों को क्यों नहीं पकड़ पाया था? उन संकेतों, सुझावों, सन्देशों के लिए आवश्यक कार्य क्यों नहीं किये? जो काव्यनायक के साथी हैं, उनके

प्रतीक तो गुलाब, सिवन्ती, चमेली, कमल हैं। ये पुष्प हैं। कोमल, स्वच्छ, प्रकृति के उदात्त सन्दर्भ। इनके रंग विकृत हैं, जो क्रमशः काले, स्याह, श्याम, सँवलाये हैं। ये इन पुष्पों के प्राकृतिक रंग नहीं हैं। यह रंगान्तर क्यों? इस रंगान्तर के द्वारा कवि सामाजिकों पर पड़ रहे सत्ता के दबावों और परिणामों की ओर इशारा करता है। सत्ता का परिणाम कितना विध्वंसक हो सकता है, इसको भी प्रदर्शित करता है। इस तनाव, दबाव के बावजूद एक धनात्मकता भी है। रंगान्तर के बावजूद ये पुष्प बने हुए हैं, जीवित हैं और अपनी कोमलता, मसृणता बचाए हुए हैं। सामाजिकों के स्तर पर यह उनकी संवेदनशीलता, सम्भावनाशीलता का ही पर्याय होगा। इन सन्देशों को समझने, पहचानने के बाद क्षितिज पर नायक को जो पुष्प दिखायी पड़ते हैं, वे 'सफ़ेद नीले मोतिया चम्पई फूल गुलाबी' हैं, जिन्हें काव्यनायक अथवा उसके जैसे तमाम संवेदनशील लोग बटोरते हैं। ये फूल 'बिजली की नंगी लताओं से' भरे हुए हैं अर्थात् पुष्पों के सन्दर्भ में रंगों की ये जो दो श्रेणियाँ हैं, वे भी पाठक के रूप में हमारा ध्यान आकृष्ट करती हैं। इनसानी (कु)प्रभावों, सामाजिक विसंगतियों के कारण ही मनुष्य विरंग-कुरंग हो गया है। अन्यथा प्रकृति का औदार्य, उसकी सुषमा और ऊर्जा निरन्तर बनी हुई है। इसीलिए सभ्यता से दूर क्षितिज पर जो पुष्प हैं, वे काले या स्याह नहीं हैं, सफेद, नीले, मोतिया, चम्पई, गुलाबी हैं। 'बिजली की नंगी लताओं से' भरे हुए हैं अर्थात् ऊर्जावान भी हैं। बिजली सामाजिक मुहावरों में ऊर्जा, गति का भी पर्याय है। काव्यनायक इन्हीं ऊर्जा सदृश्य फूलों को, प्राकृतिक औदार्य को समेटता हुआ लगता है। खुद को ऊर्जावान बनाने के लिए। इस भावन से और तदुपरान्त उपजे सकारात्मक ऊर्जा से वह 'अचानक विचित्र स्फूर्ति से' ''जमीन पर पड़े हुए चमकीले पत्थर/ लगातार चुनकर/ बिजली के फूल बनाने की कोशिश/ करता है।'' यहाँ का विचित्र शब्द मात्र यह दर्शाता है कि वह भले ही क्रियाओं की मध्य धारा में हो, परन्तु घटित घटनाओं का वैज्ञानिक विश्लेषण कर पाने में अभी सक्षम नहीं है। यह बुद्धिहीनता नहीं है। यह समाज की समझ का मसला है। समाज के विकास सम्बन्धी चिन्तनों का पर्याप्त विकास होने के बावजूद वह इतना विकसित नहीं है (कम-से-कम मुक्तिबोध के समय तक, इस कविता के सन्दर्भ में) कि समाज के स्तर पर घटित प्रत्येक घटना, क्रिया-प्रतिक्रिया का तर्क सम्मत और वैज्ञानिक, कार्य-कारण पद्धति के अनुरूप उत्तर दे सके। ऐसे ही सन्दर्भों में मुक्तिबोध अकस्मात्, विचित्र आदि शब्दों का प्रयोग करते हैं। प्रकृति के औदार्य, सुषमा और ऊर्जा से संचारित होकर काव्यनायक धरती पर पड़े चमकीले पत्थरों से बिजली के फूल बनाने की कोशिश करने लगता है। कविता में पहले भी पत्थर आये हैं—'विस्तृत खोह के साँवले तल में/ तिमिर को भेदकर चमकते हैं पत्थर'। ये पत्थर 'दीप्ति में वलयित रत्न वे नहीं हैं/ अनुभव, वेदना, विवेक-निष्कर्ष,/ मेरे ही अपने यहाँ पड़े हुए हैं'। अर्थात्

यहाँ जो ऊर्जा, औदार्य का फूल बनाया जा रहा है, वे सामाजिकों के संचित अनुभव के ही फूल हैं। ऊपर काव्यनायक कहता है कि अपने साथी खोजने होंगे, जो उसी की तरह स्थितियों-परिस्थितियों से दबकर विरंग हो चुके हैं, परन्तु जिन्होंने अपनी संवेदना, सम्भावना नहीं खोयी है। उसके बाद वह प्रकृति से औदार्य, उदात्तता के सन्दर्भ ग्रहण करता है। स्पष्ट है कि इस औदार्य के बिना वह मध्यवर्गीय तथा अन्य जितने भी प्रकार के खोहों में फँसा है, उससे मुक्त नहीं हो सकता। इसीलिए वह प्रकृति की अनन्त सुषमा के समानान्तर अपने पत्थरों अर्थात् अनुभव, वेदना, विवेक, निष्कर्ष को भी सम्भावनाशील, ऊर्जा युक्त बताता है—

रश्मि-विकीरण—
मेरे भी प्रस्तर करते हैं प्रतिक्षण।

काव्यनायक कहता है कि बिजली के फूलों की तरह वे मेरे रत्न हैं। इन सारे अनुभव, विवेक, वेदना, निष्कर्ष, प्रत्यन, ऊर्जा, सम्भावना के बावजूद—

असन्तोष मुझको है गहरा,
शब्दाभिव्यक्ति अभाव का संकेत
काव्य-चमत्कार उतना ही रंगीन
परन्तु ठंडा।

यह असन्तोष एक कवि का भी है और एक सामाजिक का भी। सामाजिक के असन्तोष की वजहें पूरी कविता में फैली हुई हैं। कवि के स्तर पर असन्तोष के साथ व्यंग्य की एक बारीक़ धार भी है। कविता काव्य चमत्कार में रंगीन है। उसमें उत्कृष्ट अभिव्यक्तियाँ हैं, शब्द और भंगिमाएँ शानदार हैं, भंगिमाएँ जानदार हैं, परन्तु, फिर भी वह ठंडा है। वजह स्पष्ट है कि ये अपनी संरचनात्मक उत्कृष्टता के बावजूद परिवर्तन की किसी सार्थक प्रक्रिया को न प्रज्वलित करने में सक्षम हैं और न ही उसकी कोई सार्थक पृष्ठभूमि निर्मित क़र पाने में सक्षम हैं। साथ ही वह अपने पुष्पों को भी शीतल कहता है—"मेरे भी फूल हैं तेजस्क्रिय, पर/ अतिशय शीतल।" काव्यनायक के विचार और ऊर्जा सक्रिय हैं, परन्तु शीतल हैं। इसके कई कारण हैं। सबसे पहला तो उसका अपने खोहों में कैद होना ही है। अपने स्वार्थ, निजता, निजी लोभ-लाभ आदि के खोह में कैद सामाजिक समाज के व्यापक हितों के प्रति अतिनिष्क्रिय होता है। इस पहली वजह के कारण वह संगठित होकर एक तीव्र प्रतिरोधी शक्ति का निर्माण नहीं कर पाता। इसीलिए समाज़ में बदलाव की सम्भावना भी क्षीण होती जाती है। इस प्रक्रिया को समझने के कारण काव्यनायक कहता भी है कि "मुझको तो बेचैन बिजली की नीली/ ज्वलन्त बाँहों में बाँहों को उलझा/ करनी है उतनी ही प्रदीप्त लीला।" 'उतनी ही' शब्द एक समानान्तर सन्दर्भ निर्मित करता है। प्रश्न है कितनी? परिवर्तन के लिए एकता आवश्यक है। क्रान्ति आवश्यक है। क्रान्ति की प्रक्रिया को प्रज्वलित

करने की क्षमता धारण किये बिना, उसकी सार्थक आधारभूमि निर्मित किये बिना काव्य चमत्कारमय हो सकता है, रंगीन हो सकता है, पर वह हमेशा ठंडा ही रहेगा। सन्दर्भ, विचार, प्रेरणा की शक्ति ही उसे ऊर्जावान बनाएगी। इसीलिए दूरागत सन्दर्भ उसे अपने काम के उपमान नहीं लगते—

''मेरे पास न रंग है बिजली का गौर कि
भीमाकार हूँ मेघ मैं काला।''

साथ ही वह यह भी कहता है—''अरे, इन रंगीन पत्थर-फूलों से मेरा/ काम नहीं चलेगा!!'' उपर्युक्त सारे विश्लेषण के सामानान्तर ये पंक्तियाँ एक भयानक अन्तर्विरोध का निर्माण करती हैं। ऊपर हमने पत्थर फूलों के प्रति काव्यनायक के भावुक उद्‌गार देखे हैं। उन्हें वह वेदना, अनुभव, विवेक, निष्कर्ष का पर्याय बताता है। अब वह कह रहा है कि इनसे मेरा काम नहीं चलेगा। साथ ही इसके प्रति गहरा विस्मय भी है। यहाँ दो विस्मयादिबोधक चिह्न इसे स्पष्ट करते हैं। जिन सन्दर्भों को वह अबतक अपनी निधि मान रहा था, यह ज्ञान कि वे उसके काम के नहीं, सामाजिकों में एक खालीपन अथवा अवसाद का भी निर्माण कर सकते हैं। काव्यनायक में इसके प्रति विस्मय तो है, पर कोई मनोग्रंथि नहीं विकसित होती, क्योंकि वह उसके गम्भीर चिन्तन का परिणाम है, क्योंकि उसके ''मस्तक-कुंड में जलती/ सत्-चित्-वेदना-सचाई व ग़लती-/ मस्तिष्क शिराओं में तनाव दिन-रात।'' यह तनाव मनोरोग का नहीं, चिन्तन का है, समाज जिन राजनैतिक-आर्थिक-समाज सम्बन्धी मूल्यों पर बदल रहा है, उनके प्रति लगातार चिन्तन का। निरन्तर चिन्तन, समाज और उसमें घट रही घटनाओं, उसके मूल कारणों को समझने की गहराई देता है। इस क्रमिक और निरन्तर वृद्धिमान चिन्तन का ही परिणाम है कि उसका अबतक का बोध, अनुभव, ज्ञान उसे परिवर्तन के लिए अपर्याप्त लगने लगते हैं। ये ज्ञान, अनुभव, बोध शताब्दियों में अर्जित मनुष्य के ज्ञान हैं। अबतक की निर्मित संस्थाएँ इसी ज्ञान पर आधारित हैं। ये संस्थाएँ ही या तो सत्ता रूपों में परिवर्तित हो गयी हैं या सत्ता इन्हें अपने अधीन बना चुकी है और उन्हें भी मनुष्यों के शोषण के लिए इस्तेमाल कर रही है। इस ज्ञान ने गहरा विस्मय भी उत्पन्न किया। साथ ही इन मूल्यों की निरर्थकता भी निर्मित की। वैसे भी नये समाज के निर्माण के लिए क्रान्तिकारी परिवर्तन अगर एक सम्भावना निर्मित करता है, तो समाज का नये सिरे से निर्माण भी एक रास्ता है। पुराने ज्ञान और अनुभव को अस्वीकार करना उन संस्थाओं को भी अस्वीकारना है, जिन्होंने इस ज्ञान और अनुभव का मानवता के विरुद्ध इस्तेमाल किया है। यह अन्तर्विरोधी दिखती बात गहरी सार्थकता का निमित्त बन जाती है। इसीलिए मुक्तिबोध कहते हैं—

अब अभिव्यक्ति के सारे ख़तरे
उठाने ही होंगे।

तोड़ने ही होंगे मठ और गढ़ सब।
पहुँचना होगा दुर्गम पहाड़ों के उस पार
तब कहीं देखने मिलेंगी बाँहें
जिसमें कि प्रतिपल काँपता रहता
अरुण कमल एक

अभिव्यक्ति के खतरे समाज के स्तर पर ही नहीं उठाने हैं। काव्य के भाववादी स्वर ही सिर्फ साहित्यिक मठ और गढ़ नहीं हैं। काव्य की जो लम्बी सुदीर्घ परम्परा है, जिसने धर्म, जाति, शास्त्र, सम्प्रदाय और ईश्वर के नाम पर ऐसे गढ़ों का निर्माण किया, जिसमें इनसान विभेदकारी मूल्यों का शिकार हो गया। इनसान इनसान के बीच व्यापक खाई निर्मित हो गयी। इनको भी तोड़ना होगा। वह जो काव्य चमत्कार उत्पन्न करनेवाला साहित्य है, परन्तु जिनमें परिवर्तन की सम्भावना विकसित करने का दम नहीं है, न उसकी आधारभूमि बनने की क्षमता, उन्हें भी तोड़ना होगा। इसके समानान्तर समाज के स्तर पर जो अनुभव, ज्ञान मनुष्य ने अर्जित किये हैं, जो अब सत्ता के हथियार की तरह कार्य करने लगे हैं, उन्हें भी तोड़ना आवश्यक है। इन मठों को तोड़ना आवश्यक है, क्योंकि ये इनसानों को सुविधा क्षेत्रों में रखते हैं। अगर बहुत गहरायी से न विचार किया जाए, तो ये सामाजिकों के आक्रोश, क्रोध के लिए सेफ्टी वॉल्व का काम भी करते हैं। क्रोध परिपक्व नहीं हो पाता। बदलाव की चेष्टाएँ घनीभूत नहीं हो पातीं। इसको समझने के कारण ही काव्यनायक को इतनी यात्रा पूरी करने के बाद अबतक का अर्जित ज्ञान और अनुभव अधूरे लगने लगते हैं। इस नये बोध के आलोक में अभिव्यक्ति के खतरे उठाने की बात कवि करता है। यह अभिव्यक्ति परिवर्तनाकांक्षी है। इसीलिए यह सत्ता, उसकी तमाम समर्थक संस्थाओं और उससे जुड़े अपार लोग के लिए नागवार होगी। इनकी सम्मिलित शक्ति ऐसी किसी भी परिवर्तनाकांक्षी अभिव्यक्ति (प्रयास, आन्दोलन) को किसी भी कीमत पर दमित करने की कोशिश करती हैं। खतरा इसके विरुद्ध जाने में है। परन्तु अगर परिवर्तन चाहिए तो यह खतरा उठाना ही पड़ेगा। मठ और गढ़ को तोड़ने का एक अर्थ, जो समाज से सीखा है, जिसमें जाति, धर्म, सम्प्रदाय, शास्त्र के छिपे हुए निहितार्थ रहते हैं, उसको अनलर्न करने से भी है। इस अनलर्निंग से नये मनुष्य के विकास की सम्भावनाओं का द्वार खुलेंगे। यह प्रक्रिया इतनी सहज नहीं है। इस प्रक्रिया में सामाजिक को अपने निजी लोभ-लाभ, संस्कार, स्वार्थ से भी लड़ना पड़ता है और सत्ता के विभिन्न प्रतिष्ठानों से भी। इनको पार करने के बाद कवि के अनुसार 'अरुण कमल' मिलेगा। इन पंक्तियों में भी पाठान्तर है। 'चाँद का मुँह टेढ़ा है' संग्रह में ''तब कहीं देखने मिलेंगी बाँहें/ जिसमें कि प्रतिपल काँपता रहता/ अरुण कमल एक'' है, जबकि रचनावली में है—''तब कहीं देखने को मिलेंगी हमको/ नीली झील की लहरीली

थाहें/ जिसमें कि प्रतिपल काँपता रहता/ अरुण कमल एक।'' 'हमको' शब्द से अर्थ ग्रहण थोड़ा आसान हो जाता है। झीलवाली पंक्ति अतिरिक्त जोड़ी गयी है। यह जल की स्वच्छन्दता का पर्याय बनता है। सारे संस्कारों, अनुभवों के सत्ता प्रतिष्ठान तोड़ने के बाद स्वच्छ झील निर्मित होगी, जिसमें 'अरुण कमल' खिलेगा। नंदकिशोर नवल के अनुसार 'अरुण कमल, यानी फासिज्म के विरुद्ध लिखी गयी एक क्रान्तिकारी कविता।' दूर से यह अर्थ हो सकता है, निकाला जा सके। फिर भी इतने दूर जाने का औचित्य मुझे समझ नहीं आता। यह 'अरुण कमल' किसी भी संघर्ष का सूक्ष्मतम फल क्यों नहीं है? या अन्य प्रसंगों के अनुरूप अनेक अर्थी क्यों नहीं है? वास्तव में इस तरह कविता और उसके भावों की खाकेबंदी कवि और कविता दोनों के प्रति अन्याय ही है।

पाठान्तर यहाँ और भी है। रचनावली में सातवाँ हिस्सा यहाँ से शुरू होता है। जबकि संग्रह में 'रिहा' वाले खण्ड से सातवें खण्ड की शुरुआत है।

आगे कवि कहता है—

ले जाने उसको धँसना ही होगा।
झील के हिम-शीत सुनील जल में

रचनावली वाले पाठ में इसमें एक पंक्ति और जुड़ी हुई है—'जादुई झील को करनी ही होगी मेरी प्रतीक्षा'। पहली दो पंक्तियों का भाव तो स्पष्ट ही है कि 'अरुण कमल' प्रसंगानुकूल चाहे जिसका प्रतीक हो, उस लक्ष्य, विचार, संघर्ष के परिणाम को पाने के लिए स्थितियों, परिस्थितियों, वातावरण में धँसना होगा। समाज और जीवन में धँसे बिना, उनसे जूझे बिना, हिमालय की कन्दराओं में बैठकर तपस्या करने से या कुंडलिनी जाग्रत करने से समाज में परिवर्तन का लक्ष्य नहीं पाया जा सकता। इस अर्थ को जटिल और संश्लिष्ट बनाती है बाद में जोड़ी हुई पंक्ति। यह नयी जोड़ी गयी पंक्ति काव्य के उदात्त उठान को क्षरित भी करती है। प्रश्न है कि 'जादुई झील' प्रतीक्षा क्यों करेगी? समाज की विसंगतियाँ, अन्तर्विरोध, यथास्थिति को बनाये रखने में सत्ता पक्ष के लिए हथियार का कार्य करने लगते हैं। ये यथास्थितियाँ परिवर्तनाकांक्षी समाज अथवा सामाजिकों का इन्तजार क्यों करेंगी? सामाजिकों के संघर्ष, विरोध आदि द्वारा इन्हें बदला जाता है या बदला जा सकता है। ऐसी स्थिति में जिन स्थितियों में सामाजिक परिवर्तन करना चाहता है, उनके इन्तजार का अर्थ समझ में नहीं आता। एक दूसरे अर्थ की ओर भी ध्यान जाता है। जिस झील में 'अरुण कमल' खिला है, चूँकि वह 'दुर्गम पहाड़ों के उस पार' है, तो जब तक वहाँ सामाजिक पहुँच नहीं जाते, तबतक वह झील उनकी प्रतीक्षा करती है। अगर यह दूसरा अर्थ लें, तो क्या यह 'कामायनी' के आखिरी तीन सर्गोंवाली ऐतिहासिक भूल नहीं होगी, जहाँ मुक्ति स्थितियों से बाहर निकलकर मिलती है। जबकि पूरी कविता

समाज की संरचनाओं के भीतर मुक्ति का आख्यान है। 'दुर्गम पहाड़ों के उस पार' अर्थात् संघर्ष की दीर्घतर स्थितियों के बाद परिवर्तन होगा। कविता की अबतक की यात्रा में, अगर उसकी संरचना पर गौर करें तो एक पैटर्न दिखायी पड़ता है। जहाँ काव्यनायक संकल्प भाव से भर उठता है और विकल्पों की ओर बढ़नेवाला होता है, उसी समय सत्ता के, व्यवस्था के सर्वव्यापी ग्रास का शिकार होता है। ऐसा क्यों होता है? इसपर ऊपर बात की जा चुकी है। परिवर्तन समाज और उसकी संस्थाओं में चाहिए, जो समाज के बाहर जाकर सम्भव नहीं है। इसीलिए झील में धँसना है, यह बिम्ब तो बैठता है, कविता की मूल प्रवृत्ति के साथ। रचनावली की जोड़ी पंक्ति, सम्भवतः किसी ड्राफ्ट में होगी, किन्तु यह कविता की मूल प्रवृत्ति के अनुकूल नहीं है। अतः 'चाँद का मुँह टेढ़ा है' वाला पाठ ही ठीक प्रतीत होता है। अगर यह उनकी पंक्ति है, उनकी मूल भावना है, तो कविता के भीतर वैसी ही ऐतिहासिक भूल है, जैसी प्रसाद जी की 'कामायनी' के आखिरी तीन सर्ग। सम्भवतः मुक्तिबोध के 'कामायनी' के प्रति तीव्र असहमति की वजह सबसे ज्यादा ये तीन सर्ग ही थे।

यहाँ मुक्तिबोध फिर एक परिवेश निर्मित करते हैं। चाँद उग आया है। गलियों में और गली के नीम के पेड़ पर चाँद की किरणों की तिरछी मार है। इस पेड़ के ठीक नीचे, मिट्टी के चबूतरे पर, कोई दीया जलता है, 'मानो कि स्वप्न ही साक्षात्/ अदृश्य साकार।' मैंने ऊपर रचनावली में जोड़ी पंक्ति के अन्तर्विरोध के सन्दर्भ में जो बातें कहीं, वे प्रक्रिया के रूप में इस बन्ध में स्पष्ट रूप से दृष्टिगोचर होती हैं। शोषण की स्थितियों, वातावरण के मध्य ही मुक्ति का स्वप्न है। स्थितियाँ कितनी विकट और विषम हैं कि काव्य-परम्परा में सौन्दर्य के आगार, प्रेम को उद्दीप्त करनेवाले चाँद-तारे भी शोषकों और लम्पटों के साथी हो जाते हैं। 'तारों की टकटकी' से 'महकती रातरानी फूल भरी जवानी में लज्जित' है। तारों की टकटकी उसे अच्छी नहीं लगती, क्योंकि यह बदलाव के स्वप्न के समानान्तर है, क्योंकि शोषण और तन्त्र की सर्वव्यापी उपस्थिति तथा बदलाव का साक्षात् स्वप्न साथ-साथ, एक ही स्थान और काल में, संघर्षरत हैं।

इस संकल्प और परिवर्तन की तीव्र आकांक्षा के बावजूद काव्यनायक फिर पलायन करने को विवश होता है—'भागता मैं दम छोड़/ घूम गया कई मोड़'। यह अबतक की कविता की संरचना और काव्य चेतना के विकास के पैटर्न के हिसाब से भी ठीक बैठता है। यह उसके भागने की आखिरी घटना है, क्योंकि इसके बाद उसे अपने वे साथी मिल जाते हैं, जिनकी उसे तलाश थी। 'ध्वस्त दीवालों के उस पार कहीं पर/ बहस गरम है'—ये ध्वस्त दीवारें संस्कारों और रूढ़ियों की जीर्णता की दीवारें हैं। ये नयी चेतना की आँधी में टूटी तो हैं, लेकिन सामाजिकों के जीवन से पूरी तरह गायब नहीं हैं। इस गरमागरम बहस के कारण ही वह कहता है—

दिमाग़ में जान है दिलों में दम है
सत्य से सत्ता के युद्ध को रंग है,
पर, कमज़ोरियाँ सब मेरे संग हैं।

स्पष्ट ही है कि यह बहस सत्ता, उसके संस्थाओं, उसके निहितार्थों द्वारा निर्मित विचार से है। साथ ही यह बहस परिवर्तन के मार्ग में बाधक सामाजिकों के स्वार्थों, निहितार्थों, संस्थाओं द्वारा बद्ध परम्पराओं और रूढ़ियों से भी है। यह बहस है, क्योंकि परिवर्तन के आकांक्षी और व्यवस्थावादी लोग आमने-सामने हैं। साथ ही परिवर्तनाकांक्षी सामाजिकों के पास आवश्यक वैचारिकी है, आग्रह है, सत्य का पक्ष है। इसी के सहारे वह सत्ता और उसके तन्त्रों से युद्ध कर रहा है। काव्यनायक की यह स्वीकृति है कि इन वैशिष्ट्यों के साथ कमजोरियाँ भी मेरे साथ हैं। कमजोरियों का मतलब सिर्फ वैयक्तिक लोभ, स्वार्थ नहीं है। इन कमजोरियों का सीधा सम्बन्ध सामाजिकों की विकास प्रक्रिया से है। सामाजिकों का विकास समाज और उसकी संस्थाओं के भीतर होता है। इन संस्थाओं, उसकी प्राकृतिक और आवयविक प्रकृतियों तथा प्रवृत्तियों का ही बहुत तरल रूप सामाजिक का व्यक्तित्व होता है। अतः समाज और उसकी संस्थाओं के सारे गुण-दोष सामाजिकों के व्यक्तित्व के हिस्सा होते हैं। इसीलिए काव्यनायक जब अपने व्यक्तित्व, निजी सन्दर्भों से संघर्ष की बात करता है, तो भी वह समाज और उसकी संस्थाओं से ही संघर्ष कर रहा होता है। इन संस्कारों और परम्पराओं की दीवारों के पार वह अकेला नहीं रह जाता—

पाता हूँ सहसा—
अँधेरे की सुरंग-गलियों में चुपचाप
चलते हैं लोग-बाग
दृढ़-पद गम्भीर,
बालक युवागण
मन्द-गति नीरव
किसी निज भीतरी बात में व्यस्त हैं,
कोई आग जल रही तो भी अन्तःस्थ।

इन गलियों में उसकी अपने जैसे लोग से भेंट होती है—संवेदनशील, सम्भावनाशील, जागृत धीवाले सामाजिक। ये सब अभी एक-दूसरे के साथ जुड़े नहीं हैं, क्योंकि सब बालक, युवा गम्भीरता और दृढ़ता से चलते हुए भी, अपने किसी निज भीतरी बात में व्यस्त हैं। सबके अन्दर कोई आग जल रही है। वह आग प्रकृति और मात्रा में लगभग एक जैसी ही है। सब अपने खोहों और परम्पराओं तथा संस्कारों की दीवार से बाहर आ गये लोग हैं। क्रान्ति के इतिहास और विकास से हम जानते हैं कि उसकी प्रारम्भिक अवस्था में निश्चितरूपेण ऐसे जागृत लोग बहुत

ज्यादा नहीं होते। इन थोड़े लोग के बाहर आ जाने पर भी उनका लक्ष्य साझा नहीं हो पाया है। अपनी निजता में तो ये फिर भी कैद हैं संवेदना और जागृति के बावजूद। दूसरे ये बाहर निकले लोग 'बालक युवागण' हैं। यह स्पष्ट करता है कि मुक्तिबोध परिवर्तन के कारक के रूप में किन्हें चिह्नित करते थे। वैसे भी वृद्ध और प्रौढ़ मन ज्यादा दृढ़ और संस्कारों में बँधा होता है। इस कारण परिवर्तन की सम्भावना इन बालकों और युवाओं के माध्यम से कवि देखता है, तो अचरज की बात नहीं। इस पर भी विचार करने की जरूरत है कि काव्यनायक और ये तमाम लोग जो अपनी संवेदना, जागृति और सम्भावनाशीलता के बावजूद अपने 'किसी निज भीतरी बात में व्यस्त हैं', वे परिवर्तनकारी स्थितियों को अंजाम तक पहुँचा सकते हैं या नहीं। इस कविता के बाद के इतिहास को देखें, तो स्पष्ट है कि सारी खदबदाहट के बावजूद, अन्तःस्थ जलती आग के बावजूद धनात्मक परिवर्तन नहीं हुआ है। समाज के नकारात्मक भाव फले-फूले हैं। राजनीति और भ्रष्ट हो गयी है। सामाजिकों की समझौतावादी, निज राग-लोभ का भाव और विकराल हुआ है। यह कविता के प्रकाशन के 50-55 वर्ष बाद की स्थति है। ये तो यथार्थ स्थितियाँ हैं जो आज भी हैं। इससे समाज और बेहतर हो, यह स्वप्न देखने का अधिकार छिन जाता है क्या? स्थितियाँ मुक्तिबोध के समय से ही बिगड़नी शुरू हो गयी थीं। सारी प्रवृत्तियाँ जो आज विकराल रूप में हैं, उनके समय में भी उग आयी थीं। मुक्तिबोध का महत्त्व है कि इन प्रवृत्तियों के प्रारम्भिक अवस्था में ही वे इसे पहचान पा रहे थे और उससे मुक्ति का स्वप्न देख रहे थे। राजनैतिक भ्रष्टाचार हो या मध्यवर्ग की स्थितियाँ हों या बुद्धिजीवियों के प्रगतिविरोधी रूप हों- सबको उन्होंने इस कविता में रेखांकित किया है। उससे मुक्ति का स्वप्न देखा है। इस स्वप्न की एक बुनियादी विशेषता है। वे बालक, युवा, बुद्धिजीवी और मध्यवर्ग के मार्फत परिवर्तन होता देखते हैं। मध्यवर्ग के साथ मार्क्सवादी विचारधारा कभी भी सकारात्मक नहीं रही। मध्यवर्ग की प्रवृत्तियों को देखते हुए इसे बहुत अनुचित नहीं कहा जा सकता। इसके बावजूद विचारधारा के प्रति अति आग्रही कवि क्यों मध्यवर्गीय प्रवृत्तियों से ग्रस्त बुद्धिजीवी को अपने कविता का नायक बनाता है? कुछ लोग का मानना है कि ऊपर के कवितांश के प्रोशेसन में वे लोग शामिल हैं, जिनमें इंकलाबी चेतना की बेहद कमी थी और आज भी है। क्या यह बात मुक्तिबोध और उनके समकालीन अन्य समानधर्मा रचनाकार नहीं जानते थे? जैसे बालकों और युवाओं के बिना क्रान्ति या परिवर्तन सम्भव नहीं, वैसे ही मध्यवर्गीय बुद्धिजीवियों को उनके खोहों से, निजता के सन्दर्भों से निकाले बिना भी परिवर्तन या क्रान्ति केवल दुराशा है। स्वप्न है। इसीलिए इस पूरी कविता में मुक्तिबोध अपने मध्यवर्गीय बुद्धिजीवी नायक को अनेक प्रकार के खोहों से बाहर निकालने का प्रयास करते हैं। उसके जैसे अन्य संवेदनशील और सम्भावनाशील लोग को जोड़ने का प्रयास करते

हैं। अगर यह व्यावहारिक धरातल पर घटित हो जाए, तो परिवर्तन और क्रान्ति की सम्भावना कितनी बढ़ जाएगी, यह अनुमान मुश्किल नहीं है। यह ज्यादा व्यापक, ठोस, स्थायी भी होगी। सम्भवतः इन्हीं तथ्यों के कारण मुक्तिबोध मध्यवर्गीय बुद्धिजीवी को अपना काव्यनायक बनाते हैं।

इसके बाद काव्यनायक कहता है कि जितना मैं लोग की पंक्तियों को पार कर आगे बढ़ता हूँ, उतना ही पीछे रह जाता हूँ। वह खुद को 'पश्चात्-पद' कहता है। इस अनुभव को वह विचित्र अनुभव कहता है। साथ ही वह यह भी कहता है कि ''पर, एक रेला और/ पीछे से चला और/ अब मेरे साथ है।'' यह रेला किनका है, इसका संकेत नहीं है कविता में। इनकी बँधी हुई मुट्ठियों से इनके क्रान्तिधर्मा होने का संकेत अवश्य मिलता है। मैंने ऊपर कहा कि सारी नकारात्मक मार्क्सवादी अवधारणा के बावजूद अगर मध्यवर्ग क्रान्ति में सम्मिलित हो जाए, तो वह ज्यादा व्यापक होगी। जो रेला आगे बढ़ जाता है, उनमें भी आग है, खदबदाहट है, परन्तु वे एकल हैं। जुड़कर एक व्यापक सत्ता नहीं बना पाते। यह बाद का रेला आपस में संगठित लोग का है। काव्यनायक अपने मध्यवर्गीय सोच, संस्कार के बावजूद इससे न केवल जुड़ता है, अपितु इस रेले के लोग में अपने विचारों का प्रतिबिम्ब भी देखता है—

मेरे ही विक्षोभ-मणियों को लिये वे,
मेरे ही विवेक-रत्नों को लेकर,
बढ़ रहे लोग अँधेरे में सोत्साह।
किन्तु मैं अकेला
बौद्धिक जुगाली में अपने से दुकेला।

इन संगठित लोग में अपने विचारों का प्रतिबिम्ब देखने के बावजूद वह खुद को अकेला क्यों कह रहा है? वर्गीय चरित्र में ये दो वर्ग स्पष्ट होने लगते हैं। यहाँ ठहरकर हमें एक प्रश्न पर और गम्भीरतापूर्वक विचार करना चाहिए। क्या क्रान्तियाँ बौद्धिक विवेक से हीन होंगी? क्या वह एक संगठित समूह के भावुक आवेग की अभिव्यक्ति होगी? क्या क्रान्तियों के पीछे का विचारधारात्मक आवेग, सम्बल और आदर्श खत्म कर दिया जाएगा? भारतीय सन्दर्भ में अगर यह बौद्धिकता और झटपटाहट मध्यवर्ग के पास है, तो इस वर्ग को हेय समझकर हम कितनी दूर चल पाएँगे? वैश्विक धरातल का तो पता नहीं, परन्तु भारतीय सन्दर्भ में क्रान्ति या परिवर्तन का लक्ष्य मध्यवर्ग को छोड़कर नहीं हासिल किया जा सकता। इसीलिए मुक्तिबोध मध्यवर्गीय चेतना की अवहेलना के स्थान पर उसे भी क्रान्ति का हमसफर बनाने की कोशिश करते हैं। मध्यवर्गीय सामाजिकों को, उसके खोहों से, सुरक्षात्मक ठिकाने से, बाहर निकालते हैं, जन से जोड़ते हैं। जो मध्यवर्गीय सामाजिक संवेदना, सम्भावना, छटपटाहट के बावजूद संगठित शक्तियों से जुड़ नहीं पाते, वे आगे बढ़ जाते हैं।

काव्यनायक और प्रकारान्तर से अनेक मध्यवर्गीय सामाजिक इस क्रान्ति चेतना से जुड़ते हैं। उनकी बौद्धिकता, उनका ज्ञान, परिवर्तनधर्मी क्रियाकलापों को तीव्र ही करेगा। यहाँ भी वह अपने मध्यवर्गीय संस्कारों से पूर्णतः मुक्त नहीं हुआ है। वह समूह में अपने विचारों को पाकर उत्साहित होता है। समूह के साथ उसके असन्तोष और विवेक का स्तर भी सामान्य है, किन्तु उसमें वैसी क्रियात्मकता का अभाव है, जो परिवर्तन के लिए आवश्यक होती है। इसी क्रियात्मकता के अभाव को कवि 'मानसिक जुगाली' कहता है। इसी कारण वह अकेला भी है। इसके बावजूद महत्त्वपूर्ण है क्रियात्मक और मानसिक उद्वेगों की सामान्यता की पहचान। यह मुक्तिबोध के कवि कर्म की सबसे बड़ी देन है हिन्दी कविता को।

मध्यवर्गीय संस्कारोंवाले लोग, अन्तस्थ के उद्वेलन, आवेग के बावजूद आगे बढ़ जाते हैं। काव्यनायक भी भागता है। इतने में कोई एक चुपचाप उसे एक पर्चा दे जाता है। काव्यनायक उसको बहुत ध्यान से पढ़ता है। ऊपर के बन्ध की तरह इस पर्चे में भी उसे उसके ही 'गुप्त विचार व/ दबी हुई संवेदनाएँ व अनुभव/ पीड़ाएँ' जगमगाती प्रतीत होती हैं। सामान्यता (Commoness) का एक और स्तर मुक्तिबोध ने तैयार किया है। जनता और अपनी यह सामान्यता उसे आश्चर्यचकित भी करती है—'यह सब क्या है!' इन मानसिक और क्रियात्मक उद्वेगों, आलोड़नों की एकता जब स्थापित होगी, आकाश जैसी अनन्त सम्भावना का विकास होगा। किन्तु कविता में यह एकता अभी स्थापित नहीं है, तो क्रान्ति की, परिवर्तन की सम्भावना भी दूरागत है। इसीलिए 'आसमान झाँकता है लकीरों के बीच-बीच'। मुक्तिबोध ने इस द्वन्द्व को (एकता के साथ अनन्त सम्भावना और एकता के स्थापित नहीं होने के कारण परिवर्तन के लक्ष्य का दूर रहना ही) पूरे बन्ध में बिम्बित किया है।

ऊपर जो पर्चा काव्यनायक को मिला है, उससे जन में जिन मानसिक उद्वेगों और क्रियात्मकता की, मध्यवर्ग और आम जन की सामान्यता की भूमि निर्मित हुई है, उसकी अच्छी समझ काव्यनायक को है। इससे उसमें एक अतिरिक्त उत्साह भी है। इस उत्साह के कारण ही वह कहता है—

पर्चा पढ़ते हुए उड़ता हूँ हवा में,
चक्रवात गतियों में घूमता हूँ नभ पर,
ज़मीन पर एक साथ
सर्वत्र सचेत उपस्थित।

मध्यवर्ग और निम्नवर्ग मिलकर आबादी का 95 फीसद या उससे भी ज्यादा हो जाते हैं। अगर इन दोनों वर्गों की एकता किसी लक्ष्य के लिए स्थापित हो जाए, तो अभिधा में इनकी उपस्थिति सर्वत्र हो जाएगी। उस कार्य की सफलता भी असन्दिग्ध हो जाएगी। खैर, यहाँ एक अतिरिक्त उत्साह है और यह भी कविता के लिए या

साहित्य मात्र के लिए आवश्यक होता है कभी-कभी। इस भावात्मक एकता के कारण ही काव्यनायक परिवर्तनकामी शक्ति के रूप में खुद को सर्वत्र उपस्थित पाता है—

प्रत्येक स्थान पर लगा हूँ मैं काम में,
प्रत्येक चौराहे, दुराहे व राहों के मोड़ पर
सड़क पर खड़ा हूँ
मनाता हूँ, मानता हूँ, मनवाता अड़ा हूँ!!

जब लक्ष्य एक हो जाए, सबकी एकता स्थापित हो जाए, तो परिवर्तन के बड़े लक्ष्य के सन्दर्भ में सभी जन समान और एक इकाई (यूनिट) हो जाएँगे। इस प्रसंग में काव्यनायक के स्वप्नों, आकांक्षाओं का ही विस्तार सभी सामाजिक में हो जाता है। अत: वह प्रत्येक स्थान पर है, प्रत्येक काम में लगा है। अन्यथा वह कोई ईश्वर हो जाएगा। अगर वह ईश्वर नहीं है, तो सामान्यता की भावभूमि के विस्तार के अलावा ऐसी कौन सी स्थिति होगी कि काव्यनायक का 'मैं' सर्वत्र, सभी कामों में एक साथ उपस्थित हो जाए? इस सामान्यता का विस्तार औचक नहीं होता है। इसमें दूसरों को बदलने के साथ या दूसरों से बदलने की उम्मीद के साथ खुद को भी बदलना पड़ता है या खुद को भी बदलने के लिए तैयार रहना चाहिए। इसीलिए, 'मानता हूँ, मनाता हूँ, मनवाता हूँ', तीन क्रियाओं का संकेत है। अड़ना-संघर्ष की दीर्घता का पर्याय है।

इस संघर्ष और तैयारी से परिवर्तन का आधार निर्मित होने लगता है। यहाँ आए दो शब्द 'और तब' इसी भाव के बोधक हैं। इस संघर्ष और तैयारी की पृष्ठभूमि में दिशा और काल की दूरियाँ "अपने ही देश के नक्शे-सी टँगी हुई/ रँगी हुई लगतीं!!" यह संघर्ष मानवता मात्र के लिए है। सभी कालों में और सभी देशों में मानव, सत्ता और व्यवस्था के सांस्थानिक शोषण का शिकार रहा है। इस सांस्थानिक शोषण के विरुद्ध, वह परिवर्तन और संघर्ष के सन्दर्भ में, देश और काल की सीमाओं का अतिक्रमण कर जाता है। वह मानव मात्र के लिए रह जाता है। यह मार्क्सवादी चेतना का कविता में सूक्ष्म और काव्यात्मक इस्तेमाल है। 'दुनिया के मजदूरों एक हो' जैसा नारा मार्क्स पहले दे चुके हैं। मानवता के लिए शोषण के विरुद्ध संघर्ष केवल एक देश तक सीमित नहीं रह सकता। मुक्तिबोध ने नया यह किया कि जो मध्यवर्ग क्रान्ति के साथ है, उसको भी इस एकता का हिस्सा बनाया। इस संघर्ष की एकता के लिए वह मनाता, मानता, मनवाता है। शोषणमुक्त मानवीय समाज के "स्वप्नों की कोमल किरनें कि मानो/ घनीभूत संघनित द्युतिमान्/ शिलाओं में परिणत/ ये सब दृढ़ीभूत कर्म-शिलाएँ हैं/ जिनसे कि स्वप्नों की मूर्ति बनेगी/ सस्मित सुखकर/ जिसकी कि किरनें/ ब्रह्माण्ड-भर में नापेंगी सबकुछ!"

शोषणमुक्त मानवीय समाज का स्वप्न संघर्ष के उपरान्त ठोस यथार्थ में परिणत होगा। संघर्ष के उपरान्त, क्योंकि जो स्वप्न मूर्तियों में बदल रहे हैं, वे 'सब दृढ़ीभूत

कर्म-शिलाएँ हैं'। इस संघर्ष से स्वप्न की यथार्थ में परिणति होगी। ये नवीन जीवन यथार्थ मानवता के लिए, मानवों के लिए सस्मित और सुखकर होंगी, क्योंकि मानवता के सुखद स्वप्नों के आधार पर इनका निर्माण हुआ है। सम्भवतः ये स्वप्न यही हैं- शोषणमुक्त समाज, मानव-मानव के बीच बराबरी, संसाधनों पर सभी मनुष्यों का समान अधिकार आदि। स्वप्नों से बनी इस मूर्ति की प्रभा ब्रह्माण्ड में सब पर होगी। कवि अथवा काव्य-वाचक के स्वप्न के हकीकी रूप की सरहद क्या 'सूर्यों के प्रांगण पार भी जाती-सी दिखती' है। अपने तमाम आधुनिकतावादी समकालीनों के विपरीत मुक्तिबोध जीवन के प्रति अनास्था या संशय का भाव नहीं रखते। जीवन के प्रति उनकी आस्था असंदिग्ध है। क्या व्यक्तिवादी और अस्तित्ववादी भी जीवन के प्रति ऐसी उत्कट जिजीविषा प्रदर्शित कर पाते हैं। ऊपर स्वप्न यथार्थ में परिणत हो रहा है, यहाँ 'मैं' परिणत हो रहा है—

मैं परिणत हूँ
× × ×
जन को।

काव्यनायक सामाजिक की इंडीविजुएलिटी का अतिक्रमण कर जाता है, वह जन में परिणत हो जाता है। मैं ऊपर भी कह आया हूँ कि यह जन केवल श्रमिक वर्ग का प्रतिनिधि नहीं है। इसमें क्रान्ति के प्रति आश्वस्त मध्यवर्ग का सक्रिय सदस्य भी है। केवल आश्वस्त नहीं, सक्रिय भी। इसीलिए वैश्विक स्तर पर संघर्षशील मनुष्यों से वह तादात्म्य का अनुभव करता है। यह व्यक्तित्वान्तरण है। 'मैं' और जन एक हो चुके हैं। इस एकीकरण के बीच काव्यनायक कहता है—

कविता में कहने की आदत नहीं, पर कह दूँ
वर्तमान समाज में चल नहीं सकता।
पूँजी से जुड़ा हुआ हृदय बदल नहीं सकता,
स्वातन्त्र्य व्यक्ति का वादी
छल नहीं सकता मुक्ति के मन को,
जन को।

वाचक कहता है कि कविता में कहने की आदत नहीं। इसके बावजूद कहता है। काव्य संरचना के स्तर पर इसे मुक्तिबोध की बिम्ब निर्मित करनेवाली प्रवृत्ति से जोड़कर भी देखा जा सकता है। साथ ही यह कविता को शुद्ध विचार अथवा निबंध की सीमा से भी बाहर निकालता है। इसपर गहराई से विचार करने पर यह कविता की संरचना को और भी गहराई से व्याख्यायित प्रतीत करता होता है। मुक्तिबोध बिम्बों में ही स्थितियों, वातावरण को रखते हैं। सपाटबयानी इनकी कविता की मुख्य संरचनात्मक विशेषता नहीं है। प्रश्न यह है कि वर्तमान समाज में क्या नहीं चल

सकता? नये समाज के निर्माण के सन्दर्भ में, व्यक्तित्वान्तरण के सन्दर्भ में अमानवीय और मानव विरोधी प्रवृत्तियाँ तो नहीं ही चल सकती, सामाजिकों का विभाजन और असंगठन भी नहीं चल सकता। इसीलिए 'मैं' और 'जन' के एकीकरण के बीच ये पंक्तियाँ हैं। साथ ही यह भी स्पष्ट है कि पूँजीवादी व्यवस्था और शासन तन्त्र से जुड़े सामाजिक नहीं बदल सकते। यह हृदय-परिवर्तन द्वारा राजनैतिक सुधार की अवधारणा का भी खण्डन है। जब यह तय हो गया कि पूँजीवादी व्यवस्था से जुड़ा सामाजिक बदल ही नहीं सकता तो उसके हृदय-परिवर्तन द्वारा व्यवस्था भी नहीं बदल सकती। पूँजीवाद के साथ शासन-तन्त्र मैंने इसीलिए जोड़ा। लोकतान्त्रिक व्यवस्था में जनता सरकार भले चुन रही है, परन्तु शासन अप्रत्यक्ष रूप से इन पूँजीपतियों के हाथों में ही रहता है। तब परिवर्तन के लिए क्रान्ति अनिवार्य हो जाती है। व्यावहारिक रूप में परिवर्तन का मार्ग संघर्ष और क्रान्ति से ही नि:सृत होगा। इसीलिए मुक्तिबोध स्वतन्त्रता को सामाजिकों के जीवन का एक मूल्य मानते हैं। वह अपने आप में, समाज निरपेक्ष रूप में, स्वायत्त रूप में कोई मूल्य नहीं है। जैसा कि व्यक्तिवादी, अस्तित्ववादी विचारक मानते हैं। अस्तित्ववाद की तो यहाँ स्पष्ट मुखालफत है। पता नहीं कैसे रामविलास जी को मुक्तिबोध की ये पंक्तियाँ नहीं दिखीं। खैर, यह मार्क्सवादी क्रान्ति के अनुकूल विचार सरणी है। इसमें सामाजिकों के व्यवहार, उनके विचार, क्रोध, क्रियाएँ कुछ भी स्वायत्त या समाज निरपेक्ष नहीं हैं। ये सब संगठित होकर परिवर्तन की विरोधी और यथास्थितिवादी संस्थाओं और तन्त्रों के विरुद्ध संघर्ष करती हैं, ताकि समाज में परिवर्तन लाया जा सके। जो जनसमुदाय और जाति इतनी संगठित हो जाती है, इतनी विचार और विवेकसम्पन्न हो जाती है, उसे भाववादी विचारधाराएँ अपने विचार गुंजलक में फँसा नहीं सकतीं। ऐसे समूह को छल नहीं पातीं। छल के संस्थागत हथियार, सत्ताधीन विचार, क्रान्तिधर्मी विचारधारा से समक्ष कुन्द पड़ने लगते हैं।

इस समझ, संगठन, विवेक के साथ क्रान्ति की शुरुआत होती है। यह परिवर्तन की काव्यात्मक आकांक्षा है। ऐसी कोई क्रान्ति व्यावहारिक धरातल पर, कम-से-कम भारतीय समाज में, तो नहीं घटित हुई है। इसी कारण इसे भी मैं एक किस्म की यूटोपिया ही मानता हूँ। कविता या साहित्य मात्र का एक उद्देश्य वह स्वप्न प्रस्तुत करना भी है कि समाज जैसा है, उससे बेहतर बने। यूटोपियाई व्यवहार इस आकांक्षा का एक सशक्त आधार है। यह यूटोपियाई आचरण साहित्य और कविता की सनातन निधि है। तुलसीदास का रामराज्य हो या 'कामायनी' का आनन्दवाद या प्रेमचन्द का हृदय-परिवर्तन का सिद्धान्त—सब साहित्य के यूटोपियाई आचरण हैं। यूटोपिया साहित्य में यथार्थ का अतिक्रमण नहीं है। वह तत्समय के समाज में यथार्थ धरातल पर जो विसंगतियाँ, विडम्बनाएँ हैं, उससे मुक्ति पाकर आदर्श समाज की स्थापना का स्वप्न है। तब इसमें कवि के विचार, विचारधारा, उसके बोध—बहुत महत्त्वपूर्ण हो

जाते हैं। मुक्तिबोध मार्क्सवादी विचारधारा के अनुरूप, क्रान्ति के माध्यम से, समाज में परिवर्तन का लक्ष्य रखते हैं। इसीलिए संगठन के बाद क्रान्ति की शुरुआत होती है—

एकाएक हृदय धड़ककर रुक गया, क्या हुआ!!
नगर से भयानक धुँआ उठ रहा है,
कहीं आग लग गयी, कहीं गोली चल गयी।

इस क्रान्ति से सड़के सुनसान हैं। हवाओं में अदृश्य ज्वाला की गरमी है। इस दृश्य में साम्प्रदायिक दंगें का दृश्य खोजनेवाले मस्तिष्क, नयी खोजों के लिए किसी भी सीमा तक जानेवाले, उर्वर मस्तिष्क हैं। अगर यह क्रान्ति का दृश्य नहीं है, तो क्या दंगें में मुक्तिबोध की यूटोपिया या समाज की परिवर्तनाकांक्षा अभिव्यक्त होगी। क्रान्ति की शुरुआत होगी, तो पक्ष-विपक्ष एकदम आमने-सामने हो जाएँगे। सत्ता और उसके सहयोगी संस्थानों की दमनकारी प्रवृत्ति भी अपने चरम पर होगी, जनता का संगठित विद्रोह भी अपने चरम पर पहुँच जाता है। इन दोनों के समानान्तर सपाट दृश्य कवि प्रस्तुत करता है। इस एकता की भी सपाट अभिव्यक्ति है—''साथ-साथ घूमते हैं, साथ-साथ रहते हैं,/ साथ-साथ सोते हैं, खाते हैं, पीते हैं,/ जन-मन उद्देश्य!!'' यहाँ का विस्मयादिबोधक चिह्न इस बात की ओर संकेत करता है कि ऐसी एकता पहले नहीं देखी गयी। जनता का ऐसा संगठित आचरण घोर विस्मय उत्पन्न करता है। जनता के संगठन के समानान्तर सत्ता का दमनकारी रूप भी द्रष्टव्य है—'पथरीले चेहरों के ख़ाकी ये कसे ड्रेस/ घूमते हैं यन्त्रवत्'। इस क्रान्ति में एक ओर जन और सत्ता का संघर्ष अपने चरम पर है, तो दूसरी ओर बौद्धिक तबकों की चुप्पी या तटस्थता इस क्रान्ति के प्रतिकूल है—

सब चुप, साहित्यिक चुप और कविजन निर्वाक्
चिन्तक, शिल्पकार, नर्तक चुप हैं
उनके ख़याल से यह सब गप है
मात्र किंवदन्ती।

मुक्तिबोध यहाँ अपनी प्रखर काव्यात्मकता के साथ हैं। जहाँ पूरी मार्क्सवादी विचारधारा मध्यवर्गीय बुद्धिजीवियों को उसकी मानसिक जुगाली के लिए कोसती है, वहाँ मुक्तिबोध इस मध्यवर्ग को दो-तीन हिस्से में बाँटते हैं। एक जो क्रान्ति के साथ है। इसपर ऊपर भी हम बात कर आए हैं। मध्यवर्गीय चरित्र के दो रंग ऊपर देख आए हैं—एक जो अपनी बौद्धिकता के साथ खदबदाते रहते हैं, परन्तु यह खदबदाहट सक्रिय नहीं हो पाती। दूसरे वे लोग हैं जो क्रान्ति में सक्रिय हिस्सेदार बनते हैं। ये उन क्रान्तिकारी आन्दोलनों का बौद्धिक आधार भी तैयार करते हैं। यहाँ मध्यवर्ग के भीतर का एक तीसरा समूह है। यह सत्ता के साथ नाभिनाल जुड़ा है। सत्ता के साथ

जुड़कर अपने लिए अनेक क़िस्म की सुविधाएँ अर्जित करता है। कहीं पर भी, किसी स्तर पर भी, वह इन सुविधाओं को खोना नहीं चाहता। इसीलिए ये क्रान्ति के प्रति न केवल चुप्पी बरतते हैं, अपितु इनके विचार से यह क्रान्ति या परिवर्तन की बातें मात्र 'खयाल' है। वे ऐसा सोचते हैं, क्योंकि उनके लिए सत्ता का बिम्ब इतना बड़ा है, कि उसे किसी भी कीमत पर परिवर्तित नहीं किया जा सकता। इस तर्क में उनकी एक चालाकी भी छिपी होती है। चूँकि सत्ता के साथ उनका स्वार्थ और अस्तित्व जुड़ा होता है, तो वे इस तरह सत्ता के साथ खुद के अस्तित्व को भी बनाए रखने की कोशिश करते हैं। इसीलिए मुक्तिबोध की यह स्पष्टोक्ति है—''रक्तपायी वर्ग से नाभिनाल-बद्ध ये सबलोग/ नपुंसक-भोग-शिरा-जालों में उलझे।'' यहाँ आए साहित्यिक, कवि, चिन्तक, शिल्पकार, नर्तक आदि सामाजिक के रूप में हैं, अपनी इंडीविजुएलिटी के साथ हैं। मुक्तिबोध ने इस कविता में विचार और जगत् व्यवहार, लोक और इतिहास, जन व्यवहार और सभ्यता विमर्श को जितनी बहुआयामिता में पकड़ा है, उसे देखते हुए इस प्रवृत्ति को केवल सामाजिकों तक वे सीमित नहीं रखते। नहीं रख सकते। सत्ता के साथ इसके गझिन सम्बन्ध को भी पकड़ते हैं—

भव्याकार भवनों के विवरों में छिप गये
समाचारपत्रों के पतियों के मुख स्थूल
गढ़े जाते संवाद,
गढ़ी जाती समीक्षा,
गढ़ी जाती टिप्पणी जन-मन-उर-शूर।

जैसे लोकतान्त्रिक व्यवस्था के तमाम सैद्धान्तिक विचार, आस्थाएँ और संस्थाएँ अपनी व्यावहारिक परिणतियों में खण्डित और दूषित हो गयी हैं, जनता के प्रति क्रूर हो गयी हैं और उनका मूल चरित्र शोषणधर्मी बन गया है, वैसे ही समाचारपत्र भी हो गये हैं। सैद्धान्तिक स्तर पर लोकतन्त्र 'जनता का, जनता के लिए, जनता द्वारा' शासन है, परन्तु, व्यावहारिक रूप में जनता इसमें पिस रही है। ऐसे ही समाचारपत्र लोकतन्त्र में जनता के हितों के सबसे बड़े रक्षक के रूप में चिह्नित हैं। व्यावहारिक रूप में वे सत्ता और पूँजीवादी तन्त्रों के साथ गठजोड़ बनाते हैं। गोपनीय रूप में उनके वर्गीय हितों को जनता के हितों की चाशनी में लपेटकर जनता तक प्रस्तुत करते हैं। यह प्रवृत्ति बीतते समय के साथ कितनी बढ़ी है, आज हम इसे ज्यादा स्पष्ट तरीके से महसूस कर सकते हैं। मुक्तिबोध का महत्त्व इस दृष्टि से भी ऐतिहासिक है। उन्होंने इसे बहुत प्रारम्भिक समय में पहचाना। इसको पहचानने में एक बड़ी मुश्किल यह थी कि कविता के प्रकाशन के कुछ वर्ष पूर्व पायी गयी आजादी के पहले इन समाचारपत्रों की भूमिका कुछ और थी। अगर इसमें हिन्दी पत्रकारिता को भी शामिल कर लें, तो यह सत्ता के प्रतिपक्ष में ही दिखायी देती है। आजादी के बाद न केवल समाचारपत्र

अपितु अनेक साहित्यिक पत्रिकाएँ भी संस्थाओं द्वारा प्रकाशित हो रही थीं। ये पत्रिकाएँ, जनता को जो साहित्य दे रही थीं, उनमें उसकी पक्षधरता या तो सत्ता के साथ थी या स्पष्ट नहीं थी। यह अलग बात है कि उस समय जनता का साहित्य या जनता के पक्षधर साहित्यकार उन प्रवृत्तियों से लोहा ले रहे थे। इसी कारण सत्ता से जुड़े साहित्यिकों, बौद्धिकों का मार्ग आज जितना निष्कंटक नहीं था। आज पूँजीवादी व्यवस्था और ताकत का ऐसा सर्वग्रासी प्रसार हुआ है कि सारी स्थितियाँ लगभग एकतरफा हो गयी हैं। ये बौद्धिक जन, साहित्यिक-सांस्कृतिक संस्थाओं, समाचारपत्रों के भव्य भवनों में स्थितियों, संवादों की समीक्षा नहीं करते हैं, अपितु उसे गढ़ते हैं। इस गढ़न के पीछे का तर्क सत्ता और उसकी संस्थाएँ निर्मित करती हैं। इन तर्कों के आधार पर जन-विरोधी तथ्यों, भावों, विचारों को भी जनता के लिए हितकारी बनाया जाता है। इस तथ्य को पहचानने के कारण ही मुक्तिबोध इतनी सख्त टिप्पणी करते हैं-

बौद्धिक वर्ग है क्रीतदास,
किराये के विचारों का उदभास।

जिस समाज का बौद्धिक वर्ग सत्ता और संस्थानों का खरीदा हुआ दास हो जाए, वह समाज कैसे चल सकता है? अगर चलेगा तो उसकी दिशा गलत ही होगी। इस गलत दिशा के विरुद्ध ही कहीं आग लग रही है, कहीं गोली चल रही है। जो ऐसी ताकतें हैं, जो जनता के विरुद्ध हैं, उनकी श्रद्धा नपुंसक है। उनके बड़े चेहरों पर स्याही पुत गयी है। ऐसे राजनीति और समाज सम्बन्धी वातावरण में ('धुएँ के ज़हरीले मेघों'), जहाँ क्रान्ति के पक्षधर और विरोधी आमने-सामने हों, सबकुछ बहुत तीव्र गति से घटित हो रहा है—'एक स्प्लिट सेकेंड में शत साक्षात्कार।' क्रान्ति के इन क्षणों में सत्ता के समर्थक इस मध्यवर्ग और बुद्धिजीवियों के कारण 'टूटते हैं धोखों से भरे हुए सपने।' इस बिन्दु पर खड़े होने से दिखायी देनेवाले दृश्य में मध्यवर्ग का समूह और सत्ता के समर्थक जनता को धोखा दिखायी देते पड़ते हैं। उनके धोखों के कारण जनता के वास्तविक निहितार्थ पराजित हो जाते हैं। इन स्वप्नों के टूटन की एक वजह अगर सत्ता के ये समर्थक और उनकी कारगुजारियाँ हैं, तो इनमें दूसरा निहितार्थ भी ध्वनित हो रहा है। ये जो सपने टूट रहे हैं, वे धोखों से भरे हुए हैं। यह छलपूर्ण स्वप्न कौन दिखाता है? निश्चितरूपेण सत्ता दिखाती है। आजादी के बड़े बिम्ब के साथ कई मिथक जुड़े थे, कि अपनी सरकार में शोषण कम होगा, कि अपनी सरकार जनता के हितों की रक्षा करेगी, कि आजादी से जनजीवन सुखमय होगा, कि रोटी कपड़ा मकान जैसी बुनियादी जरूरतों के लिए किसी को मोहताज नहीं होना पड़ेगा, कि सबको रोजगार और सम्मान मिलेगा। इन स्वप्नों की पूर्ति के स्थान पर सत्ता और उसके संस्थान एक छद्म स्वप्न जनता के बीच रख रहे थे। ये स्वप्न और सत्ता का निर्मित धोखा दोनों टूटते हैं। वास्तव में क्रान्ति के क्षणों की टूटन भी चौतरफा

होती है।

ऐसी स्थिति में जब क्रान्ति का आगाज हो गया है, तो राह के पत्थरों-ढोकों के अन्दर पहाड़ के झरने तड़पने लगते हैं। मिट्टी के लोंदों के भीतर भक्ति की अग्नि का उद्रेक भड़क गया, धूल में अनहदनाद का कम्पन है, जो खतरनाक है, यहाँ तक कि बच्चों के खिलौनें भी तेजी से लहराते घूम रहे हैं। क्रान्ति बदलाव की सामूहिक आकांक्षा है। इसमें सभी समुदाय, वर्ग, आयु के लोग का सम्मिलित होना अनिवार्य है। यह पूरा बन्ध इसी भाव की काव्यात्मक अभिव्यक्ति है। आगे इस भाव को कॉन्क्लूड करता हुआ कवि कहता है—

एक-एक वस्तु या एक-एक प्राणाग्नि-बम है,
ये परमास्त्र हैं, प्रक्षेपास्त्र हैं, यम हैं।
शून्याकाश में से होते हुए वे
अरे, अरि पर ही टूट पड़े अनिवार।

मैंने ऊपर भी इस खण्ड में साम्प्रदायिक दंगे का सन्दर्भ खोजनेवालों का विरोध किया है। यहाँ यह स्पष्ट हो ही जाता है। 'अरि' अर्थात् शत्रु। अगर यह साम्प्रदायिक दंगा होगा तो शत्रु उस समुदाय के भीतर होगा। वर्ग से उसका कोई सम्बन्ध नहीं होगा। इस कविता से, उसकी वर्गीय चेतना को, समझ के दायरे से बाहर निकाल देना, कविता की आत्मा से भी अन्याय है और मुक्तिबोध के कवि-कर्म से भी। खैर, यह शत्रु निश्चितरूपेण सत्ताधारी वर्ग से है। क्रान्ति में सम्मिलित सभी वर्ग, समुदाय और आयु के लोग शस्त्र ही हैं। इन शस्त्रों की सामूहिक शक्ति ही क्रान्ति को अंजाम तक पहुँचाती है। आमूलचूल परिवर्तन की संकल्पना को व्यावहारिक रूप में समाज के धरातल पर घटित होना सम्भव बनाती हैं। उपर्युक्त घटनाओं के प्रति कोई संशय न व्यक्त करे, इसीलिए वह खुद कहता है—'यह कथा नहीं है, यह सब सच है, हाँ भई!!'

कवि ने क्रान्ति के साथ युग बदलने की बात की है—'अब युग बदला है वाक़ई'। युग का बदलना औचक नहीं है। एक ओर क्रान्ति की चिनगारियाँ हैं, तो दूसरी ओर आत्मसंकल्प है—

आत्मा के चक्के पर चढ़ाया जा रहा
संकल्प-शक्ति के लोहे का मज़बूत
ज्वलन्त टायर!!

क्रान्ति के उग्र दृश्य के बाद आत्मा के संकल्प की बात कवि क्यों कह रहा है? इस बन्ध में पहले वह लकड़ी के गोल वृत्त पर लोहे के छल्ले चढ़ाने की प्रविधि का दृश्य प्रस्तुत करता है। क्रान्ति के उपरान्त जो नयी व्यवस्था निर्मित होगी, वह यो ही स्वस्थ और सुन्दर नहीं रह पायेगी। इसके लिए भी अथक परिश्रम और संघर्ष

अनिवार्य होगा। अन्यथा प्रतिक्रियावादी शक्तियों का इस नये युग पर भी धीरे-धीरे आधिपत्य हो जाने का खतरा रहेगा। इनकी इस समझ का विस्तार भक्ति साहित्य के सन्दर्भ में इनकी व्याख्या में देखा जा सकता है। एक ओर इन प्रतिक्रियावादियों से खतरा है, तो दूसरी ओर एक सामाजिक प्राणी के रूप में इंडीविजुएल्स में उन्हीं पूर्ववर्ती प्रवृत्तियों के पुनः आगमन का भी खतरा रहता है। इसको समाप्त करने के लिए भी निरन्तर संघर्ष की आवश्यकता होती है। इसीलिए मुक्तिबोध क्रान्ति के बाद आत्मसंकल्प की बात करते हैं। इस निरन्तर संघर्ष और संकल्प के साथ युग बदलता है।

इस संघर्ष के समानान्तर या साथ एक और बिम्ब कवि तैयार करता है। गेरुआ मौसम है, अंगारे उड़ रहे हैं, जिन्दगी का जंगल जल रहा है, ''जिनके कि ज्वलन्त-प्रकाशित भीषण/ फूलों से बहतीं वेदना नदियाँ/ जिनके कि जल में/ सचेत होकर सैकड़ों सदियाँ, ज्वलन्त अपने/ बिम्ब फेंकती!!'' क्रान्ति के साथ जिन्दगियों का जंगल जल रहा है, मौसम बदल रहा है, अंगारे उड़ रहे हैं अर्थात् व्यापक उथल-पुथल है। इस व्यापक उथल-पुथल में फूलों से बहती हैं वेदना नदियाँ और इस नदी के जल में सैकड़ों सदियाँ अपना बिम्ब फेंकती हैं। यह एक विरोधाभासी कथन प्रतीत होता है। कुछ-कुछ कबीर की उलटबाँसियों जैसा। यह व्यापक उथल-पुथल प्रगतिशील सामाजिकों को त्रास नहीं पहुँचाती। यह प्रगतिविरोधियों, यथास्थितिवादियों, प्रतिक्रियावादियों को परेशान करती है। साथ ही इस बिम्ब से यह भी द्रष्टव्य होता है कि प्रगतिशील क्रान्ति चेतना का वाहक अपनी परम्परा का निषेध नहीं करता। इसीलिए क्रान्ति जल में सचेत होकर सदियाँ अपना ज्वलन्त बिम्ब फेंकती हैं। सचेत सदियाँ स्पष्ट प्रतीक हैं, परम्परा के उन सन्दर्भों का, जो समय के प्रवाह में भी मानवता के पक्षधर होने की वजह से मानव समाज के लिए मूल्यवान हैं। समाज एक दिन में निर्मित नहीं होता। समय के प्रवाह के साथ सब कुछ अच्छा नहीं रहता, समाज में अन्यान्य कारणों से असन्तुलन, विकार, विकृति उत्पन्न होती है। इसे ही ठीक करने हेतु सामाजिक संघर्ष करता है। इसी तरह ऐसा भी नहीं होता कि समाज में सब कुछ त्याज्य और विकृत ही होगा। इन सन्दर्भों को जीवित रखना भी समाज के लिए आवश्यक है। इसका महत्त्व एक अन्य दृष्टि से भी है। मानवता अथवा क्रान्ति के सार्वभौमिक लक्ष्य के समानान्तर हर समाज और जाति की क्षेत्रीय विशेषताएँ भी होती हैं। समाज की ये परम्पराएँ उसकी क्षेत्रीय विशेषताओं को रेखांकित करती हैं। क्रान्तियाँ केवल अपने सार्वभौमिक सरोकारों के साथ सम्पन्न नहीं होतीं। इसीलिए हर क्रान्ति में अगर कुछ सार्वभौमिक सन्दर्भ होते हैं, तो कुछ क्षेत्रीय विशेषताएँ भी। इसे छोड़ा या अनदेखा नहीं किया जा सकता। परम्परा का बोध सार्वभौमिक सन्दर्भों के समानान्तर क्षेत्रीय विशेषताओं को भी रेखांकित करता है। ये क्षेत्रीय विशेषताएँ सार्थक, निरर्थक, शोषक सभी प्रकार की होती हैं। इनमें परम्पराजन्य, गतिशील, सार्थक

सभी प्रकार के मानवीय मूल्य मौजूद होते हैं। निरर्थक हो गये मूल्य रूढ़ियाँ हैं। ये अकसर कर्मकाण्ड या रिचुअल्स के रूप में जीवित रहती हैं। मुक्तिबोध यहाँ परम्परा का सन्दर्भ रख रहे हैं। ये वेदना नदियाँ ऐसी हैं—"जिनमें कि डूबे हैं युगानुयुग से/ मानो कि आँसू/ पिताओं की चिन्ता का उद्विग्न रंग भी,/ विवेक-पीड़ा की गहराई बेचैन,/ डूबा है जिसमें श्रमिकों का सन्ताप।" इस वेदना नदी का "जल पीकर/ मेरे युवकों में होता जाता व्यक्तित्वान्तर,/ विभिन्न क्षेत्रों में कई तरह से करते हैं संगर।" वेदना का स्रोत मानवता का क्रमिक उत्पीड़न है। उत्पीड़न की चरमावस्था में सामाजिक की प्रेरणा का स्रोत केवल क्रान्तिकारी पोथियाँ ही नहीं होती। इन पोथियों के समानान्तर जीवन के, परम्परा के सत्-उत्कृष्ट मूल्य होते हैं, जिन्हें वह प्राप्त करना चाहता है। इस लक्ष्य के बिना क्रान्ति सम्भव नहीं हो पाएगी, क्योंकि बदलाव की चेष्टा के लिए बदलाव की रूपरेखा, लक्ष्य भी स्पष्ट होने चाहिए। दूसरे यहाँ युवक नहीं युवकों का प्रयोग कवि कर रहा है। मैं पहले भी कई बार कह चुका हूँ कि जागृति एक सामाजिक में नहीं है। वे अनेक हैं, पर संगठित नहीं हैं। यहाँ संगठन भी हो चुका है। 'मेरे युवकों' में युवकों बहुवचन है तो 'मेरे' शब्द नेतृत्व को दर्शाता है। ये परम्परा, विवेक और विचार के साथ, मानवता के सत्-उत्कृष्ट भावों के लिए, बेहतर भविष्य के लिए, शोषण, असमानता से मुक्ति के लिए, स्वतन्त्रता के लिए क्रान्ति कर रहे हैं। आठवें खण्ड में यहाँ तक कविता में मुक्तिबोध ने 'कहीं आग लग गयी, कहीं गोली चल गयी' को टेक की पंक्ति की तरह इस्तेमाल किया है। यह क्रान्ति के प्रति उनके आश्वस्ति को तो प्रदर्शित करता ही है, साथ ही कविता में संरचना के धरातल पर एक रिदम का भी निर्माण करता है। जैसे संगीत में टेक की पंक्ति, उसके मूल स्वभाव को प्रदर्शित करता है, वैसे ही यहाँ भी है।

इस आठवें खण्ड को कवि ने दो हिस्सों में विभक्त किया है। इस दूसरे हिस्से की शुरुआत में ही वह कहता है—

एकाएक फिर स्वप्न भंग
बिखर गये चित्र कि मैं फिर अकेला।
मस्तिष्क-हृदय में छेद पड़ गये हैं।
पर, उन दुखते हुए रन्ध्रों में गहरा
प्रदीप्त ज्योति का रस बस गया है।

मैंने ऊपर बताया है कि यह क्रान्ति का विचार भारतीय सन्दर्भ में यथार्थ नहीं है। वैसे भी यह एक यूटोपियाई विचार है। यहाँ ये दोनों सन्दर्भ उलट दिखायी देते हैं। पहले लेखक क्रान्ति हो जाने का पूरा दृश्य प्रस्तुत करता है, तो दूसरी ओर वह उसे 'स्वप्न भंग' कहकर स्वयं ही खारिज भी कर देता है। तब प्रश्न उठता है कि क्या यह नींद में देखा गया स्वप्न था, जो जागने के साथ समाप्त हो गया? अगर

कविता के अबतक के वर्णन को स्वप्न मानें तो यह कवि की विलक्षणता मात्र का सूचक है कि वह पूरे प्रसंग को ऐसे संश्लिष्ट रूप में प्रस्तुत कर पाया। भाई वाह!? पूरी कविता में इसका रेफरल प्वाइंट अगर आठवें दृश्य की क्रान्ति है, तो उस क्रान्ति का मूल्य क्या, जो सामाजिक हर रोज सपनों में देखे? रात में क्रान्ति का स्वप्न, सुबह स्वप्न भंग। कोई चाहे तो यह कह सकता है कि यथार्थ की क्रूरता इतनी सांघातिक है कि वह हमारे स्वप्न तक में घुस गयी है। ऐसा कहकर हम उस सरलीकरण का शिकार होते हैं, जिसकी ओर रामविलास जी बढ़ गये थे। सांघातिक यथार्थ की लीला भूमि अगर हमारा मनोजगत् है तो कविता की पूरी यात्रा निरर्थक नहीं, तो क्या है? मुक्तिबोध की सभ्यता यात्रा की लीलाभूमि, कर्मक्षेत्र, कार्यस्थल सबकुछ समाज है, उसमें रह रहे सामाजिक हैं। इसीलिए इतना तय है कि यह सोयी आँखों से देखा गया स्वप्न नहीं है। यह स्वप्न उन्हीं सन्दर्भों का है, जिनका जिक्र मैंने इस प्रसंग के ठीक पहले किया है। समस्या स्वप्न से नहीं, स्वप्न भंग से है। स्वप्न भंग क्यों हुआ? बदलाव, परिवर्तन का स्वप्न है। इसके लिए क्रान्ति का मार्ग कवि ने चुना है। जब यथार्थ के धरातल पर क्रान्ति हुई नहीं, तो स्वप्न भंग कैसा? मैंने बार-बार इस विनिबन्ध में कहा है कि यह पूरी सभ्यता की काव्यात्मक यात्रा है। लक्ष्य तब भी इसका परिवर्तन ही है। समाज जैसा है, उससे उसे बेहतर बनाने के लिए, उसकी गहरी समझ भी अत्यावश्यक है। यह काव्यात्मक यात्रा उसी आवश्यकता का परिणाम है। इस पूरी काव्यात्मक यात्रा (जिसमें परिवर्तन की इच्छा अन्त:सलिला के रूप में प्रवाहमान रही है) में अनुभव की सघनता इस इच्छा के साथ विकसित हुई है। इच्छा और अनुभव की जटिलता के बाद भी परिवर्तन की सम्भावनाएँ समाज में विकसित होती हुई नहीं दिखायी पड़तीं। यह स्वप्न भंग इसी का परिणाम है। तमाम कोशिशों, इच्छाओं, अनुभव की जटिलता के बावजूद अगर परिवर्तन की प्रक्रिया पूरी नहीं हो पा रही, तो इसका अर्थ यह तो नहीं कि परिवर्तन की आकांक्षा और स्वप्न को ही हम स्थगित कर दें। कहने के बावजूद काव्यनायक अथवा कवि इस स्वप्न को स्थगित करता भी नहीं है।

आगे बढ़ने से पहले एक बात पर और भी विचार करना चाहिए। साहित्य में अन्तर्विरोधी दिखते तथ्य सदैव अन्तर्विरोधी नहीं होते। यथार्थ जगत् की अन्तर्विरोधी दिखती ये बातें कवि मस्तिष्क और कल्पना में उतनी ही असम्भव नहीं होतीं। इस अन्तर्विरोध का शमन कवि की उन आकांक्षाओं में है, जहाँ वह जैसा है, उससे बेहतर स्थितियाँ निर्मित करना चाहता है। वह एक किस्म की यूटोपिया भी रचता है। इस यूटोपिया में कवि का एक पाँव यथार्थ में होता है, तो दूसरा स्वप्न-आकांक्षा में। स्वप्न बेहतरी का है। ये यूटोपियाई स्वप्न या आकांक्षाएँ कवि को गतिशील भी बनाए रखती हैं। यहाँ भी यही होता है। जो स्वप्न भंग हुआ है, चेतना या विचार के स्तर

पर, उसे वह यथार्थ बनाने को और भी संकल्पित होता है। कविता की आखिरी पंक्तियाँ इसका स्पष्ट संकेत हैं।

मुक्तिबोध की पूरी सभ्यता यात्रा क्रान्ति के साथ कविता में सम्पन्न हो जाती है। 'युवकों का व्यक्तित्वान्तर' उस 'नदी' का जल पीने से हो चुका है। इस नदी में श्रम का सन्ताप है, परम्परा की सदियों पुरानी गतिकी है। सभ्यता की यह काव्यात्मक यात्रा, अपने महाकाव्यात्मक शिल्प में भले ही पूरी हो गयी हो, परन्तु जीवन में इसका घटित होना शेष है। यहाँ आकर यह महाकाव्यात्मक यात्रा खण्डित हो जाती है। काव्य परम्परा से चला आता महाकाव्यात्मक बोध होता, तो क्रान्ति के साथ ही कविता खत्म होती। निराला और प्रसाद जी भी विजय या परिवर्तन की आश्वस्ति या कल्पनालोक पर ही कविता खत्म करते हैं। क्या प्रसाद जी का आनन्दवाद जगत् यथार्थ है? या निराला को प्राप्त यह आश्वस्ति क्या यथार्थ का पर्याय है—

'होगी जय, होगी जय, हे पुरुषोत्तम नवीन!'
कह महाशक्ति राम के बदन में हुईं लीन।

मुक्तिबोध की सभ्यता यात्रा में निर्मित यूटोपिया आधुनिकता के यथार्थबोध के ऐतिहासिक क्षणों का दबाव झेलते हुए निर्मित होती है। इसीलिए वह परिवर्तन का स्वप्न लिए पूरी सभ्यता की यात्रा तो पूर्ण करता है, काव्यवस्तु के रूप में क्रान्ति को सम्भव भी बनाता है, परन्तु उस यथार्थ से आँखें नहीं हटा पाता, जो जीवन में घटित हो रहा है। काव्य में सभ्यता यात्रा या क्रान्ति के काव्यवस्तु के रूप में सम्भाव्यता के बावजूद स्वप्न भंग की प्रक्रिया इस यथार्थ बोध के ऐतिहासिक क्षण का परिणाम है।

यह स्वप्न भंग निराशा का पर्याय नहीं है, क्योंकि यह स्वप्न के क्रियान्वयन की चुनौती के साथ आया है। इसीलिए यथार्थ के धरातल पर वह शोषण, अन्याय, असमानता की ऐतिहासिक सरणियों से गुजरता है। मध्यवर्गीय त्रासदी भी इसमें जुड़ी है। वह अकेला हो गया है। उसके मस्तिष्क और हृदय में छेद हो गये हैं, क्योंकि तर्क और भाव दोनों ही यथार्थ की दमन भट्टी में क्षरित हो गये हैं। इन दुखते हुए रन्ध्रों में 'गहरा प्रदीप्त ज्योति का रस' बसा हुआ है। जिस व्यक्तित्वान्तरण की बात काव्यनायक ऊपर करता है, क्या वह मात्र दूसरे सामाजिकों के लिए है? इस सभ्यता यात्रा के पश्चात् काव्यनायक भी वह नहीं रह गया है, जो पहले था। स्वप्न भंग के बावजूद इस यात्रा का सार, मानवता के सत्-उत्कृष्ट भाव उसमें उज्जीवित हैं। मानवता के सत्-उत्कृष्ट भावों में इस यात्रा के बाद वह बहुत कुछ जोड़ पाने में भी सक्षम हो जाएगा। जैसे मानवता के बहुत सारे भाव, जो शोषण, दमन, असमानता, अन्याय के कारण बचे, उन्हें मानव छोड़ता हुआ आगे बढ़ता है। विकसित होता है। यही रस की तरह, हताशा और अकेलेपन के बीच भी उसके साथ बचा हुआ है। काव्यनायक उन सपनों का आशय खोजता है। यह वास्तव में सभ्यता यात्रा को यथार्थ जीवन में

खोजना है। मन इस आशय को खोजता है, क्योंकि 'आत्मा में चमकीली प्यास भर गयी है।' इसके बाद काव्यनायक कहता है—

जग-भर दीखती हैं सुनहली तसवीरें मुझको
मानो कि कल रात किसी अनपेक्षित क्षण में ही सहसा
प्रेम कर लिया हो
जीवन-भर के लिए!!
मानो कि उस क्षण
अतिशय मृदु किन्हीं बाँहों ने आकर
कस लिया था इस भाँति कि मुझको
उस स्वप्न-स्पर्श की, चुम्बन की याद आ रही है,
याद आ रही है!!
अज्ञात प्रणयिनी कौन थी, कौन थी?

इस प्रणयिनी की स्त्री के रूप में परिकल्पना से हास्यास्पद बात और क्या हो सकती है? यह प्रणयिनी क्रान्ति के अतिरिक्त और कुछ भी नहीं। यह ठीक है कि इस परिकल्पना में कोई नवीनता नहीं है। यह सिर्फ क्रान्ति के प्रति उनकी भावनात्मक तीव्रता को प्रस्तुत करता है।

इस भावात्मक तीव्रता के साथ कविता में सुबह होती है—'कमरे में सुबह की धूप आ गयी है,/ गैलरी में फैला है सुनहला रवि छोर'। इस सूर्योदय के साथ वह गैलरी में जाता है। गैलरी से उसे वही जन दिखायी पड़ता है जो उसे गुफा में दिखायी पड़ा था। वह जन 'गलियों में, सड़कों पर, लोगों की भीड़ में' था। यहाँ भी वह पुकारने को होता है, किन्तु वह सामाजिक भीड़ में गायब हो जाता है और काव्यनायक हतप्रभ-सा देखता रह जाता है। पूरी सभ्यता यात्रा में और यहाँ यथार्थ में भी, जन से जुड़ने की प्रक्रिया पूरी नहीं हो पाती। यह मध्यवर्ग की त्रासदी है कि वह सोचता है, कुछ सार्थक करने की, जुड़ने की, जड़ता को तोड़ने की, परन्तु तोड़ नहीं पाता, जुड़ नहीं पाता। सोचता रह जाता है और स्थितियाँ आगे बढ़ जाती हैं—'पुकारने को खुलता है मुँह ××× उठी हुई बाँह यह उठी हुई रह गयी!!'

ऐसा लगता है कि काव्यनायक या मुक्तिबोध के आलोचक जिसे स्वप्न भंग कह रहे हैं, वह वास्तव में स्वप्न के क्रियान्वयन की शुरुआत की कोशिश है। व्यक्तित्वान्तरण की वास्तविक प्रक्रियाएँ अब शुरू होती हैं। 'परम अभिव्यक्ति' एकल सामाजिकों की निज समृद्धि का पर्याय है—'अनखोजी निज-समृद्धि का वह परम-उत्कर्ष,/ परम अभिव्यक्ति...'। क्रान्ति इसीलिए भी अभी स्वप्न है, क्योंकि वह अभी घटित नहीं हुई है। इस 'परम अभिव्यक्ति' की संकल्पना एक सामाजिक की नहीं है। बहुत सारे सामाजिकों की हैं, परन्तु वे असंगठित हैं। बदलाव एकल प्रयासों से

सम्भव नहीं। ऐसे एकल प्रयासों को सत्ता सदैव कुचल डालने में सफल होती है। इसीलिए काव्यनायक जन की ओर देखता है। जन में ही खोह में देखा गया 'कोई एक' दिखायी देता है। तब स्पष्ट है कि अपने निज खोहों से उसे बाहर निकलना होगा। निज खोहों से बाहर निकलने का आधार या स्वप्न 'परम अभिव्यक्ति' है। यह 'परम अभिव्यक्ति' काव्यात्मक सत्य से इतर मानवता के सत्-उत्कृष्ट रूप हैं। इस 'परम अभिव्यक्ति' पा गये समाजों में समानता, बन्धुत्व, लोकतान्त्रिक मूल्य, जनता (सर्वहारा) का शासन, न्याय, संसाधनों पर सबका अधिकार होगा। अगर मुक्तिबोध की मार्क्सवादी अवधारणा से इसे मिलाये, तो यह साम्यवादी व्यवस्था की स्थापना जैसा होगा। काव्यनायक इस स्वप्न को ही गुरु कहता है—

मैं उसका शिष्य हूँ
वह मेरी गुरु है
गुरु है!!

वह ऐसा गुरु है, जो 'पास कभी बैठा ही नहीं था', जो 'पास कभी आया ही नहीं था।' यह 'तिलिस्मी खोह' में उसे एक बार दिखायी पड़ा था। "वह जगत् ही गलियों में घूमता है प्रतिपल/ वह फटेहाल रूप।" यह फटेहाल रूप उसकी जन सम्बद्धता को दर्शाता है। वह अमीरों की कोठियों या मध्यवर्गीय जीवन के सुरक्षित खोहों में नहीं है। चूँकि काव्यनायक अभी तक भी मध्यवर्गीय सुरक्षित खोहों में ही है, परिवर्तन की सारी आकांक्षा और स्वप्न के बावजूद, इसीलिए वह गुरु उसके पास नहीं है। अपनी फटेहाली में भी वह निस्तेज नहीं है। उसमें ज्ञान का तनाव है, सकर्मकता है, उद्विग्नता है। यह उद्विग्नता परिवर्तन के प्रति उसकी दृढ़ आस्था को ही प्रदर्शित करता है। इस परिवर्तन के लिए आवश्यक है—स्व, निज के खोहों से बाहर निकला जाएँ। वह व्यक्तित्वान्तरण की विराट चेष्टाओं से इसीलिए गुजरता है। वह स्व, निज को इतना विशाल बनाने की चेष्टा करता है। यह व्यक्तित्वान्तरण इतना विशद है कि जो 'परम अभिव्यक्ति' उसे खोह में दिखायी पड़ी थी, अब वह विशाल जन समूह में दिखायी पड़ने लगती है। उसका बोध अत्यन्त विस्तृत और व्यापक हो जाता है। यह फटेहाल सकर्मक 'परम अभिव्यक्ति' 'लगातार घूमती है जग में/ पता नहीं जाने कहाँ, जाने कहाँ/ वह है।' इसीलिए काव्यनायक हर गली में, हर सड़क पर, हर चेहरा, गतिविधि, चरित्र, आत्मा का इतिहास, हर देश की राजनैतिक, समाज, मानव का स्वानुभूत आदर्श-सत्य, विवेक, क्रिया में उसे खोजता है। खोजने का संकल्प लेता है—

खोजता हूँ पठार ... पहाड़ ... समुन्दर
जहाँ मिल सके मुझे
मेरी वह खोयी हुई

परम अभिव्यक्ति अनिवार
आत्म-सम्भवा।

यहाँ का पूर्णविराम संकल्प के उत्कर्ष को प्रदर्शित करता है। यह समाप्ति का सूचक नहीं है। अगर किसी भाव, तथ्य की समाप्ति है, तो संशय, दुविधा की। संकल्प के साथ कविता की समाप्ति पुनः मेरी उपर्युक्त बातों को ही सिद्ध करती है कि क्रान्ति जो हुई, वह मुक्तिबोध की सभ्यता यात्रा का ही परिणाम है। उसकी काव्यात्मक सभ्यता यात्रा का परिणाम और एक सजग सामाजिक की उत्कट आकांक्षा है। मुक्तिबोध परिवर्तन चाहते थे, परन्तु परिवर्तन तो समाज में ही होगा। इसीलिए परिवर्तन के संकल्प के साथ कविता समाप्त होती है। यहाँ आकर साहित्य का भी स्वरूपान्तरण आवश्यक हो जाता है। उसे समाज का सहधर्मी हो जाना चाहिए। तभी यह स्वप्न पूरा होगा। अन्यथा इस कविता के प्रकाशन के लगभग 55 वर्ष बाद भी हम उन्हीं सामाज सम्बन्धी-राजनैतिक-आर्थिक विसंगतियों से जूझ रहे हैं। क्योंकि जूझना तय था पर एक सामाजिक के नाते हम जूझे नहीं। हम अपने खोहों में और भी गिरफ्तार होते गये।

जिन्दगी में अन्धकार के चक्कर लगाने के सन्दर्भ से प्रारम्भ कविता का समापन उजाले से नहीं, उजाला लाने के संकल्प से होता है। यहाँ कविता के संरचनात्मक ढाँचे का वैसा ही खुला वितान रचने में कवि सफल हो जाता है, जैसा जिन्दगी के बाद का तीन डॉट्स से वह विस्तार को प्रस्तावित करने में सफल हुआ था।

'अँधेरे में' की सार्थकता हमारे लोकतान्त्रिक जीवन में दिनानुदिन बढ़ी है। मुक्तिबोध अथवा मुक्तिबोध के प्रशंसकों के लिए यह काव्यगत सन्तोष का विषय हो सकता है, परन्तु एक सामाजिक के नाते यह गहरे असन्तोष का विषय है। यह कविता त्रासदियों, विडम्बनाओं, अँधेरों को अपना विषय बनाती है, वे त्रासदियाँ, विडम्बनाएँ और अँधेरा समाज में और भी ज्यादा सघन, संस्थानबद्ध और ताकतवर हो गये हैं। इसीलिए यह कविता ज्यादा सार्थक प्रतीत होती है। इस सत्य के बावजूद हम में से कोई नहीं चाहता कि 'अँधेरे में' कविता इस रूप में जीवित रहे। हम बदला हुआ समाज चाहते हैं। मुक्तिबोध भी चाहते थे। मुक्तिबोध की 'परम अभिव्यक्ति' समाज में व्याप्त हो, भले ही इस कविता का महत्त्व उपरोक्त रूप में थोड़ा कम ही हो जाए।

❑❑❑

णाणं

पयासयं

वीर नि.सं. 2470

ई.सन् 1944

भारतीय ज्ञानपीठ